文普
化华

PUHUA BOOKS

我
们
一
起
解
决
问
题

弗布克流程设计与工作标准丛书

客户服务全过程管理
流程设计与工作标准

流程设计·执行程序·工作标准·考核指标·执行规范

孙宗虎　编著

人民邮电出版社
北　京

图书在版编目（CIP）数据

客户服务全过程管理流程设计与工作标准 ：流程设计·执行程序·工作标准·考核指标·执行规范 / 孙宗虎编著. -- 北京 ：人民邮电出版社，2020.7
（弗布克流程设计与工作标准丛书）
ISBN 978-7-115-54144-4

Ⅰ．①客… Ⅱ．①孙… Ⅲ．①企业管理－销售服务 Ⅳ．①F274

中国版本图书馆CIP数据核字(2020)第092134号

内 容 提 要

这是一本关于客户服务管理人员如何干好工作的图书。本书始于流程，细说过程，关注全程，附带规程，成于章程，体现了很强的操作性和实务性。

本书在介绍流程与流程管理的基础上，详细阐述了客户服务规划、客户获取、优质客户服务体验的实现、客户服务质量提升、网络客户获取与个性化服务实施、呼叫中心运营与客户互动实施、大客户开发与关系维护、智能客户服务选择与顾问式客户服务实施等八大客户服务管理事项。

本书主要适合企业中高层管理人员、客户服务管理人员、客户服务管理流程设计者、高等院校客户服务管理专业师生、培训和管理咨询人员阅读。

♦ 编　　著　孙宗虎
责任编辑　谢　明
责任印制　彭志环

♦ 人民邮电出版社出版发行　　北京市丰台区成寿寺路 11 号
邮编　100164　　电子邮件　315@ptpress.com.cn
网址　https://www.ptpress.com.cn
北京天宇星印刷厂印刷

♦ 开本：787×1092　1/16
印张：18.5　　　　　　　　　　2020 年 7 月第 1 版
字数：380 千字　　　　　　　　2024 年 9 月北京第 15 次印刷

定价：79.80 元

读者服务热线：(010)81055656　印装质量热线：(010)81055316
反盗版热线：(010)81055315
广告经营许可证：京东市监广登字 20170147 号

"弗布克流程设计与工作标准丛书" 序

"弗布克流程设计与工作标准丛书"自 2007 年上市以来受到了广大读者的认可，其间，结合广大读者提出的许多宝贵意见和管理发展现状，我们对这套书进行了改版，在此我们向通过邮件、电话给我们提出意见、指出错误的热心读者深表谢意！

为了满足广大读者**细化内容、增强标准的实用性、添加考核指标、提供执行规范、更新业务流程**的诉求，我们对本丛书中的 15 本图书进行了再次修订。

在借鉴前两版的基础上，我们对本丛书进行了全新的设计，务求根据读者的新诉求、管理的新变化、业务的新形态、技术的新发展，以**流程化、标准化、绩效化和规范化**为中心，直面企业的管理和业务两大类工作，提供工作**流程**，设计**范本**，细化包括**执行程序、工作标准、考核指标、执行规范**在内的整体工作解决方案，以实现**向工作要效率、向管理要效能、向结果要价值**的目标。

本丛书通过流程、程序、标准、指标和规范，将完成一项工作的所有过程要素"逐一细化，一网打尽"，从而让管理者、业务执行者能够更系统、更规范、更有效地完成工作任务，实现工作目标，倍增工作价值。

工作流程： 让执行有导图可看，有路径可鉴。

工作程序： 让执行有步骤可依，有重点可抓。

工作标准： 让执行有依据可参，有尺度可量。

工作指标： 让执行有结果可考，有效益可算。

工作规范： 让执行有制度可循，有方案可用。

本丛书的写作**始于流程，细说过程，关注全程，附带规程，成于章程**。通过**流程、过程、全程、规程**，最终形成关于各项工作的**章程**。

始于流程： 对每一项工作都绘制了工作流程图，将工作显性化、程序化、阶段化。

细说过程： 对每个程序步骤都给出了重点提示，将工作关键化、细节化、重点化。

关注全程： 对工作的进展和目标达成全程关注，将工作阶段化、进程化、成果化。

附带规程： 对每项工作都附带了相关制度规范，将工作制度化、规范化、方案化。

成于章程： 通过对工作的 360 度解析，最终形成一系列关于工作规则的规范性文书。

在修订图书的过程中，我们也考虑了技术变化对工作的影响，并将新技术对工作方式、工作方法、工作流程的改变，尽力体现在相关的流程、程序、标准、指标和规范的设计中。

本丛书试图通过完美的设计，并兼顾技术发展对工作的影响，为读者提供贴合工作实际的管理内容，以达成**"人与事的完美结合"**，实现从**"如何做"**向**"如何有效地做"**的转变，最终为读者提供一套关于**"干工作、干好工作、追求卓越工作"**的有效解决方案。

我们希望本丛书能够为您的管理工作减少一些流程设计方面的麻烦，为您提供流程设计方面的帮助，并为您和您的企业在工作规范化方面提供完备的章程。

您的意见对我们下次改版非常重要！再次期待您的宝贵建议！

2020 年 6 月

《客户服务全过程管理流程设计与工作标准：流程设计·执行程序·工作标准·考核指标·执行规范》是"弗布克流程设计与工作标准丛书"中的一本，这本书围绕**客户服务管理工作的流程设计**，辅以相应的**工作标准**，将客户服务管理八大事项的执行工作落实到具体的流程上，既解决了"由谁做""做什么"的问题，又解决了"如何有效地做、按照什么标准做"的问题。本书提供了一套关于客户服务管理工作人员如何**干工作、干好工作、追求卓越工作**的有效解决方案。

为符合当前企业发展的大趋势及精细化管理的需求，本书在之前版本的基础上做了大量修订，具体如下所述。

一、重构了流程体系，使逻辑关系更清晰

首先，从整体内容结构上，重新梳理客户服务管理流程的顺序，按客户服务规划、客户获取、优质客户服务体验的实现、客户服务质量提升、网络客户获取与个性化服务实施、呼叫中心运营与客户互动实施、大客户开发与关系维护、智能客户服务选择与顾问式客户服务实施等**八大工作事项**，理顺了客户服务管理的工作内容，使原有的流程更加符合当今企业的实际情况。

其次，根据梳理后的客户服务管理流程体系，结合企业更务实地推行流程管理的需要，进一步细化了客户服务管理的具体工作事项，使客户服务管理流程更加全面、详细，以便企业将流程管理应用到客户服务管理的每一个具体事项上。

最后，为方便企业推行流程管理或应用本书推行流程再造，本书每一章都在进行流程设计之前，先对流程设计的目的或流程在企业中发挥的作用进行说明，并给出本章流程之间的内在逻辑关系，为企业选用本书流程时提供决策依据。

二、细化了管理过程，使内容更翔实

（1）对于某一个具体的流程，本书按企业运行实际重新梳理或更新流程的步骤，进一步细化、补充了流程中节点事项的工作标准，使客户服务管理流程、工作标准更符合

客户服务管理的实际工作需要，方便企业相应部门的员工"拿来即用"。

（2）本书还针对客户服务管理流程中关键事项的落实与执行，设计了相应的考核指标与操作说明，为流程中关键事项的执行效果提供考核依据，从而确保流程与工作标准的高效执行，最终为企业推行流程管理提供有力的保障。

三、根据管理现状编写，使企业能据实而作

本书提供的是一个**"参照式"**流程设计范本，随着企业管理水平的不断提高，企业的流程也在不断地发生变化，因此，读者在应用本书时可参考以下建议。

（1）对于书中提供的客户服务管理流程与工作标准，读者可根据所在企业的实际情况加以适当修改或重新设计，使之更加适用于本企业的情况。

（2）读者可参照书中的流程，将所在企业每个部门内每个岗位的工作流程适当压缩，力求达到流程再造的目的，以提高企业的运营效率。

（3）读者要在实践中不断改进已经形成的工作流程，真正做到因需而变，高效管理、高效工作，最终达到"赢在执行"的目标。

最后，衷心希望本书能给企业在客户服务管理方面推行流程管理提供业务运用层面的借鉴和实务性的解决方案。

再次感谢数以万计的读者对本书的支持与厚爱，没有你们这些"意见领袖"，就不会有对本书的这些改进和修补！

客户服务全过程管理
流程设计与工作标准

目录 Contents

目录

第 5 章　客户服务质量提升过程

第6章　网络客户获取与个性化服务实施过程

第7章　呼叫中心运营与客户互动实施过程

第8章　大客户开发与关系维护过程

目录

第 9 章　智能客户服务选择与顾问式客户服务实施过程

第①章 流程与流程管理

管理的核心目标是用制度管人，按流程做事。不论是制度设计，还是流程设计，都是每一个企业要开展的工作，而且是每年都要循环开展的工作。

企业在进行流程设计之前，应先对流程的概念有一个清晰的认识，并在此基础上掌握流程图绘制的方法，选好绘制工具，然后着手设计。同时，企业要根据自身的运营情况，及时对流程进行修改、调整和再造。

1.1 流程

1.1.1 流程的定义

关于流程，不同的人有不同的看法。有人认为，流程就是程序，其实，"流程"和"程序"是两个互相关联但绝不等同的概念。"程序"体现出一件工作中若干作业项目哪个在前、哪个在后，即先做什么、后做什么。而在"流程"中，除了体现出先做什么、后做什么之外，还体现出每一项具体任务是由谁来做，即甲项工作由谁负责，乙项工作由谁负责等，从而反映出他们之间的工作关系。

只有通过流程，才能把一件工作的若干作业项目或工作环节，以及责任人之间的相互工作关系清晰地表示出来。

一般情况下，企业流程有以下五大特征：

（1）流程是为达成某一结果所必需的一系列活动；

（2）流程活动是可以被准确重复的过程；

（3）流程活动集合了所需的人员、设备、物料等；

（4）流程活动的投入、产出、品质和成本可以被衡量；

（5）流程活动的目标是为服务对象创造更多的价值。

我们不妨给流程下一个定义："**流程就是为特定的服务对象或特定的市场提供特定的产品或服务所精心设计的一系列活动。**"

流程包括六大要素，即输入的资源、活动、活动的相互作用（结构）、输出的结果、服务对象和价值。流程的基本模式如图1-1所示。

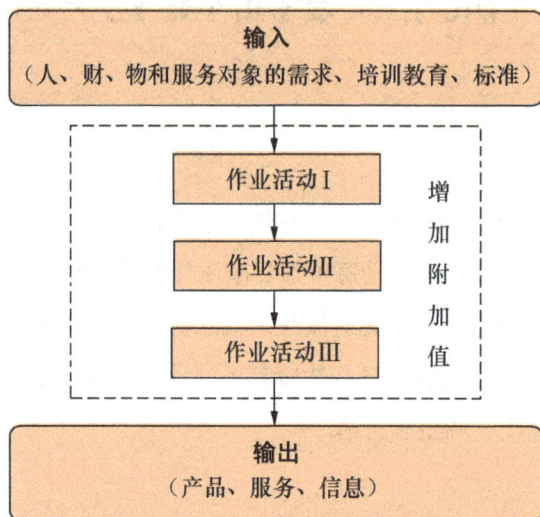

图 1-1　流程的基本模式

1.1.2　流程的分类

企业流程可分为决策流程、管理流程和业务流程三大类，具体内容如表1-1所示。

表 1-1　企业流程的分类

序号	类别	定义	特点／构成
1	决策流程	◎能确保企业达到战略目标的流程 ◎确定企业的发展方向和战略目标，整合、发展和分配企业资源的过程	◎股东、董事、监事会等组建流程 ◎战略、重大问题及投资流程 ◎企业决策流程的构成如图1-2所示
2	管理流程	◎企业开展各种管理活动的相关流程 ◎通过管理活动对企业业务的开展进行监督、控制、协调、服务，间接为企业创造价值	◎上级组织对下级组织的管控流程 ◎资源配置流程（人、财、物以及信息） ◎企业管理流程的构成如图1-3所示
3	业务流程	◎直接参与企业经营运作的相关流程 ◎安排完成某项工作的先后顺序，对每一步工作的标准、作业方式等内容做出明确规定,主要解决"如何完成工作"这一问题	◎涉及企业"产、供、销"环节 ◎包括核心流程和支持流程 ◎企业业务流程的构成如图1-4所示
备注		从企业经营活动角度来说，企业流程又可分为战略流程、经营流程和支持流程	

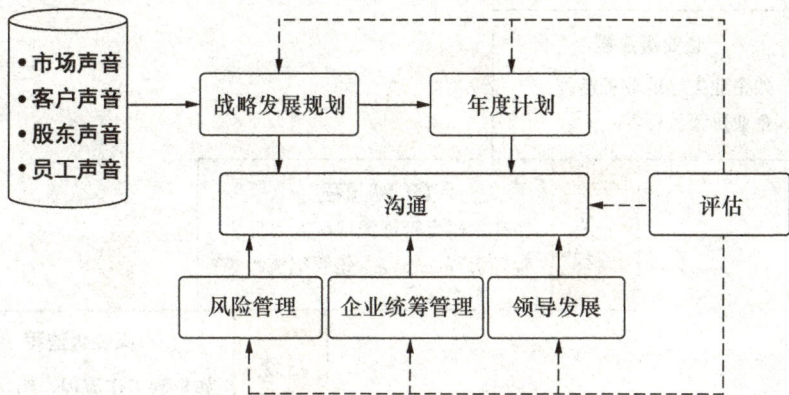

图 1-2　企业决策流程的构成

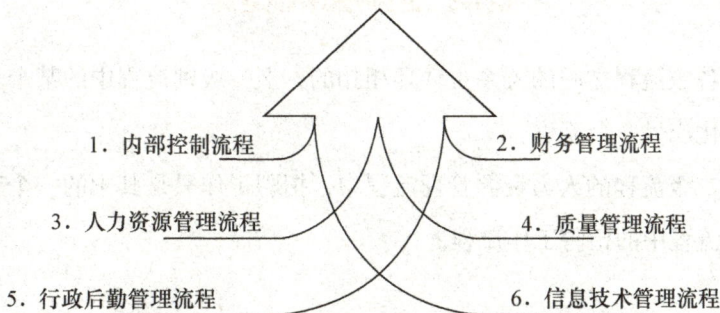

1. 内部控制流程　　　　　　2. 财务管理流程

3. 人力资源管理流程　　　　4. 质量管理流程

5. 行政后勤管理流程　　　　6. 信息技术管理流程

图 1-3　企业管理流程的构成

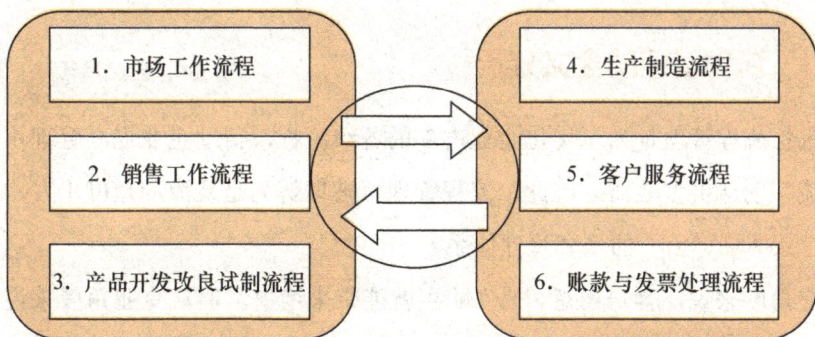

1. 市场工作流程	4. 生产制造流程
2. 销售工作流程	5. 客户服务流程
3. 产品开发改良试制流程	6. 账款与发票处理流程

图 1-4　企业业务流程的构成

1.1.3　流程的层级

为便于对各类流程进行管理，我们通常将企业内部流程分为三个层级，即企业级流程、部门级流程和岗位级流程，具体如图 1-5 所示。

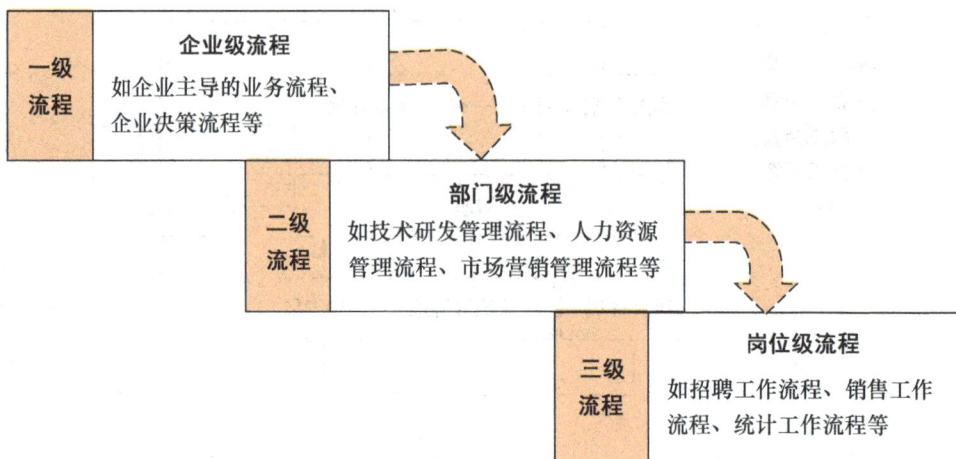

图 1-5　企业内部流程的层级

企业内部各级流程之间的关系是环环相扣的，上一级别流程中的某个节点在下一级别可能就会演化成另一个流程。

例如，在二级流程的人力资源管理流程中，招聘工作只是其中的一个节点，而它又会演化成三级流程中的招聘工作流程。

1.2　流程管理

1.2.1　流程管理的含义分析

企业进行流程管理是为了优化企业内部的各级流程，帮助企业提高管理水平，并通过优化的流程创造更多效益。因此，流程管理可被理解为是从流程角度出发，关注流程能否"为企业实现增值"的一套管理体系。

从客户角度来说，客户愿意付费/购买就能带来增值。但从企业角度来说，"增值"可以被理解为但不限于以下六种情况：

（1）效益提升，投资回报率上升；

（2）工作效率提高，业绩提升；

（3）工作质量、产品/服务质量提升；

（4）各种浪费减少，经营成本降低；

（5）沟通顺畅，办公氛围和谐、向上；

（6）品牌价值提升，知名度提升。

企业流程管理主要是对企业内部进行革新，解决职能重叠、中间层次多、流程堵塞等问题，使每个流程从头至尾责任界定清晰，职能不重叠、业务不重复，达到缩短流程周期、节约运作成本的目的。

1.2.2 流程管理的目标分析

流程管理是按业务流程标准，在职能管理系统授权下进行的一种横向例行管理，是一种以目标和服务对象为导向的责任人推动式管理。

流程管理的目标分析说明如表 1-2 所示。

表 1-2 流程管理的目标分析说明

项次	分析项	具体描述
1	流程管理的最终目的	◎提升客户满意度，提高企业的市场竞争能力 ◎提升企业绩效
2	流程管理的宗旨	◎通过精细化管理提高管控程度 ◎通过流程优化提高工作效率 ◎通过流程管理提高资源的合理配置程度 ◎快速实现管理复制
3	流程管理的总体目标	管理者依据企业的发展状况制定流程改善的总体目标
4	总体目标分解	在总体目标的指导下，制定每类业务或单位流程的改善目标
5	流程管理的工作标准与要求	◎保证业务流程面向客户，管理流程面向企业目标 ◎流程中的活动都是增值的活动 ◎员工的每一项活动都是实现企业目标的一部分 ◎流程持续改进
6	流程管理在企业发展各阶段的具体目的	企业需要根据自身发展阶段和遇到的具体问题对流程管理有所侧重 ◎梳理：工作顺畅，信息畅通 ◎显化：建立工作准则，便于查阅、了解流程，便于沟通并发现问题，便于复制流程以及对流程进行管理 ◎监控：找到监测点，监控流程绩效 ◎监督：便于上级对工作进行监督 ◎优化：不断改善工作，提高工作效率

1.2.3　流程管理工作的三个层级

总体来说，企业流程管理工作包括三个层级，即流程规范、流程优化和流程再造。各个层级的主要内容及适用情况如表 1–3 所示。

表 1-3　流程管理工作三个层级的主要内容及适用情况

层级划分	主要内容	关键输出	适用时机 / 阶段
第一层级 流程规范	整理企业流程，界定流程各环节的工作内容及相互之间的关系，形成业务的无缝衔接	流程清单 流程体系框架图 各流程图	适合所有企业的正常运营时期
第二层级 流程优化	流程的持续优化过程，持续审视企业的流程，不断完善和强化企业的流程体系	流程诊断表 流程清单（新） 流程体系框架图（新） 各流程图（新）	适合企业任何时期
第三层级 流程再造	重新审视企业的流程和再设计	流程再造分析报告 流程清单（新） 流程体系框架图（新） 各流程图（新）	适合企业变革时期，以适应企业变革阶段治理结构的变化、战略改变、商业模式变化，以及出现的新技术、新工艺、新产品、新市场等情况

需要注意的是，在流程建设管理工作中，企业应遵循"点面结合"的原则，在加强流程管理体系整体建设（面）的同时持续改进具体流程内容（点）。

1.3　流程管理工作的开展

1.3.1　项目启动

为确保流程能够满足企业战略发展的要求，企业需要从全局视角开展流程管理工作，构建企业流程体系框架，找到关键流程，设计出符合企业实际和发展需求的流程与流程体系。

企业可组建流程建设项目小组，启动流程建设项目的工作指引，具体如表 1–4 所示。

表1-4 启动流程建设项目的工作指引

步骤	步骤细分	具体说明	责任主体	输出
启动流程建设项目	成立项目小组	具体参见表1-5	流程管理部门	◎项目小组成员名单及职责说明 ◎项目工作计划
	选择规划工具或方法	包括基于岗位职责的建设方法（从下到上）、基于业务模型的建设方法（从下到上）和借助第三方（咨询公司）的流程建设方法等	流程管理部门	
	制订工作计划	明确项目里程碑，确定各项具体工作清单与步骤及其责任主体，可使用甘特图	流程规划项目组	◎规划项目操作指引 ◎会议记录/纪要
	发布项目操作指引	包括项目简介、工作计划、成员名单及职责、建设步骤方法、各步骤的详细操作说明、流程图模板、案例、已有流程清单、项目组激励方案等	流程管理部门	
	召开项目启动会	会议重点是项目整体介绍、背景及理念、角色与职责定位、总体计划、项目最终成果及意义等	流程管理部门	
备注	本阶段常用的工具或方法有甘特图、项目管理法等			

流程建设工作需要得到企业领导层的重视与支持，项目小组的组建及成员构成如表1-5所示。

表1-5 流程建设项目小组的组建及成员构成

角色定位	成员构成	主要职责
企业流程管理委员会	由企业高层领导组成，如总经理、各主管副总等，成员人数控制在3~5人	◎提供资源支持 ◎任命建设项目经理 ◎审核建设项目计划 ◎参与关键问题决策 ◎参与关键环节的建设及决策

角色定位	成员构成	主要职责
流程建设项目经理	可由流程管理部门经理担任，也可考虑增设项目副总，由相关部门经理担任	◎编制项目计划 ◎监督项目成员完成目标 ◎评估项目成员工作表现
项目助理	可由流程管理部门人员担任	协助项目经理管理项目日常工作，如整理文档等
成员（各部门负责人）	项目成员应具有丰富的工作经验，多为各部门负责人，由其参与部门流程建设工作；也可指派部门人员参与项目小组的工作。各业务部门的流程应统一建设	◎根据项目计划，组织本部门完成相应的流程建设工作 ◎参与本部门流程图和企业全景流程图的绘制，宣贯和应用流程建设成果
成员（流程管理部门的人员）	流程管理部门的工作人员均应参与到项目中来	负责流程建设方法、工具的开发及各部门的相关培训与指导工作

1.3.2 识别流程

在识别流程阶段，企业需要做的是识别本企业有哪些流程，编制流程清单，界定流程之间的界限及为流程命名，帮助企业从流程的视角弄清企业管理现状，为后续的流程建设、每个流程的具体描述提供良好的基础。

由于各部门流程识别、流程清单的梳理对之后的工作至关重要，因此这项工作一般应由各部门领导牵头组织，先整理出部门业务流程主线，明确本部门的关键环节和核心业务，进而确定主要业务流程及流程之间的关系。识别流程阶段的工作指引如表1-6所示。

表1-6　识别流程阶段的工作指引

步骤	步骤细分	具体说明	责任主体	输出
识别流程	流程建设培训	流程管理部门对各部门进行流程建设方面的培训，培训的重点是如何使用各种表格等，具体内容包括项目简介、涉及的概念、目的和产出、职责划分、建设步骤、表格编制、工作计划、答疑等	流程管理部门	◎培训课程 ◎培训计划 ◎部门流程清单 ◎企业流程清单（参见表1-7）

步骤	步骤细分	具体说明	责任主体	输出
识别流程	各部门流程识别	进行部门内岗位分析、业务线分析；将职责分解，细化到岗位、业务活动，并按活动的先后顺序排列，提炼出流程；界定流程的上下接口、输入输出及责任主体；汇总部门内流程，编制部门流程清单	各部门，包括岗位代表人员、部门负责人	◎培训课程 ◎培训计划 ◎部门流程清单 ◎企业流程清单（参见表1-7）
	编制企业流程清单	流程管理部门汇总各部门流程清单，与各部门充分沟通，删除重复流程，查漏补缺，形成企业流程清单	流程管理部门	
备注	本阶段常用的工具及方法有战略地图、业务单元分析法、部门职能分析法、岗位工作分析法等			

1.3.3　构建流程清单

流程建设项目小组在本阶段的主要任务是与各部门进行沟通、讨论，对企业流程进行分类和分级，构建企业流程框架，输出企业流程清单，具体如表1-7所示。

表1-7　企业流程清单

序号	一级流程	二级流程	三级流程	归口管理部门	流程状态
备注	流程状态的填写说明：1——流程已有且有效；2——流程已有，待梳理；3——无文件，待设计梳理				

1.3.4　评估流程重要程度

本阶段的工作任务是评估企业流程的重要程度，识别出关键流程、核心流程等，将其作为流程设计、运行管理、优化再造工作的重点，以提高企业流程建设工作的效率和效益。

企业的所有活动都是为了提高客户的满意度，实现价值，企业流程重要程度的衡量标准是流程的增值性。一般情况下，直接与客户产生业务关系的流程（如售后服务流程）、与企业核心竞争力相关的流程（如产品质量管理流程）等为企业的重要流程。

表 1-8 为某公司流程建设项目的流程重要程度评估分析表，供读者参考。

表 1-8　某公司流程建设项目的流程重要程度评估分析表

流程名称	与客户相关度（30%）	与整体绩效相关度（30%）	与战略相关度（25%）	流程横向跨度（15%）	评估得分	重要程度等级
××××流程	60	60	60	60	60	
用表说明	1. 以"××××流程"的评估为基准，其他各流程与之对比 2. 各评估项单项总分为 100 分，各单项评分乘以权重后的"和"为总分 3. 重要程度评估根据最终评分结果，采取强制百分比法，排名前 5% 的为 A 级流程，排名前 5%～20%（包含）的为 B 级流程，排名前 20%～30%（包含）的为 C 级流程，排名前 30%～50%（包含）的为 D 级流程，其他为 E 级流程 4. 评级结果为 A、B、C 级的流程要重点管理					

1.3.5　完善体系框架

完成流程重要程度评估分析后，企业需要在流程清单的基础上进一步完善流程体系框架，标注流程的重要程度等级，具体如表 1-9 所示。

表 1-9　企业流程的重要程度等级

一级流程	二级流程	三级流程	归口管理部门	流程状态
××××流程（B 级）	××××流程（B 级）	××××流程（A 级）		
		××××流程（B 级）		
	××××流程（C 级）	××××流程（C 级）		
		××××流程（D 级）		

1.3.6 进行流程设计

企业在进行流程设计时，可遵循以下七个步骤。

第 1 步：界定流程范围

流程设计的第 1 步是界定流程范围，即确定信息的输入和输出。

在这一环节，企业需要回答以下几个问题。

- 有哪些流程业务活动？

- 流程从何处开始、何处终止？

- 流程的输入和输出是什么？

- 输出的成果交给谁（客户）？

- 客户有何要求？

在此，我们以设计"外部招聘管理流程"为例，来说明流程范围界定，具体内容如表 1-10 所示。

表 1-10　外部招聘管理流程范围界定

流程名称	外部招聘管理流程	流程编号	
流程责任部门/责任人	人力资源部/招聘主管	流程对应客户	各用人部门
本流程业务活动	人力资源部招聘、面试、录用管理工作		
流程开始	招聘需求	流程结束	录用决策、签订劳动合同
流程输入	已批准的招聘计划、临时招聘需求	流程输出	面试评估报告、劳动合同
流程客户要求（目标）	1. 期限内完成招聘任务 2. 人岗匹配		

第 2 步：确定流程活动的主要步骤

流程设计人员在界定完流程范围后，接下来需要进行调查分析，确定本流程活动的主要步骤，操作方法如图 1-6 所示。

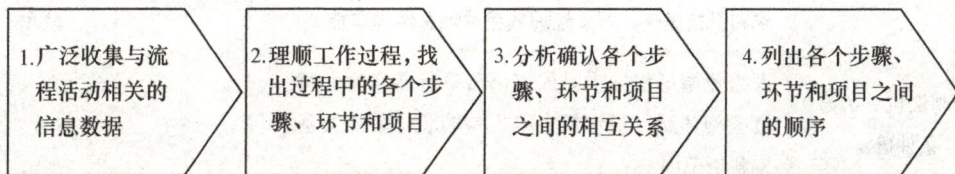

图 1-6　确定流程活动的主要步骤

我们以设计"外部招聘管理流程"为例，其主要步骤（参见表1-11）包括招聘需求汇总、招聘岗位分析与条件确定、发布招聘信息、简历收取与筛选、面试与评估、做出录用决策、签订劳动合同及试用期管理等。

第3步：步骤详细说明

本阶段应针对已确定的流程活动的主要步骤进行分析和描述，需要完成的工作如下：

- 分析每一个步骤的输入、输出（成果）；
- 明确后续步骤的客户要求；
- 确定每一步骤工作/活动的检查、考核、评估指标；
- 确定每一步骤涉及的部门/人员，明确其责任、权限和资源需求；
- 确定本流程的层次及与上下层级之间的关系。

我们仍以设计"外部招聘管理流程"为例，本阶段流程活动的主要步骤及具体描述如表1-11所示。

表1-11　外部招聘管理流程活动的主要步骤及具体描述

流程名称	外部招聘管理流程		流程编号	
流程责任部门/责任人	人力资源部/招聘主管		流程对应客户	各用人部门
本流程业务活动	人力资源部招聘、面试、录用管理工作			
流程开始	招聘需求		流程结束	录用决策、签订劳动合同
流程输入	已批准的招聘计划、临时招聘需求		流程输出	面试评估报告、劳动合同
流程客户要求（目标）	1. 期限内完成招聘任务 2. 人岗匹配			
流程步骤	步骤描述		重要输入	重要输出
招聘需求汇总	人力资源部在经过批准的年度招聘计划指导下，按时进行计划内的人员招聘工作		招聘计划	—
招聘需求汇总	计划外招聘需由部门提出招聘申请并拟定上岗要求和资格条件，报总经理或相关副总经理审核		岗位说明书	招聘岗位清单
招聘岗位分析与条件确定	人力资源部根据当时的市场薪资行情和企业薪资架构体系，初步拟定待招聘的职位等级及基本薪资范围		—	—

流程步骤	步骤描述	重要输入	重要输出
招聘岗位分析与条件确定	根据待招聘职位的高低，呈交相应的决策层核准，之后正式启动招聘工作 ◎部门经理及以上管理职位由总裁核准 ◎部门主管及主管以下职位由分管人力资源副总经理核准	—	—
发布招聘信息	通过内外部多种渠道发布招聘信息，同时收集人才资料，可经由下列方式进行 ◎刊登内部职位空缺公告 ◎刊登报纸广告 ◎接洽人才中介机构 ◎请高校推荐 ◎参加人才交流会等	岗位说明书	招聘广告
简历收取与筛选	人力资源部收到应聘者的各项资料后，先进行初步审核，审阅其学历、经验是否符合企业要求，再将审核通过的应聘者的资料转交用人部门进一步审核，通过书面资料审核淘汰一部分不符合岗位要求的应聘者	应聘简历	面试人员清单
面试与评估	由人力资源部主导，对通过审核的应聘者进行笔试及面试，从人员的基本素质方面进行评估，筛选出符合要求的应聘者	面试清单	面试记录 面试评估表
	在人力资源部的协助下，由相关业务部门的人员对应聘者进行专业技能考核		面试评估表
	◎主管级别及以下职位由副总经理进行最终面试 ◎部门经理及以上管理职位由总经理进行最终面试		面试评估表
做出录用决策	根据企业高层领导及用人部门的意见，人力资源部告知被录用者其最终职位和薪资金额		
	将其他优秀但未被录用的应聘者的资料存入人才库		人才库
	通过面试的应聘者必须参加体检，体检未通过者不予录用		体检报告
签订劳动合同	人力资源部发出录用通知单，与被录用者签订劳动合同，并根据招聘/录用管理制度为被录用者办理相关的入职手续		劳动合同

第 1 章 流程与流程管理

流程步骤	步骤描述	重要输入	重要输出
试用期管理	执行试用期管理流程	—	—
考核评估方法	招聘任务是否按期完成、招聘人数完成率、招聘计划出错次数、招聘广告出错次数等		

第4步：选择流程形式

根据流程的分类、层级、复杂程度，以及流程活动的内部关联性等因素，企业流程主要有四种展现形式，即箭头式流程图、业务流程图、矩阵式流程图和泳道式流程图。

☆ 箭头式流程图

箭头式流程图的特点是直观、一目了然，适用于企业员工都熟悉流程中各项作业概况的情况或流程中各项作业任务较简单的情况。箭头式流程图的示例如图1-7所示。

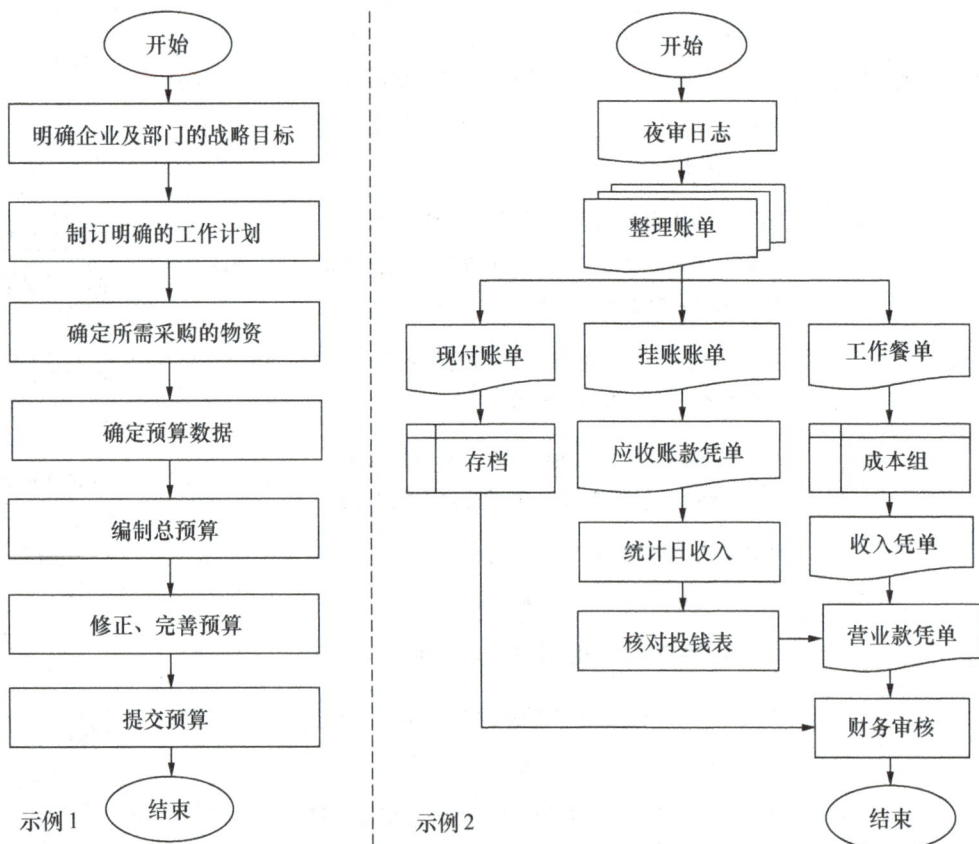

图1-7　箭头式流程图的示例

企业在设计箭头式流程图时，需要注意以下两个问题。

● 在图中明确执行主体，如果是单一的执行主体，可将执行主体省略。

● 用简洁的语言对流程图中的主要活动进行解释说明，以进一步明确活动要求和指令。

☆ 业务流程图

在业务流程图中，需要明确流程的上下执行主体、活动内容、要求及指令，并将要求和指令用统一的语言表达出来。流程活动的承担者之间必须是平等、互助、尊重、关怀的关系。业务流程图的示例如图1-8所示。

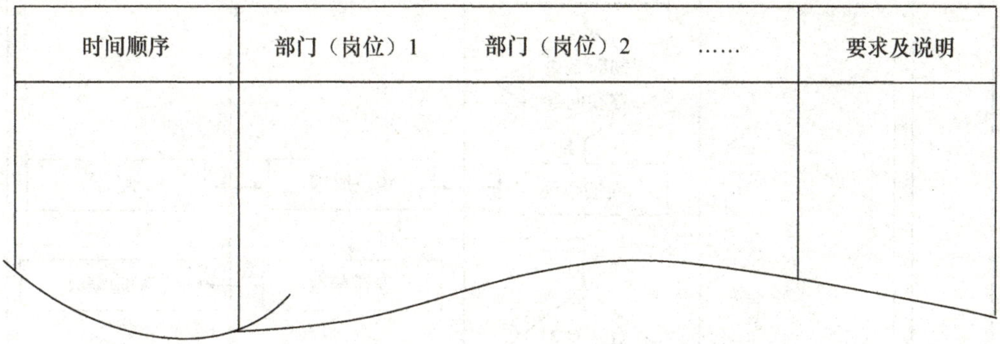

时间顺序	部门（岗位）1	部门（岗位）2	……	要求及说明

图1-8　业务流程图的示例

☆ 矩阵式流程图

矩阵式流程图有纵、横两个方向的坐标，它既解决了先做什么、后做什么的问题，又明确了各项工作的具体责任人。矩阵式流程图的示例如图1-9所示。

☆ 泳道式流程图

与矩阵式流程图相似，泳道式流程图也是通过纵、横双向坐标来设计流程，纵向为分项工作任务，横向是承担任务的部门、岗位（即执行主体）。

这种流程图样式与其他流程图类似，但在业务流程的执行主体上，主要通过泳道（纵向条）区分执行主体。泳道式流程图的示例如图1-10所示。

第5步：绘制流程草图

流程图的绘制是指流程设计人员将流程设计或流程再造的成果以书面形式呈现出来。

单位名称	质量管理部		流程名称	制程质量检验工作流程
层级	3		任务概要	制程质量检验
主体	质量管理部经理	质检专员	生产部	生产车间
节点	A	B	C	D

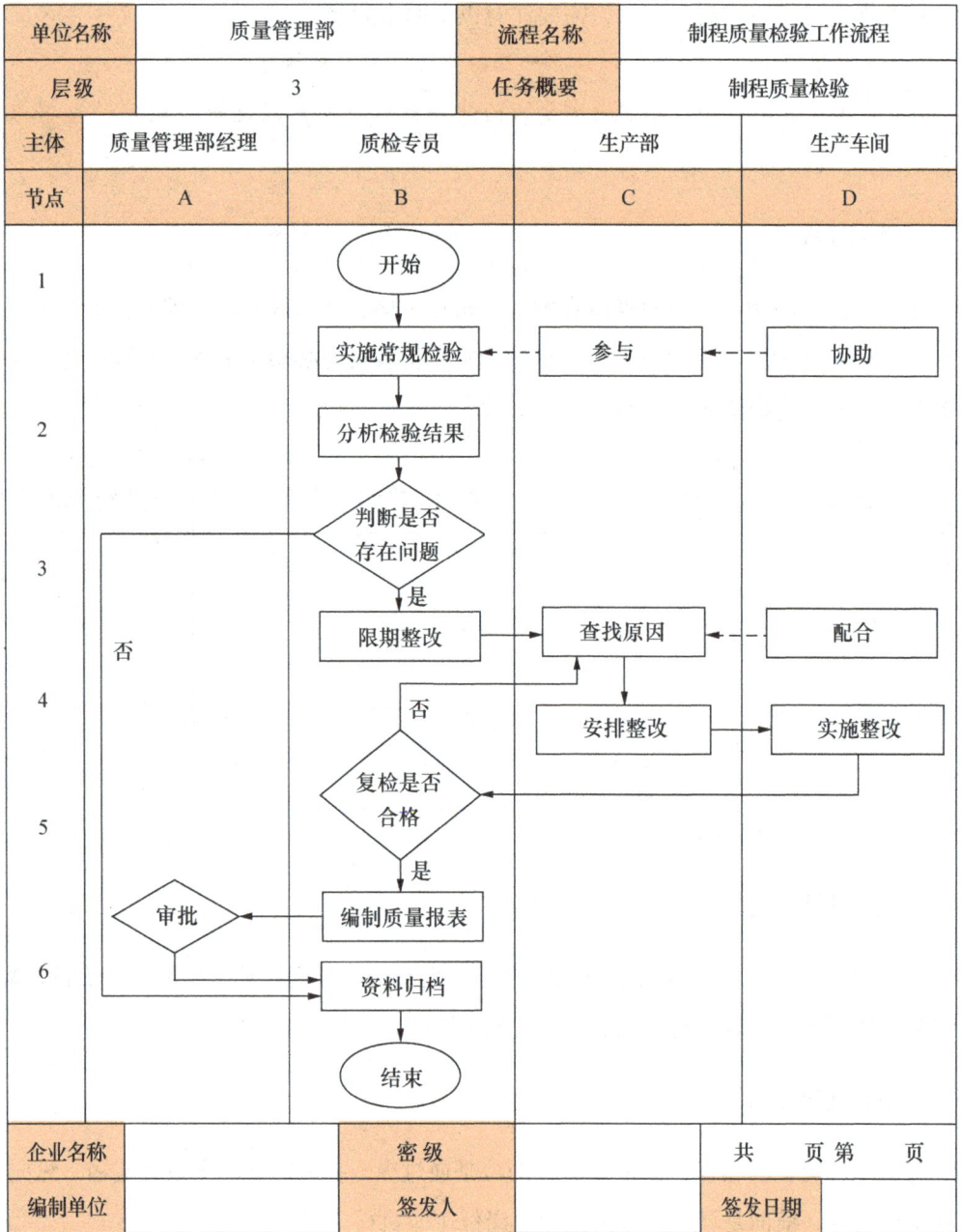

图1-9　矩阵式流程图的示例

企业名称		密级		共　　页第　　页
编制单位		签发人		签发日期

步骤	仓储主管	入库管理员	仓储管理员	仓管会计

入库准备

开始

制订入库计划 ← 了解入库物料

组织入库人员 ← 准备入库设备 → 制定堆垛、苫垫、货架方案 → 准备文件单证

接运

制订接货作业计划 → 协助运输部接货

接运记录

验收

验收准备

核对凭证

物资验收

填制物资盈余、短缺、破损查询单

入库手续

入库保管

立卡 → 登账

建立入库工作档案 ← 库存台账

结束

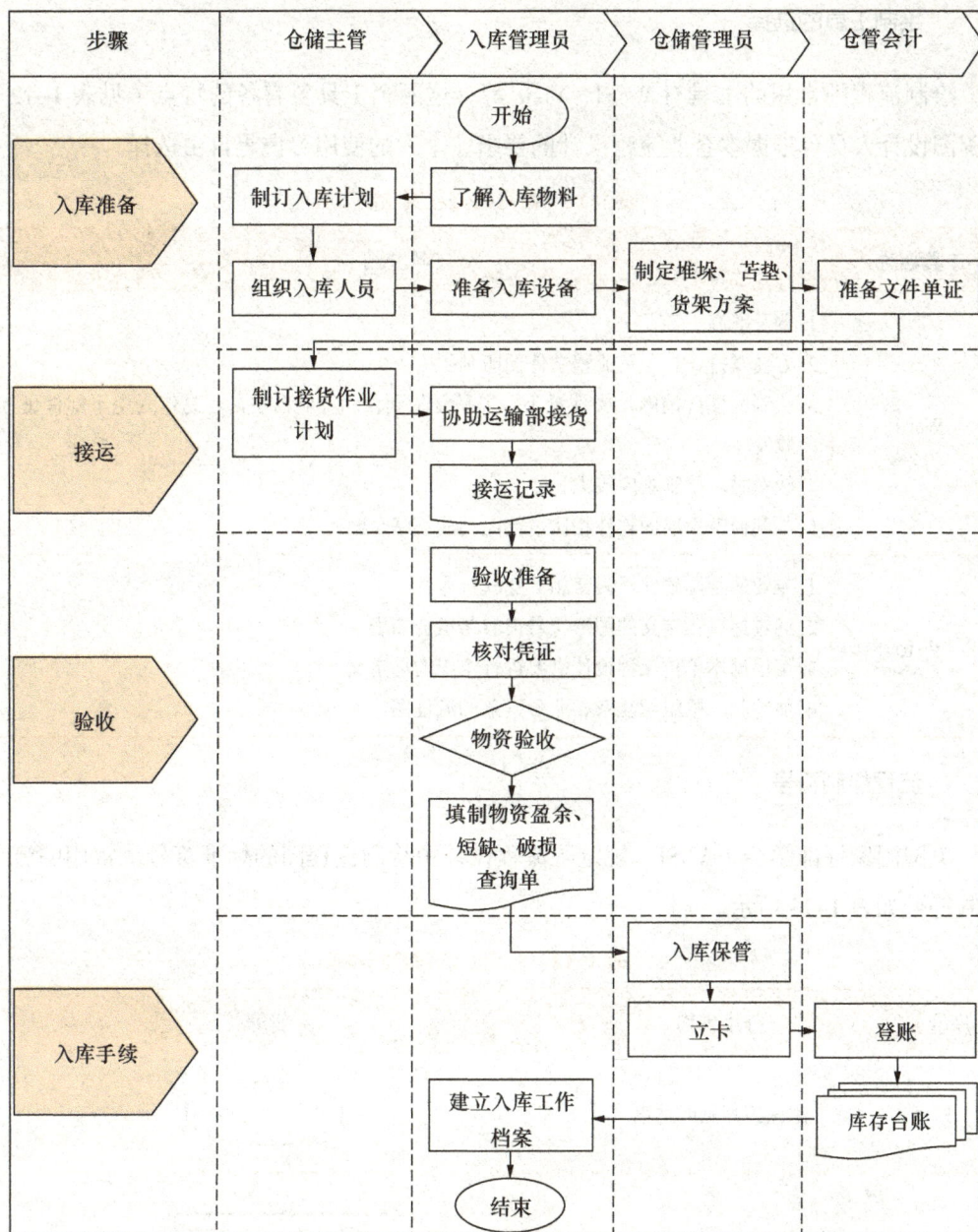

图 1-10 泳道式流程图的示例

绘制流程图常用的工具有 Word、Visio 等，这两个工具各有各的特点（见表 1-12），流程图设计人员可根据本企业流程设计的要求、个人的使用习惯等自由选择。

表 1-12　常用的流程图绘制工具

工具名称	工具介绍
Word	1. 普及率高 2. 方便发排、打印及流程文件的印制 3. 绘制的图片清晰，文件量小，容易复制到移动存储器中，容易作为电子邮件进行收发 4. 较费时，绘制难度较大 5. 与其他专用绘图软件相比，绘图功能不够全面
Visio	1. 专业的绘图软件，附带相关建模符号 2. 通过拖曳预定义的图形符号很容易组合图表 3. 可根据本单位流程设计需要进行组织的自定义 4. 能绘制一些组织复杂、业务繁杂的流程图

☆ 流程绘制符号

美国国家标准学会（ANSI）规定了流程设计中绘制流程图的标准符号，常用的流程绘制符号如表 1-13 所示。

表 1-13　常用的流程绘制符号

序号	符号名称	符号
1	流程的开始或结束	⬭
2	具体作业任务或工作	▭
3	决策、判断、审批	◇
4	单向流程线	→

序号	符号名称	符号
5	双向流程线	
6	两项工作跨越、不相交	
7	两项工作连接	
8	作业过程中涉及的文档信息	
9	作业过程中涉及的多文档信息	
10	与本流程关联的其他流程	
11	信息来源	
12	信息储存与输出	

实际上，流程绘制的标准符号远不止表1-13所列的这些。但是，流程图的绘制越简洁、明了，操作起来就越方便，企业也更容易接受和落实；符号越多，流程图就越复杂，越难以落实到位。所以，一般情况下，企业使用1~4项流程绘制的标准符号就基本可以满足绘制流程图的需要了。

☆ 绘制草图

不同的流程展现形式体现了不同层次的流程。例如，一二级流程适合用矩阵式流程图和泳道式流程图呈现，而三级流程中的部分业务流程适合用箭头式流程图和业务流程图呈现。

值得一提的是，流程设计人员在绘制流程图的过程中，需要确定该流程与上下游流程之间的接口，以及与规范流程运行要求相关联的制度之间的关系，并根据实际情况尽量将其在流程图中反映出来，如流程图中可根据流程节点给出相应的制度、表单等。

第 6 步：流程意见反馈

流程图绘制完成后，需要通过意见征询、试运行等方式获得相关意见和建议，发现不足和纰漏，以便对其做出进一步修改和完善，直至最终定稿。

针对初步绘制的流程图，流程设计人员可通过以下三种方式征求各方的意见，具体如图 1-11 所示。

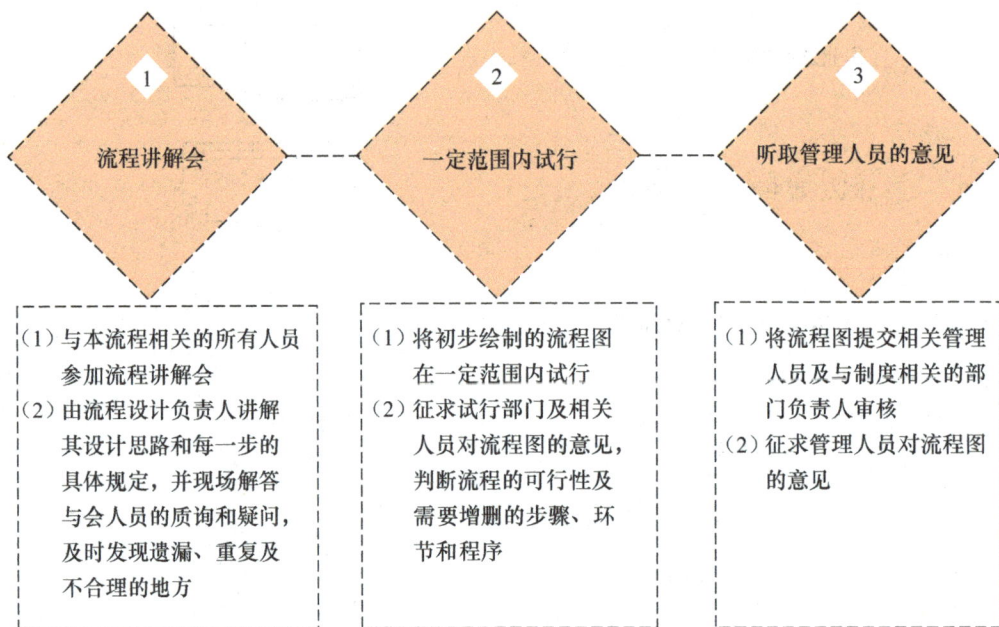

1 流程讲解会

（1）与本流程相关的所有人员参加流程讲解会
（2）由流程设计负责人讲解其设计思路和每一步的具体规定，并现场解答与会人员的质询和疑问，及时发现遗漏、重复及不合理的地方

2 一定范围内试行

（1）将初步绘制的流程图在一定范围内试行
（2）征求试行部门及相关人员对流程图的意见，判断流程的可行性及需要增删的步骤、环节和程序

3 听取管理人员的意见

（1）将流程图提交相关管理人员及与制度相关的部门负责人审核
（2）征求管理人员对流程图的意见

图 1-11　流程图草案意见征询方式

第 7 步：流程调整修正

通过上述方式进行意见征询后，流程设计人员应综合分析意见征询结果，汇总各种修改意见，对流程图进行修改和完善，提交权限主管领导审核后再呈交总经理批准，或在董事会审议通过后公示执行。

☆ **流程定稿要求**

老员工能够按流程图做事，新员工能够根据流程图知道怎样做事。

☆ 流程试运行与检查

流程设计人员要监控流程试运行过程，检查并汇总试运行过程中出现的问题，做好检查记录，为问题分析和流程改善做准备。流程实施与检查内容说明如表 1-14 所示。

表 1-14 流程实施与检查内容说明

项次	检查项目	具体检查内容
1	检查流程是否稳定	◎在实施过程中是否出现例外活动 ◎在实施过程中是否出现步骤、时间、权责方面的冲突 ◎是否出现上一部分的步骤成果（输入）不能充分影响下一步骤的活动 ◎是否出现资源（特别是人力资源）与任务不匹配的情况
2	检查程序是否合理	◎适宜性：程序适应内外部环境变化的能力 ◎充分性：程序各过程的展开程度 ◎有效性：达到的结果与所使用的资源之间的关系，确保程序的经济性

☆ 流程简化

流程简化的目标是用最少的资源执行流程，避免资源浪费。流程简化的方法包括取消环节、合并环节、环节调序、简单化环节、自动化环节以及一体化环节等。

流程简化工作的一般操作方法如下：

● 对评估流程进行再评估，确认和削减增加资源耗费的活动；

● 评估各种测量方法，判断其能否提供有用和可控的信息；

● 缩短时间，测试输出数量／质量是否相应减少；

● 依据上述变动调整程序简化计划；

● 将程序置于自动运行状态，通过周期性检查发现问题。

1.3.7 发布、实施与检查

1. 流程的确定与发布

流程设计人员将经过实践检验的流程图提交企业领导审核签字后，以适当的方式向全体员工公示，并自公示之日起生效，便于员工遵照执行。

一般情况下，常用的流程公示方式有四种，企业可根据实际情况选择运用，具体做法如表 1-15 所示。

表 1-15　流程公示的四种方式及操作说明

序号	公示方式	操作说明
1	全文公告公示	在企业公共区域将流程图及相关说明全文公告，并将公告现场以拍照、录像等方式记录备案
2	集中学习	召开员工会议或组织员工进行集中学习、培训，并让员工签到确认参与了学习或培训
3	员工阅读并签字确认	将流程及相关说明做成电子或纸质文件交由员工阅读并签字确认。确认方式包括在流程文件的尾页签名、另行制作表格登记、制作单页的"声明"或"保证"
4	作为劳动合同附件	将流程文件作为劳动合同的附件，在劳动合同专项条款中约定"劳动者已经详细阅读，并自愿遵守本企业的各项规定"等内容

企业的经营管理人员或人力资源管理人员，对流程公示工作要细心谨慎，注意以下两大事项。

事项 1：务必让当事人知晓

务必将相关通知、决定等送到当事人手中，而不是"通告一贴，高高挂起"，要确保能够达到公示与告知的目的。

事项 2：注意留存公示的证据

不同的公示方式有不同的证据留存方式。例如，让员工在"签阅确认函"上签字确认，可签"已经阅读、明了，并且承诺遵守"等。

2. 优化流程实施的环境

设计了流程并不意味着企业的运行效率和经济效益必然会有大幅度的提高，更重要的工作是抓好流程管理的落实。

在管理和实施流程的过程中，企业不能忽视对流程实施环境的管理，应该注意以下几点。

● 建立合适的企业文化

企业流程设计或再造一般均以流程为中心、以追求客户满意度的最大化为目标，这就要求企业从传统的职能管理向过程管理转变。

企业在实施流程管理时，需要改变过去的传统观念和习惯做法，建立一种能够适应这种转变的以"积极向上、追求变革、崇尚效率"为特征的企业文化，以使每个流程中的各项活动都能实现最大化增值的目标，为企业经济效益的提高做贡献。

● 提高企业领导对流程管理的认识

提高企业领导，特别是企业高层领导对流程管理的认识是企业发展中的重要问题，是企业提高运营效率和经济效益的重要措施，是企业战胜竞争对手的主要手段，是企业发展战略的重要因素。

只有企业的董事长、总经理、总监等高层领导重视流程管理，才能推动企业的流程再造，实施才能见到效果。

● 加强培训，使企业上下共同提高对流程的认识

在实施流程管理的过程中，企业高、中层管理人员是推动流程管理的骨干，广大员工则是推动流程管理的重要力量。

通过培训，使企业的管理团队与员工提高对流程设计或再造的认识，共同认识到流程的意义，认识到流程再造对企业生存和发展的作用，只有这样推动与实施流程再造，才能达到良好的效果。

此外，通过培训，可以提高员工的自觉性，使员工自觉遵守新的流程。

3. 实现流程的有效落实

企业的流程图绘制完毕、装订成册后，需要发给企业各部门，以便员工遵照执行。流程图实际上是企业的一项规章制度，它可以帮助企业建立正常的工作规则和工作秩序。

以下是流程有效落实的四种思路，具体如图 1-12 所示。

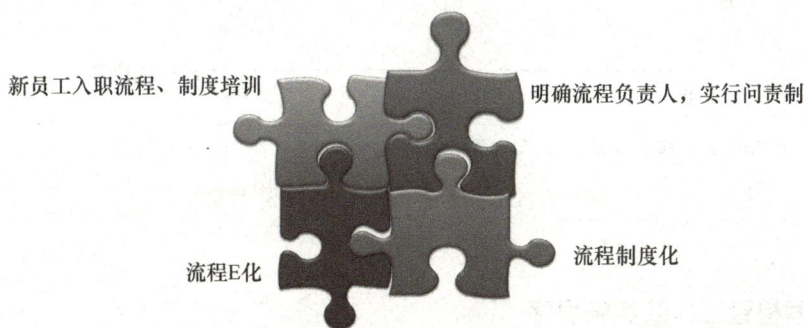

注：流程E化是指应用现有的IT技术，实现企业各项管理和业务流程的电子化。

图 1-12 流程有效落实的四种思路

4. 开展有针对性的流程检查

流程检查的目的是提高企业的效益，保证流程目标的最终实现。

● 控制流程检查的成本投入。流程检查成本投入需要与该流程的产出价值相匹配，否则既浪费资源，又不能创造价值。企业在流程检查工作中要有成本意识，强化"投资回报"的概念。

● 把握好流程检查的度。在设计流程检查方案时，需要确定流程检查的精细度、频次及抽样方法，控制检查成本。流程检查工作要抓住关键流程，抓住流程的关键环节，结合实际情况和流程的运转时间确定流程检查的频次和抽样方式。

5. 流程检查重点的选取

流程检查需要与流程实际执行情况相匹配，合理设置流程关键控制点。

● 对于流程成熟度高（流程绩效表现合理且稳定）、人员能力较强的流程，企业可降低检查投入，也可取消相关的关键控制点。

● 对于流程成熟度较低（流程绩效波动较大）的流程，企业需要加强对该流程的检查力度或新增关键控制点，以稳定流程绩效。

流程检查重点选取的矩阵分析如图 1-13 所示。

注：流程的重要程度评估请参照本章1.3.4所述。

图 1-13　流程检查重点选取的矩阵分析

6. 流程检查工作的实施程序

流程检查工作的实施程序如图 1-14 所示。

7. 流程绩效评估与改进

从本质上看，流程绩效评估是为企业战略与经营服务的，企业需要对某些关键的流程进行绩效评估，将流程绩效作为企业绩效管理的一个重要维度。

```
                        ┌────────┐
                        │  开始   │
                        └────┬───┘
                             │
              ┌──────────────────────────┐
              │      明确流程检查的目的      │
              └──────────────┬───────────┘
                             │
              ┌──────────────────────────┐
              │      明确流程的关键节点      │
              └──────────────┬───────────┘
                             │
              ┌──────────────────────────┐
              │    分析、筛选流程检查重点     │
              │ (分析流程现状及容易出错的关键节点) │
              └──────────────┬───────────┘
                             │
              ┌──────────────────────────┐
              │  确定流程中各检查点的检查方法与标准 │
              │  (查阅资料与记录、现场观察、访谈)  │
              └──────────────┬───────────┘
                             │
              ┌──────────────────────────┐
              │   编制检查工作计划，制作检查表    │
              └──────────────┬───────────┘
                             │
              ┌──────────────────────────┐
              │   与被检查部门沟通，确认目标与计划 │
              └──────────────┬───────────┘
                             │
              ┌──────────────────────────┐
              │   按计划进行流程检查并详细记录    │
              └──────────────┬───────────┘
                             │
              ┌──────────────────────────┐
              │  汇总并分析检查结果，编制流程检查报告 │
              └──────────────┬───────────┘
                             │
              ┌──────────────────────────┐
              │   与被检查部门沟通，分析原因     │
              └──────────────┬───────────┘
                             │
                      ◇─────────────◇
              否       │  流程设计是否有 │
        ┌─────────────│     问题      │
        │              ◇─────────────◇
        │                     │ 是
        │                     │
  ┌───────────┐      ┌──────────────────────┐
  │ 流程优化与再造 │      │  制定流程实施问题的改进措施  │
  └─────┬─────┘      └───────────┬──────────┘
        │                        │
        │              ┌──────────────────────┐
        │              │   执行、跟进、评估改进措施  │
        │              └───────────┬──────────┘
        │                          │
        │                    ┌────────┐
        └────────────────────│  结束   │
                             └────────┘
```

流程检查规划

流程检查实施

流程实施问题的改进与跟进

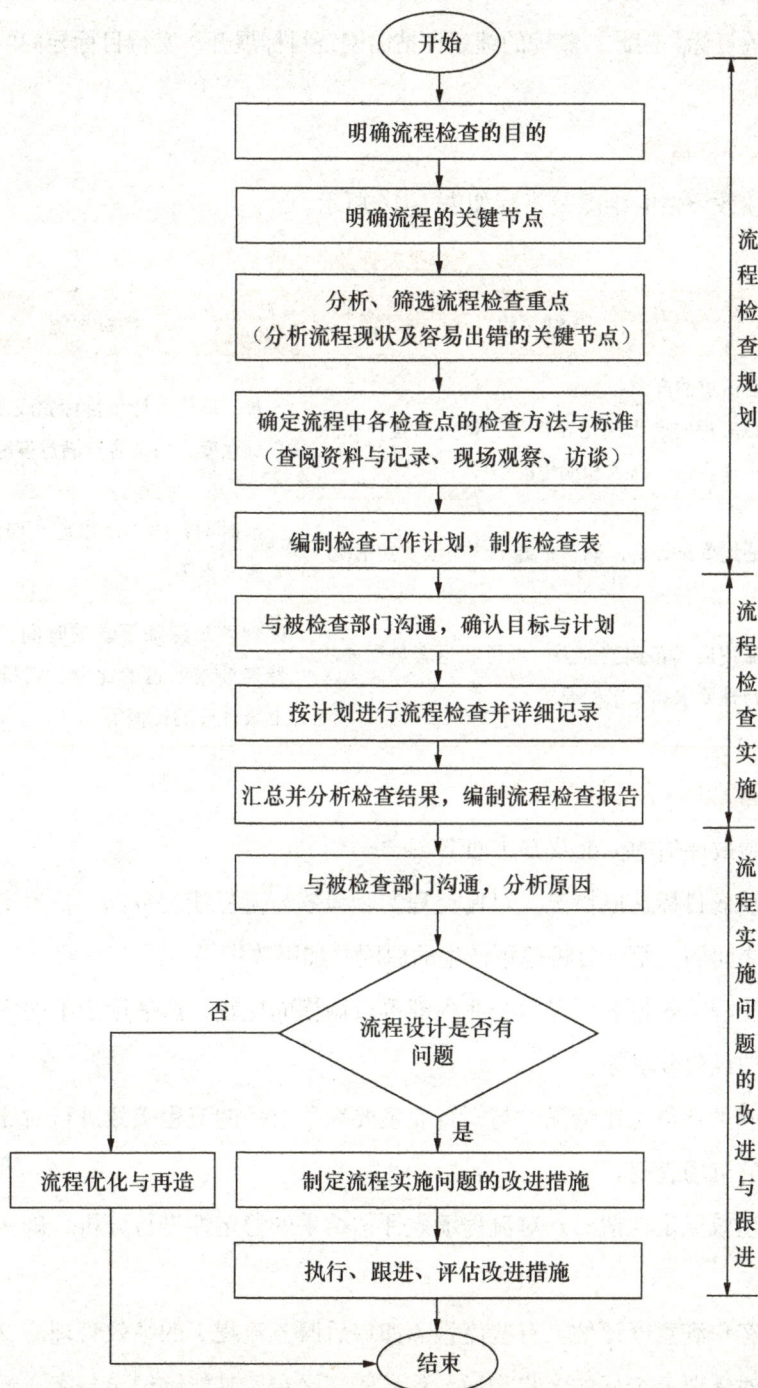

图1-14　流程检查工作的实施程序

● 确定流程的绩效目标

企业战略目标被分解为部门绩效目标与岗位绩效目标，并被包含在关键流程中，即流程被赋予绩效目标。因此，流程的绩效评估需围绕目标展开，实行目标导向的流程绩效评估。

● 流程绩效评估维度

企业流程绩效评估的维度及指标如表1-16所示。

表1-16　流程绩效评估的维度及指标

评估维度	详细说明	指标举例
效果	◎流程的产出 ◎流程的产出满足客户（包括内部客户和外部客户）需求和期望的程度	产量、产值、计划目标完成率、外部客户满意度、内部客户满意度等
效率	通过效果评估，确认资源节约与浪费的情况	处理时间、投入产出比、增值时间比、质量成本等
弹性	流程应具备调整能力，以便满足客户当前的特殊要求和未来的要求	处理客户特殊要求的时间、被拒绝的特殊要求所占的比例、特殊要求递交上级处理的比例等

● 流程实施绩效评估的标准及方法

流程实施绩效评估的标准及方法如下。

（1）流程绩效目标达成情况。对比流程实际绩效与流程绩效目标，找出实际绩效与流程绩效目标之间的差距，分析差距产生的原因并加以改进。

（2）内部流程绩效排名情况。企业内部可以做横向比较，这适用于不同区域的业务流程竞争、成功经验分享等。

（3）外部同类竞争对比情况。与同行业主要竞争对手的流程绩效进行对比，以了解企业在该方面的市场表现。

（4）流程绩效稳定性情况。对流程绩效评估结果的稳定性进行分析，确认流程是否处于受控状态。

（5）流程客户满意度评估。有些流程（如售后服务流程）的绩效管理需要客户与市场的评估，此时需要一个好的客户沟通与信息管理平台，其能够记录与客户的日常沟通信息、投诉信息、回访信息、满意度调查信息等，并可将这些信息作为客户满意度评估的依据。

● 流程绩效评估结果的运用

企业流程绩效评估结果可运用于五个方面，具体如图 1-15 所示。

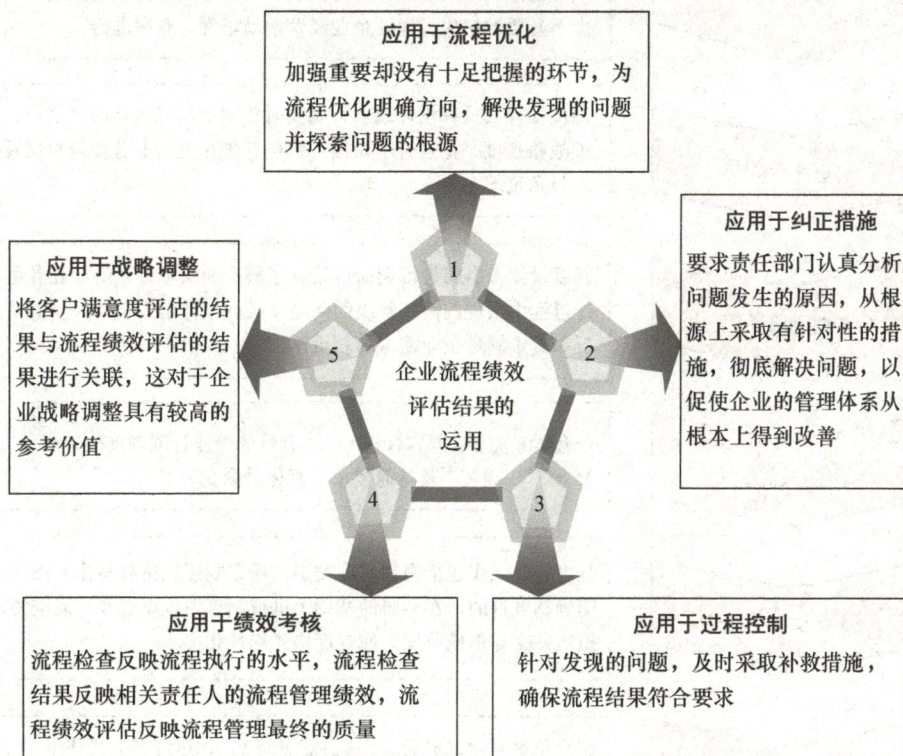

图 1-15　企业流程绩效评估结果的运用

应用于流程优化
加强重要却没有十足把握的环节，为流程优化明确方向，解决发现的问题并探索问题的根源

应用于纠正措施
要求责任部门认真分析问题发生的原因，从根源上采取有针对性的措施，彻底解决问题，以促使企业的管理体系从根本上得到改善

应用于战略调整
将客户满意度评估的结果与流程绩效评估的结果进行关联，这对于企业战略调整具有较高的参考价值

应用于绩效考核
流程检查反映流程执行的水平，流程检查结果反映相关责任人的流程管理绩效，流程绩效评估反映流程管理最终的质量

应用于过程控制
针对发现的问题，及时采取补救措施，确保流程结果符合要求

企业流程绩效评估结果的运用

1.4　流程执行章程设计

1.4.1　配套制度设计

制度是规范员工行为的标尺之一，是企业进行规范化、制度化管理的基础。只有不断推进规范化、制度化管理，企业才能逐步发展壮大。

1. 制度设计步骤

企业在设计流程配套制度时，要明确需要解决的问题及要达到的目的，为制度准确定位，开展内外部调研，明确制度规范化的程度，统一制度格式，等等。制度设计的步骤如图 1-16 所示。

1.明确问题	企业制定各项管理制度的主要目的在于规避可能出现的问题，或将已出现的问题及其危害控制在一定范围内，以避免或减少不必要的损失，保证企业经营活动正常、有序进行
2.准确定位	制度设计人员在设计或修订制度时要明确制度设计的立足点，如战略角度、企业管理角度、部门管理角度、业务管理角度及人员角度等
3.调研访谈	制度设计人员应进行调研访谈，了解企业实际存在的、业务运作过程中出现的需要解决的问题，从而设计出符合企业实际情况和真正满足企业需求的制度
4.统一规范	一套体系完整、内容合理、行之有效的企业管理制度应达到"三符合""三规范"及其他要求，具体请参见表1-17
5.制度起草	制度起草工作包括明确制度类别，确定制度风格和写作方法，明确制度目的，在调研的基础上进行制度内容规划并形成纲要，拟定条文并形成草案，使制度格式标准化
6.制度定稿	制度草案制定完成后，应通过意见征询、试运行等方式获得相关反馈，发现不足和纰漏，进行修改与完善，直至最终定稿
7.制度公示	制度要为企业运营和发展服务，企业应以适当的方式向全体员工公示制度内容，以示制度生效

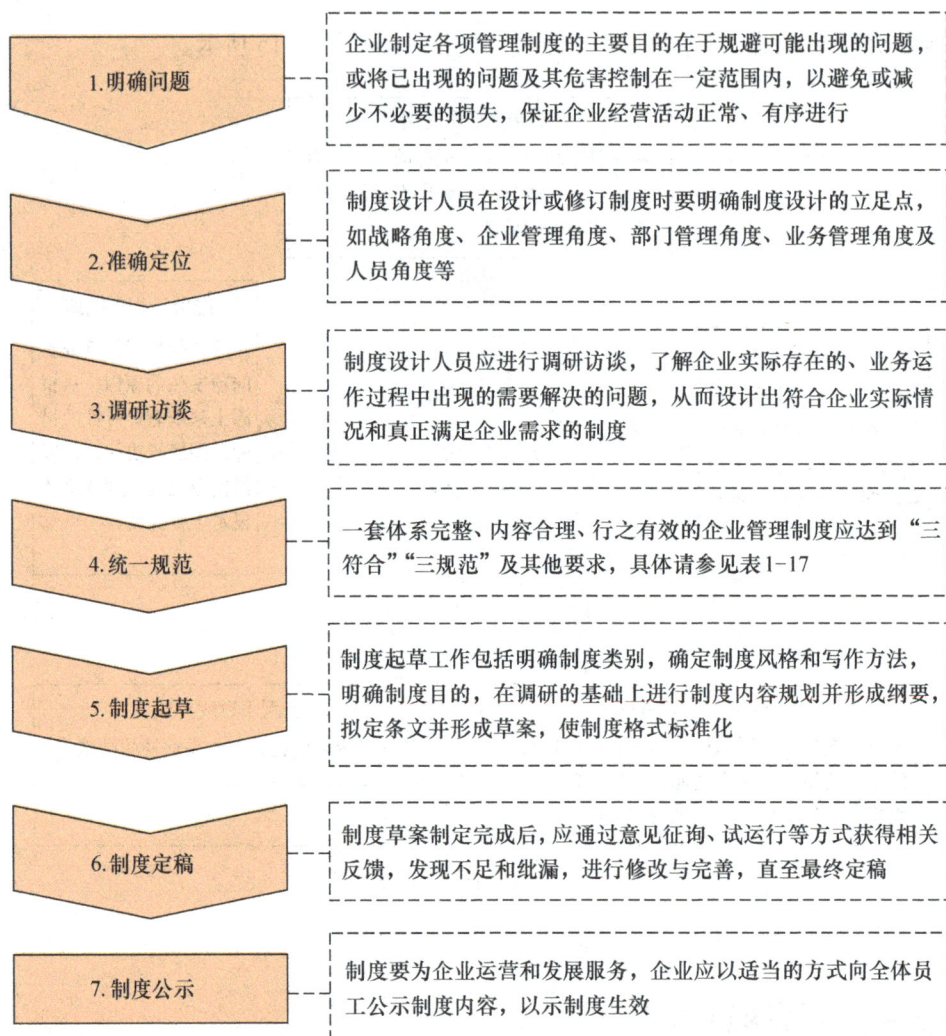

图 1-16 制度设计的步骤

2. 制度设计规范及要求

要想设计一套体系完整、内容合理、行之有效的企业管理制度，制度设计人员必须遵循一定的规范及要求，具体内容如表 1-17 所示。

表 1-17 制度设计规范及要求

设计规范	具体要求
三符合	符合企业管理者最初设想的状态

设计规范		具体要求
三符合		符合企业管理科学原理
		符合客观事物发展规律或规则
三规范	规范 制度制定者	◎品行好，能做到公正、客观，有较强的文字表达能力和分析能力，熟悉企业各部门的业务及具体工作方法
		◎了解国家相关法律法规、社会公序良俗和员工习惯，了解制度的制定、修改、废止等程序及审批权限
		◎制度所依资料全面、准确，能反映企业经营活动的真实面貌
	规范 制度内容	◎合法合规，制度内容不能违反国家法律法规，要遵守公德民俗，确保制度有效、内容完善
		◎形式美观、格式统一、简明扼要、易操作、无缺漏
		◎语言简洁、条例清晰、前后一致、符合逻辑
		◎制度可操作性强，能与其他规章制度有效衔接
		◎说明制度涉及的各种文本的效力，并用书面或电子文件的形式向员工公示或向员工提供接触标准文本的机会
	规范 制度实施过程	◎明确培训及实施过程、公示及管理、定期修订等内容
		◎营造规范的执行环境，减少制度执行过程中可能遇到的阻力
		◎规范全体员工的职责、工作行为及工作程序
		◎制度的制定、执行与监督应由不同人员完成
		◎监督并记录制度执行的情况

3. 制度框架设计

制度的内容结构常采用"一般规定—具体制度—附则"的模式。一个规范、完整的制度所需具备的内容包括制度名称、总则/通则、正文/分则、附则与落款、附件这五大部分。制度设计人员应注意每一部分，使所制定的制度内容完备、合规、合法。

根据制度的内容结构，图1-17给出了常用的制度内容框架及设计规范，供读者参考。

需要说明的是，对于针对性强、内容单一、业务操作性强的制度，正文中不用分章，可直接分条列出，但总则与附则中的有关条目不可省略。

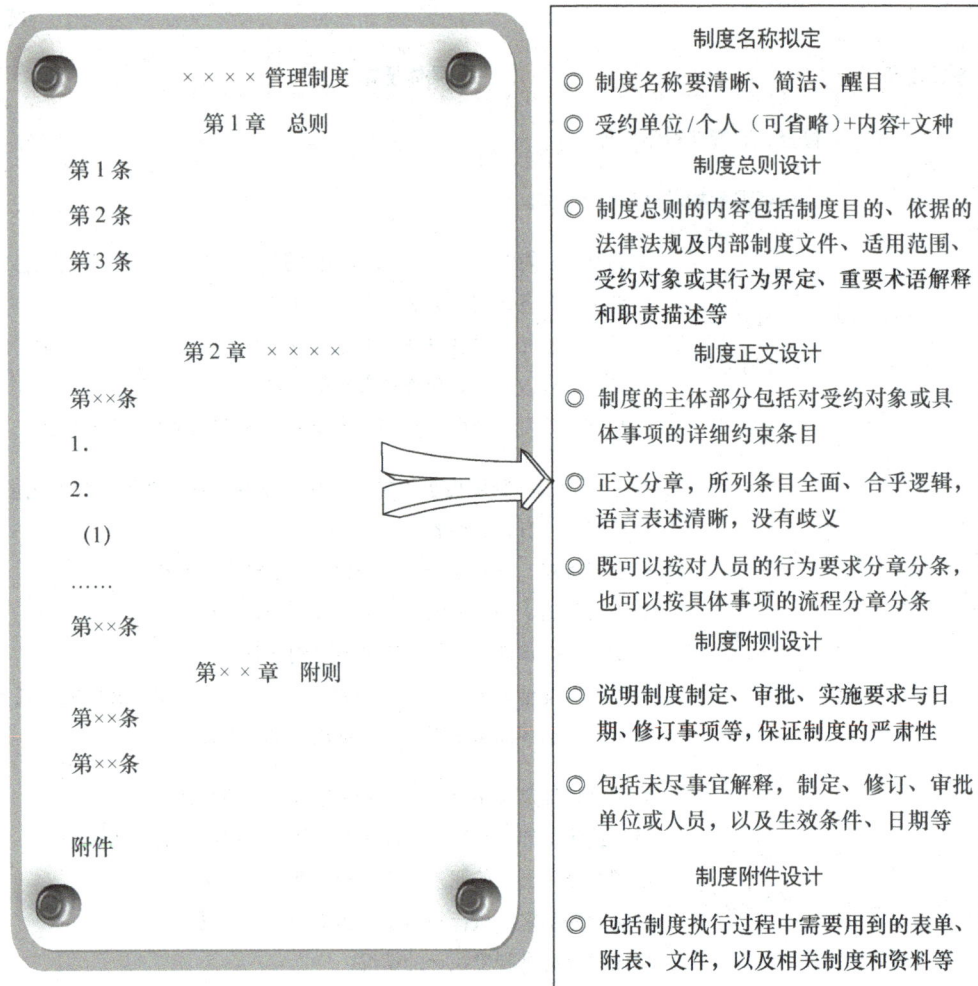

图1-17 制度内容框架及设计规范

4. 制度修订

企业在发展过程中，有些制度可能会成为制约其发展的主要因素，因此企业需要不断修订、完善甚至废止这些制度。总之，不断推进制度化管理伴随着企业发展的整个过程。

制度设计人员或修订人员需要根据实际情况，及时修订与企业发展不相适应的规范、规则和程序，以满足企业日常经营及长远发展的需要。配套制度修订时间的选择如表1-18所示。

表 1-18　配套制度修订时间的选择

状况类别	修订时间
企业外部	◎国家或地方修订或新颁布相关法律法规，导致企业某些制度或条款不合法、有缺陷或多余等 ◎企业所处的外部环境、市场条件等发生重大变化，影响了企业的日常经营活动
企业内部	◎配套的流程发生了变化 ◎企业定期统一复审制度、机构调整、岗位设置发生变化等 ◎企业各部门或各岗位通过工作实践，认为已有制度存在问题
备注	在上述情况下，如果制度确实不符合企业当前的实际情况，可撤销或合并到其他制度中

制度修订就是在现存相关制度的基础上，对制度的内容进行添加、删减、合并等处理，以及对制度的体系结构进行再设计。制度设计人员可根据图 1-18 所示的流程修订制度。

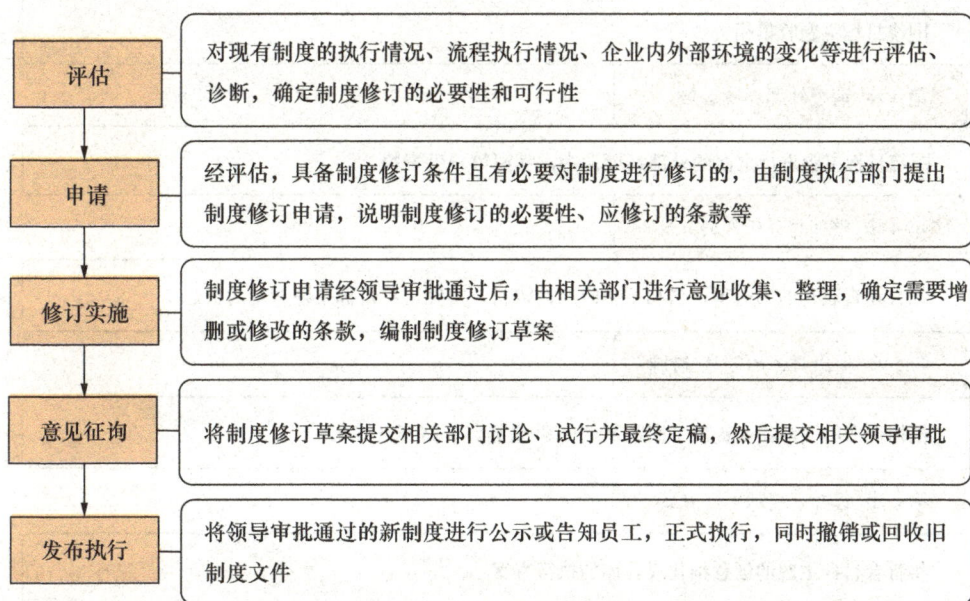

评估	对现有制度的执行情况、流程执行情况、企业内外部环境的变化等进行评估、诊断，确定制度修订的必要性和可行性
申请	经评估，具备制度修订条件且有必要对制度进行修订的，由制度执行部门提出制度修订申请，说明制度修订的必要性、应修订的条款等
修订实施	制度修订申请经领导审批通过后，由相关部门进行意见收集、整理，确定需要增删或修改的条款，编制制度修订草案
意见征询	将制度修订草案提交相关部门讨论、试行并最终定稿，然后提交相关领导审批
发布执行	将领导审批通过的新制度进行公示或告知员工，正式执行，同时撤销或回收旧制度文件

图 1-18　制度修订流程

在制度修订的过程中，制度设计人员要注意以下几点：

● 要适应企业新的机构运行模式与流程管理的要求；

● 要发挥各制度管理部门的主动性和制度执行部门的能动性；

● 要强化各项工作的管理责任要求；

● 要强调各职能部门的管理服务标准；

● 要规范制度的编制格式，为制度的再修订和日后的统稿工作制定标准。

1.4.2　辅助方案设计

方案是指某一项工作或行动的具体计划或针对某一问题制定的规划。撰写工作方案是员工必须完成的一项任务。一份实操性强、思路清晰、富有创新性的方案，不仅有利于方案的实际操作，而且还能获得上级领导的称赞。

1. 方案设计的步骤

方案设计的步骤如图 1-19 所示。

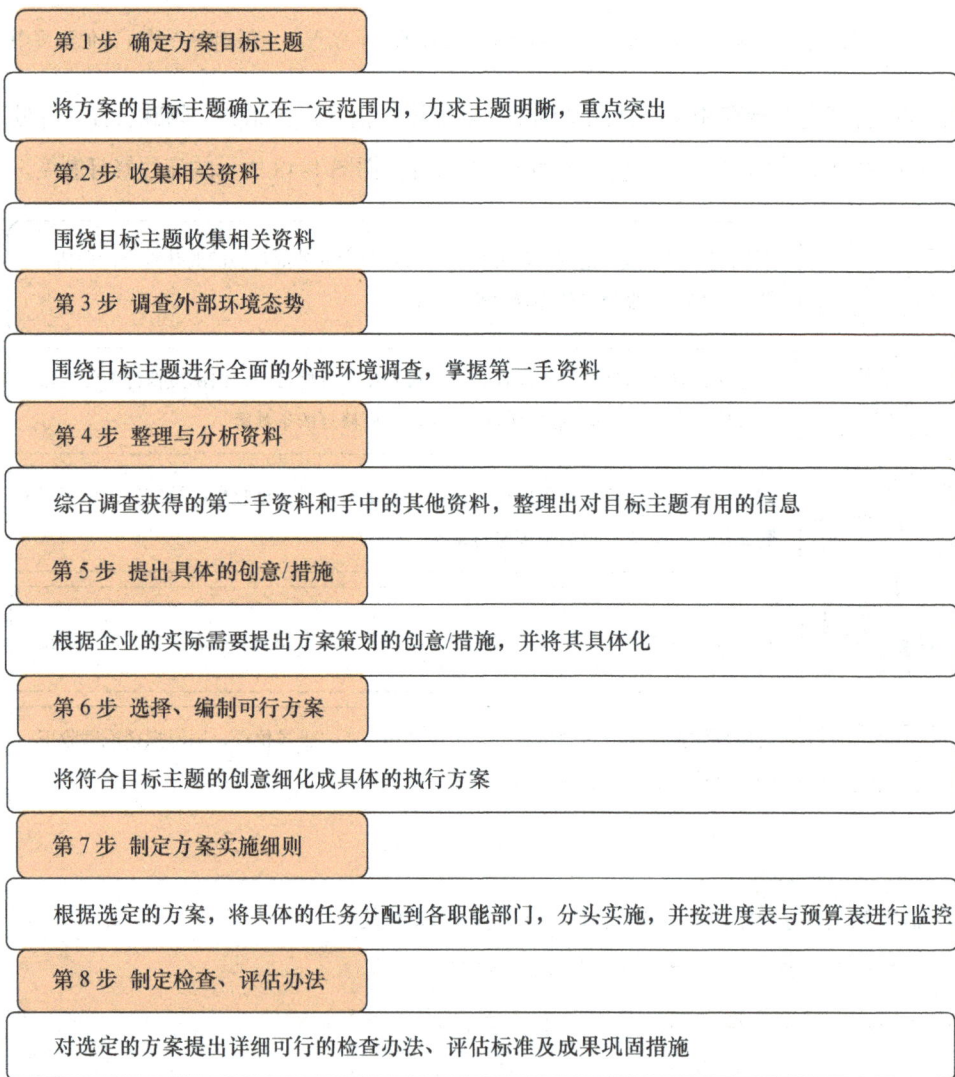

第 1 步　确定方案目标主题

将方案的目标主题确立在一定范围内，力求主题明晰，重点突出

第 2 步　收集相关资料

围绕目标主题收集相关资料

第 3 步　调查外部环境态势

围绕目标主题进行全面的外部环境调查，掌握第一手资料

第 4 步　整理与分析资料

综合调查获得的第一手资料和手中的其他资料，整理出对目标主题有用的信息

第 5 步　提出具体的创意/措施

根据企业的实际需要提出方案策划的创意/措施，并将其具体化

第 6 步　选择、编制可行方案

将符合目标主题的创意细化成具体的执行方案

第 7 步　制定方案实施细则

根据选定的方案，将具体的任务分配到各职能部门，分头实施，并按进度表与预算表进行监控

第 8 步　制定检查、评估办法

对选定的方案提出详细可行的检查办法、评估标准及成果巩固措施

图 1-19　方案设计的步骤

2. 方案的内容结构

方案一般包括指导思想、主要目标、工作重点、实施步骤、政策措施和具体要求等内容，其结构如图 1-20 所示。

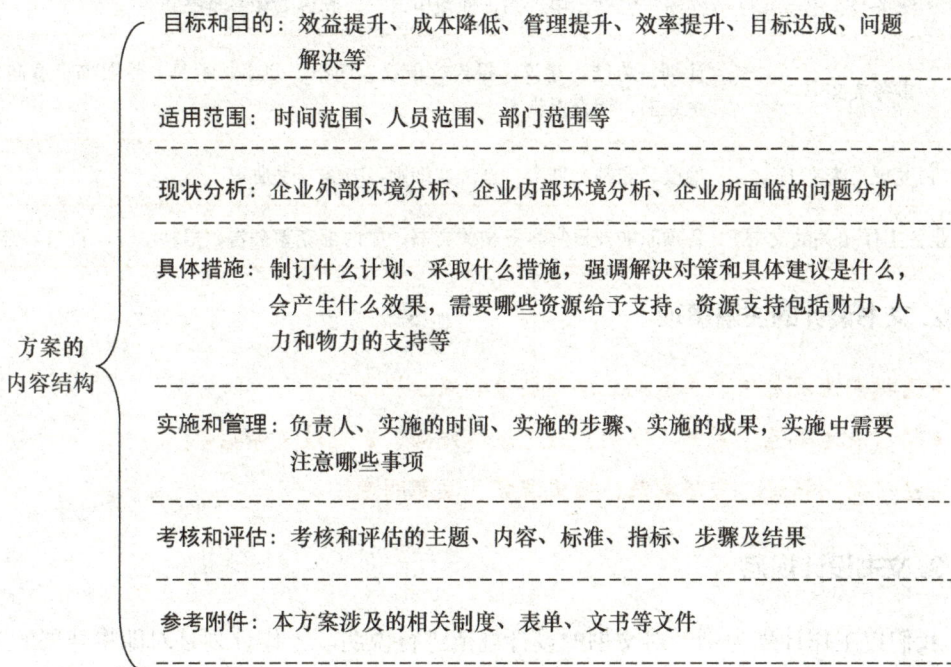

方案的内容结构：

- 目标和目的：效益提升、成本降低、管理提升、效率提升、目标达成、问题解决等
- 适用范围：时间范围、人员范围、部门范围等
- 现状分析：企业外部环境分析、企业内部环境分析、企业所面临的问题分析
- 具体措施：制订什么计划、采取什么措施，强调解决对策和具体建议是什么，会产生什么效果，需要哪些资源给予支持。资源支持包括财力、人力和物力的支持等
- 实施和管理：负责人、实施的时间、实施的步骤、实施的成果，实施中需要注意哪些事项
- 考核和评估：考核和评估的主题、内容、标准、指标、步骤及结果
- 参考附件：本方案涉及的相关制度、表单、文书等文件

图 1-20　方案的内容结构

1.4.3　附带文书设计

文书是用于记录信息、交流信息和发布信息的一种工具。企业管理文书是指企业为了某种需要，按照一定的体例和要求形成的书面文字材料，包括各类文书、公文、文件等。

1. 企业管理文书分类

企业管理文书分类如表 1-19 所示。

表 1-19　企业管理文书分类

文书分类	具体文书种类
通用类文书	请示、批复、批示、通知、决定等，由企业统一规定编写格式与编号
合同类文书	劳动合同、业务合同等
会务类文书	企业各类会议的开幕词、闭幕词、演讲稿、会议记录、会议纪要、会议报告和会议提案等

文书分类	具体文书种类
社交类文书	介绍信、感谢信、慰问信、表扬信、祝贺信和邀请函等
法务类文书	纠纷报告书、申诉书、仲裁申请书、起诉书和答辩书等
事务类文书	计划、总结、建议、报告、倡议、简报、启事、消息、号召书、意向书、企划书、调查报告等
制度规范类文书	制度、守则、规定、办法、细则、方案、手册等
与业务工作相关的文书	各项职能及日常事务相关文书，如内部竞聘公告、招聘广告、营销广告等

2. 文书设计的注意事项

- 遵循企业规定的文书格式、编写要求和编号规范。
- 语言表述规范、完整、准确，避免表达残缺、出现歧义等错误。
- 语言简明精炼、言简意赅，行文流畅，主题明确。

3. 文书设计规范

我们以工作计划为例，对文书的设计规范进行说明。工作计划是对即将开展的工作的设想和安排，如提出任务指标、任务完成时间和实施方法等。工作计划既是明确工作目标、推进工作开展的有效指导，也是对工作进度和工作质量进行考核的依据之一。工作计划的内容结构如图 1-21 所示。

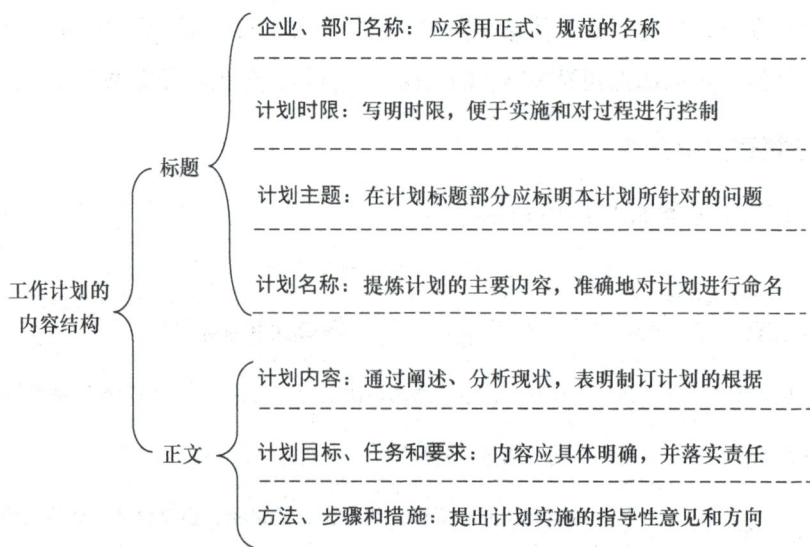

工作计划的内容结构

- 标题
  - 企业、部门名称：应采用正式、规范的名称
  - 计划时限：写明时限，便于实施和对过程进行控制
  - 计划主题：在计划标题部分应标明本计划所针对的问题
  - 计划名称：提炼计划的主要内容，准确地对计划进行命名
- 正文
  - 计划内容：通过阐述、分析现状，表明制订计划的根据
  - 计划目标、任务和要求：内容应具体明确，并落实责任
  - 方法、步骤和措施：提出计划实施的指导性意见和方向

图 1-21 工作计划的内容结构

1.4.4 表单设计

1.表单种类

表单主要分为文字表单、工具表单和数量表单三种：

- 文字表单就是将文字信息按要求整理成表单，借以说明某一概念或事项等；
- 工具表单是企业员工经常使用的一种表单；
- 数量表单用于呈现数据，以便相关人员进行统计。

2.表单的编制要求

表单的编制要求如下：

- 表单的内容要与标题相符；
- 表单的内容应言简意赅；
- 表单的格式应简洁明了且前后连贯。

3.设计表单

设计表单就是将表单的行、列看作一个坐标的横轴、纵轴，将需要表达的内容清晰、简洁、直观地置入坐标中予以展现。

常见的表单绘制工具有 Word、Excel 等，表单设计人员可以根据工作需要进行选择。下面以 Word 为例介绍绘制表单的步骤，具体如图 1-22 所示。

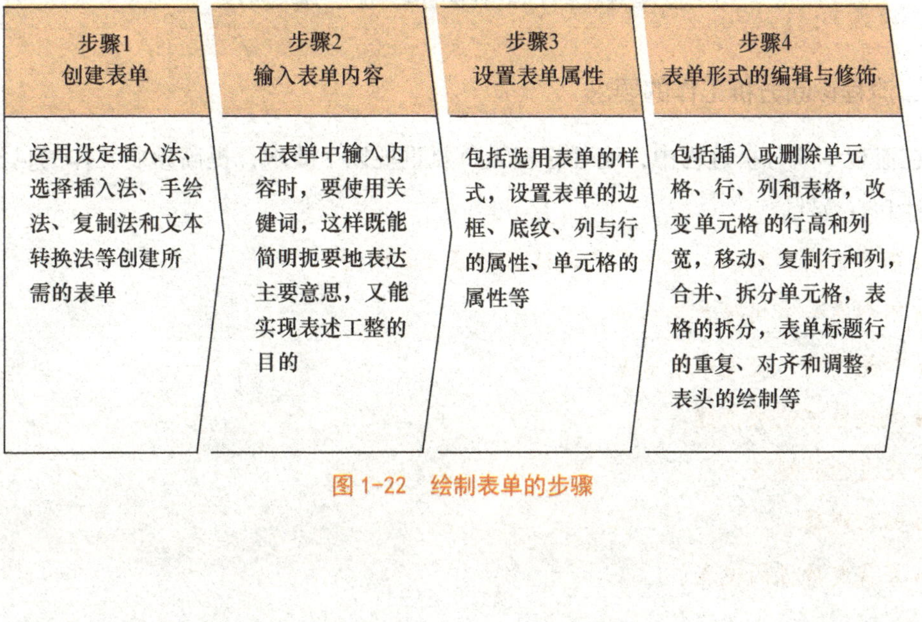

步骤1 创建表单	步骤2 输入表单内容	步骤3 设置表单属性	步骤4 表单形式的编辑与修饰
运用设定插入法、选择插入法、手绘法、复制法和文本转换法等创建所需的表单	在表单中输入内容时，要使用关键词，这样既能简明扼要地表达主要意思，又能实现表述工整的目的	包括选用表单的样式，设置表单的边框、底纹、列与行的属性、单元格的属性等	包括插入或删除单元格、行、列和表格，改变单元格的行高和列宽，移动、复制行和列，合并、拆分单元格，表格的拆分，表单标题行的重复、对齐和调整，表头的绘制等

图 1-22　绘制表单的步骤

1.5 流程诊断与优化

1.5.1 流程诊断分析

流程优化的前提是对现有流程进行调查和研究，分析流程中存在的问题，即流程诊断。

1. 流程诊断分析工作的步骤

流程诊断分析工作的步骤如表 1-20 所示。

表 1-20 流程诊断分析工作的步骤

步骤	工作内容	采用的方法
1. 流程信息收集	◎收集信息 / 数据，了解企业流程执行现状 ◎找出流程建设、管理中存在的问题 ◎了解企业员工所关心的问题 ◎加强企业员工之间的沟通，让所有员工树立流程管理意识	内部调查、专家访谈、讨论会、外部客户访谈和座谈会等
2. 问题查找与分析	◎清晰地阐述需要解决的问题 ◎将大问题细分成若干小问题，这样更容易解决 ◎分析、探究问题的根源，提出解决方案	NVA/VA 分析法、5Why 分析法、鱼骨图法和逻辑树法等
3. 编制诊断报告	◎根据问题的根源，结合企业的实际情况，编制诊断报告 ◎提出问题解决方案，提供创意，优化 / 再造流程	—

2. 流程诊断分析工作的要求

在流程诊断分析过程中，流程管理人员要重视以下要求，提高诊断工作的科学性、合理性和有效性。

- 不要拘泥于数据，要探究"我试图回答什么问题"。
- 不要在一个问题上绕圈子。
- 开阔视野，避免钻牛角尖。
- 假设也可能被推翻。
- 反复检验观点。
- 细心观察。
- 寻找突破性的观点。

3. 流程诊断分析的方法

企业常用的流程诊断分析方法有 NVA/VA 分析法、5Why 分析法等，具体内容如下。

- **NVA/VA 分析法**

NVA/VA 分析法是指将构成某一个流程的各项工作任务分为三类，即非增值活动、增值活动和浪费。NVA/VA 分析法的说明如图 1-23 所示。

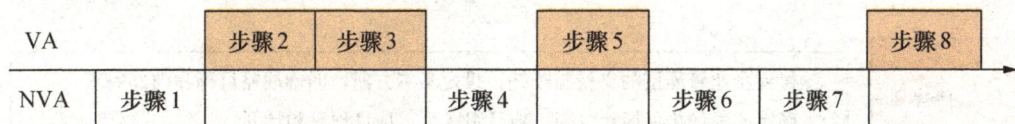

VA		步骤2	步骤3		步骤5			步骤8
NVA	步骤1			步骤4		步骤6	步骤7	

注：了解增值活动（VA）在流程的全部活动中所占的比重，找出需要改进的重点，制定切实可行的改进目标。

◆ 非增值活动（NVA）指不增加附加值，但却是实现增值不可缺少的活动，是各项增值活动的重要衔接。

◆ 增值活动（VA）指能提高产品或服务的附加值的活动。

◆ 浪费（Waste）指既不能增值，也不是必需的活动。

图 1-23　NVA/VA 分析法的说明

- **5Why 分析法**

5Why 分析法是指在对某一个流程进行诊断、分析和改进时，需针对其提出以下问题并给出答案。

◆ 为什么确定这样的工作内容？

◆ 为什么在这个时间和这个地点做？

◆ 为什么由这个人来做？

◆ 为什么采用这种方式做？

◆ 为什么需要这么长时间？

流程管理人员根据以上五个问题的答案，找出企业流程在实际运行过程中存在的问题，分析问题的根源，从而制定流程优化或再造方案。

1.5.2　流程优化的注意事项

流程优化的注意事项如下：

- 优化那些不能给企业带来利润或者效率、效益较差的流程，或者在日常运行中容易出现问题的流程；

- 优化那些对企业运营非常重要且急需改造的流程；

- 优化流程必须先易后难；

- 经过优化的流程必须和原有流程紧密衔接，确保流程管理的系统性和全面性；
- 经过优化的流程必须具有可操作性和稳定性。

1.5.3 流程优化程序

企业流程优化工作应抓住重点，找出最急迫和最重要的需求点。流程优化的具体程序如图 1-24 所示。

1. 总体规划	◎ 得到企业管理层的支持与委托，设定基本方向，明确战略目标和内部需求 ◎ 确定流程优化目标和范围、项目组成员、项目预算和计划
2. 流程优化项目启动	◎ 召开项目启动大会，进行全体动员，宣传造势 ◎ 开展内部流程优化理念培训
3. 流程描述诊断分析	◎ 通过内外部环境分析及客户满意度调查，了解流程现状 ◎ 描述和分析现有流程，进行问题归集与分析，编制诊断报告
4. 流程优化设计	◎ 设定目标，确认关键流程，明确改进方向，制定流程优化设计方案 ◎ 初步形成配套辅助信息，确定优化方案
5. 配套方案设计	◎ 收集与整理配套辅助信息，调整职能方案，设计配套方案
6. 方案实施	◎ 制订详细的优化工作计划，组织实施，并完善配套方案

图 1-24 流程优化的具体程序

总体来说，流程优化工作包括以下三步：

- 现在何处——流程现状分析；
- 应在何处——流程优化目标；
- 如何到达该处——流程优化方法和途径。

1.5.4 流程优化ESIA法

企业流程优化可以从清除（Eliminate）、简化（Simplify）、整合（Integrate）和自动化（Automate）四个方面入手，该方法简称为"ESIA法"，它可以帮助企业减少流程中的非增值活动和调整流程的核心增值活动。

1. 清除

清除主要指对企业现有流程内的非增值活动予以清除。

企业可通过以下问题判断某一活动环节是属于增值还是非增值。

- 这个环节存在的意义？
- 这个环节的成果是整个流程完成的必要条件吗？
- 这个环节有哪些直接或间接的影响？
- 清除该环节可以解决哪些问题？
- 清除该环节可行吗？

需要明确的是，对于流程而言，超过需要的产出就是一种浪费，因为它占用了流程有限的资源。浪费现象包括但不限于以下几种：

- 过量产出；
- 活动间的等待；
- 不必要的运输；
- 反复的作业；
- 过量的库存（包括流程运行过程中大量文件和信息的淤积）；
- 缺陷、失误；
- 重复的活动，如信息重复录入；
- 活动的重组；
- 不必要的跨部门协调。

2. 简化

简化是指在尽可能清除非必要的非增值环节后，对剩下的活动进一步简化。

简化的方法包括但不限于以下几种。

- 简化表单：消除表单设计上的重复内容，借助相关技术，梳理表单的流转，从而减少工作量和一些不必要的活动环节。
- 简化流程步骤 / 环节：运用 IT 技术，提高员工处理信息的能力，简化流程步骤，整合工作内容，提高流程结构效率。
- 简化沟通。
- 简化物流：如调整任务顺序或增加信息的提供。

3. 整合

整合，即对分解的流程进行整合，以使流程顺畅、连贯，更好地满足客户的需求。

● 活动整合：将活动进行整合，授权一个人完成一系列简单活动，减少活动转交过程中的出错率，缩短工作处理时间。

● 团队整合：合并专家组成团队，形成"个案团队"或"责任团队"，缩短物料、信息和文件传递的距离，改善在同一流程中工作的人与人之间的沟通。

● 供应商（流程的上游）整合：减少企业和供应商之间的一些不必要的业务手续，建立信任和伙伴关系，整合双方流程。

● 客户（流程的下游）整合：面向客户，与客户建立良好的合作关系，整合企业和客户的各种关系。

4. 自动化

● 简单、重复与乏味的工作自动化。

● 数据的采集与传输自动化。减少反复的数据采集，并缩短单次采集的时间。

● 数据的分析自动化。通过分析软件，对数据进行收集、整理与分析，提高信息利用率。

1.6　流程再造

1.6.1　流程再造的核心

企业流程再造也叫作"企业再造"，或简称为"再造"。它是 20 世纪 90 年代初期兴起的一种新的管理理念和管理方法，被誉为继"科学管理"和全面质量管理（TQC）之后的"第三次管理革命"。

企业再造概念的创始者迈克尔·哈默（Michael Hammer）和詹姆斯·钱皮（James Champy）在《企业再造——商业革命宣言》（*Reengineering the Corporation：A Manifesto for Business Revolution*）一书中指出，"再造就是对企业的流程、组织结构、文化进行彻底的、急剧的重塑，以达到绩效的飞跃。"

流程再造的核心，不是单纯地对企业的管理与业务流程进行再造，而是将以职能为核心的传统企业改造成以流程为核心的新型企业，这也就是我们所说的企业再造。通过不断地变革与创新（从广义上讲，这里不仅包括流程再造，还包括企业组织的再造和变革），使原来趋向衰落的企业重新焕发生机，并且永远充满朝气和活力。

1.6.2 流程再造的基础

当前，市场竞争越来越激烈，企业要想在激烈的市场竞争中求得生存和发展，且立于不败之地，就必须全面、彻底地了解客户的需求，最大限度地满足客户的需求，并且不断适应外部市场环境的变化。企业进行流程设计与流程再造的目的是使内部管理流程规范化，并对其不断加以改造，只有这样企业才能适应不断变化的市场形势。

通常情况下，现代企业所面临的外部挑战主要来自客户（Customer）、变化（Change）、竞争（Competition）三个方面。由于这三个英文单词的首字母都是 C，所以外部挑战又称为"3C"。企业在进行流程设计与流程再造时，切记要把握好"3C"。只有这样，企业所设计或再造的流程才能够适应自身的发展和市场的变化，满足客户的需求。

以上是企业进行流程设计或流程再造时的外部条件。

就企业内部而言，企业中长期发展战略规划是流程设计与流程再造的基础条件。因此，企业应先制定出发展战略，再着手开展流程设计与流程再造工作。

1.6.3 流程再造的程序

企业流程再造的一般程序如表 1-21 所示。

表 1-21　企业流程再造的一般程序

一般程序	具体事项
1. 设定基本方向	（1）得到高层管理者的支持 （2）明确战略目标，确定流程再造的基本方针 （3）分析流程再造的可行性 （4）设定流程再造的出发点
2. 项目准备与启动	（1）成立流程再造小组 （2）设立具体工作目标 （3）宣传流程再造工作 （4）设计与落实相关的培训
3. 流程问题诊断	（1）进行现状分析，包括内外部环境分析、现行流程状态分析等 （2）发现问题

一般程序	具体事项
4. 确定再造方案，重设流程	（1）明确流程方案设计与工作重点 （2）确认工作计划目标、时间以及预算计划等 （3）分解责任、任务 （4）明确监督与考核办法 （5）制定具体行动策略
5. 实施流程再造方案	（1）成立实施小组 （2）对参加人员进行培训 （3）发动全员配合 （4）新流程试验性启动、检验 （5）全面开展新流程
6. 流程监测与改善	（1）观察流程运作状况 （2）与预定再造目标进行比较分析 （3）对不足之处进行修正和改善

企业流程评估及流程再造的操作要点如下。

1. 流程评估的操作要点

- 确定企业与上下游互动关系的流程。
- 定义企业核心流程绩效评估的指标。
- 分析企业现有流程运作模式的优势和劣势。
- 确认企业流程现有运作模式。
- 确认企业流程的客户价值点。
- 确认企业流程与组织的关系。
- 确认企业流程的资源及成本。
- 分析决定企业流程再造的优先级别。

2. 流程再造的操作要点

- 了解现有流程及其目标、范围。
- 对比现有流程结构的优势和劣势。
- 分析流程各活动环节的责任归属。
- 确认与流程相匹配的绩效指标。

- 分析流程的瓶颈及再造切入点。
- 确定是否对流程控制点重新设计。
- 确认经重新设计的新流程系统。
- 建立评估体系，对新流程进行监测。

1.6.4 流程再造的技巧

图 1–25 提供了一些流程再造的技巧，供读者参考。

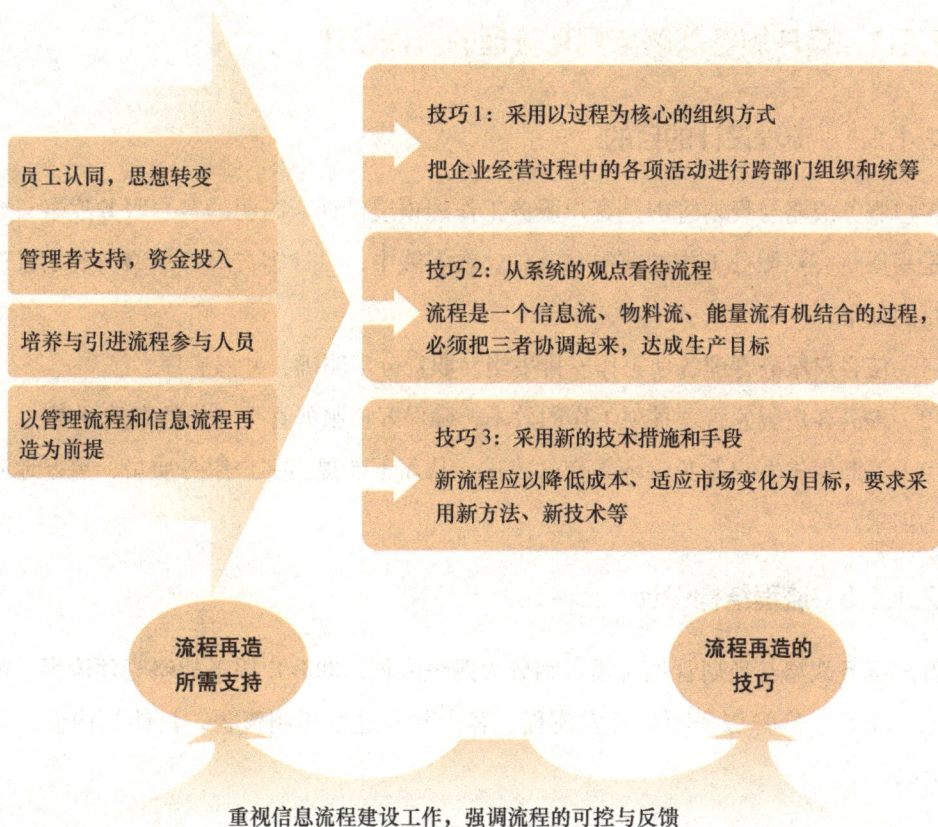

员工认同，思想转变

管理者支持，资金投入

培养与引进流程参与人员

以管理流程和信息流程再造为前提

技巧 1：采用以过程为核心的组织方式

把企业经营过程中的各项活动进行跨部门组织和统筹

技巧 2：从系统的观点看待流程

流程是一个信息流、物料流、能量流有机结合的过程，必须把三者协调起来，达成生产目标

技巧 3：采用新的技术措施和手段

新流程应以降低成本、适应市场变化为目标，要求采用新方法、新技术等

流程再造所需支持

流程再造的技巧

重视信息流程建设工作，强调流程的可控与反馈

图 1-25　流程再造的技巧

第 2 章　客户服务规划过程

2.1　战略与规划管理

2.1.1　客户服务战略与规划管理的流程设计

2.1.1.1　流程设计的目的

客户服务战略与规划管理是客户服务工作的顶层设计，高明的客户服务战略与规划管理是高质量客户服务工作的前提和基础。在实践中，设计客户服务战略与规划管理流程的目的如下。

（1）使客户服务管理各项工作安排妥当，职责分工明确，井然有序。

（2）提高客户服务管理各项工作的效率，确保客户服务管理工作的有效开展。

（3）不断促进客户服务管理工作的改进，从而不断提高客户服务质量，更好地满足客户的需求。

2.1.1.2　流程结构设计

客户服务战略与规划管理流程可细分为四个流程，即客户服务战略管理流程、客户服务管理流程、客户服务项目开发流程、客户服务进度控制流程，具体结构设计如图2-1所示。

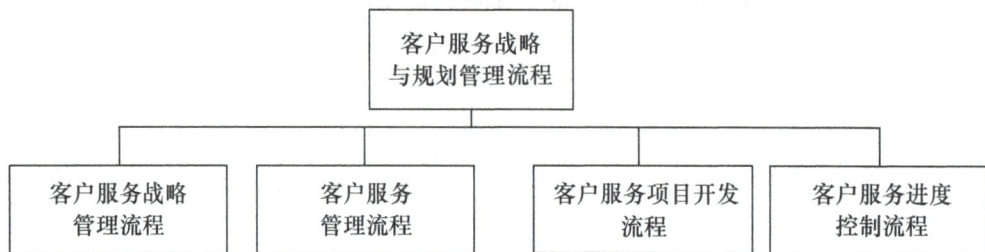

图 2-1　客户服务战略与规划管理流程结构设计

2.1.2 客户服务战略管理的流程设计与工作执行

2.1.2.1 客户服务战略管理流程设计

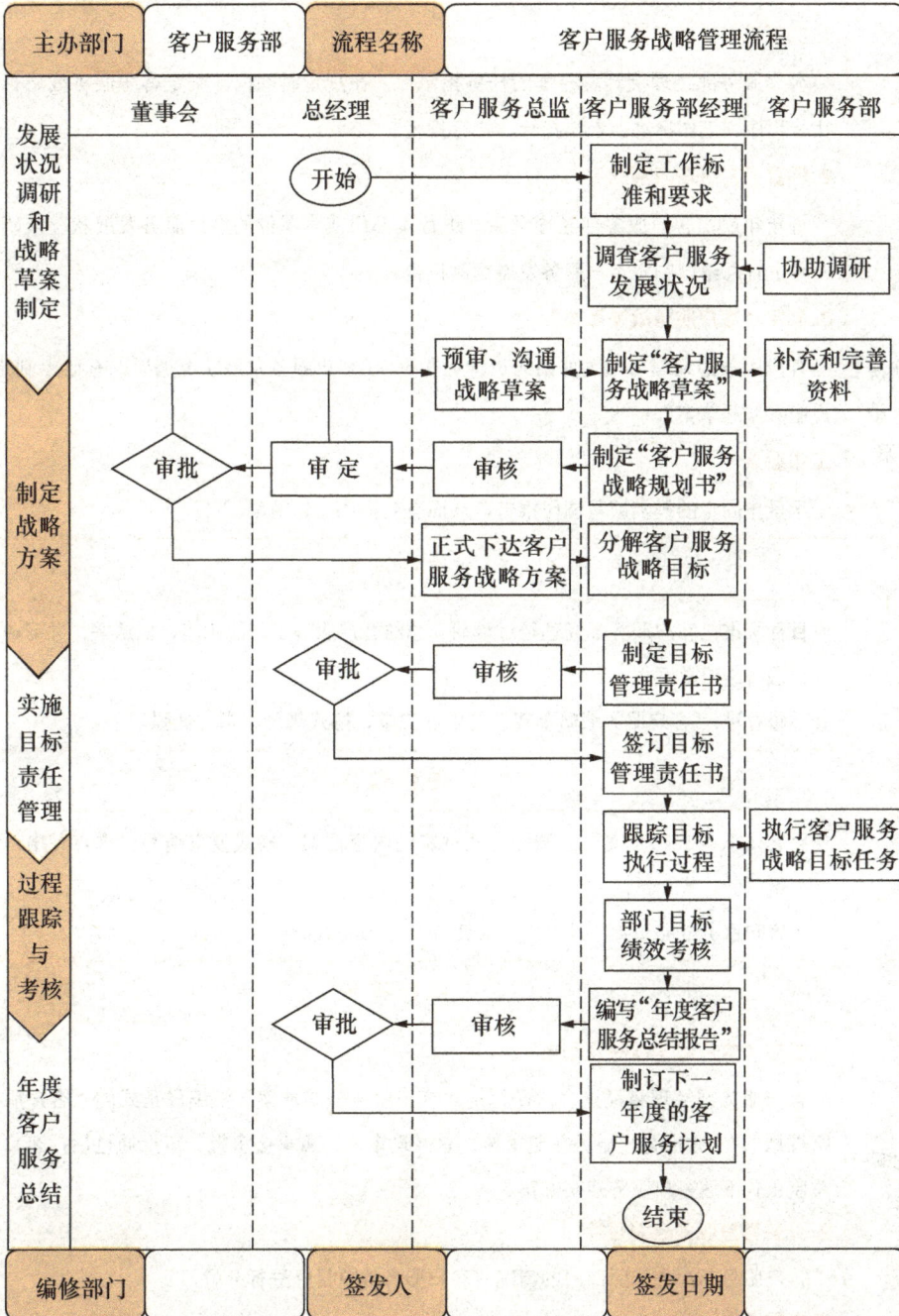

主办部门	客户服务部	流程名称	客户服务战略管理流程

	董事会	总经理	客户服务总监	客户服务部经理	客户服务部
发展状况调研和战略草案制定		开始 →		制定工作标准和要求	
				调查客户服务发展状况	协助调研
制定战略方案			预审、沟通战略草案	制定"客户服务战略草案"	补充和完善资料
	审批	审定	审核	制定"客户服务战略规划书"	
		正式下达客户服务战略方案		分解客户服务战略目标	
实施目标责任管理		审批	审核	制定目标管理责任书	
				签订目标管理责任书	
过程跟踪与考核				跟踪目标执行过程	执行客户服务战略目标任务
				部门目标绩效考核	
年度客户服务总结		审批	审核	编写"年度客户服务总结报告"	
				制订下一年度的客户服务计划	
				结束	

编修部门		签发人		签发日期	

2.1.2.2 客户服务战略管理的执行程序、工作标准、考核指标、执行规范

任务名称	执行程序、工作标准与考核指标
发展状况调研和战略草案制定	**执 行 程 序** **1. 制定工作标准和要求** 　　客户服务部经理接到总经理的任务指示后，在规定时间内，制定客户服务战略管理的执行程序、工作标准、考核指标、执行规范。 **2. 调查客户服务发展状况** 　　每年年底由客户服务部经理牵头，进行本部门或本单位的客户服务发展状况调研，并及时进行总结，制定客户服务发展预测报告。 **3. 制定"客户服务战略草案"** 　　客户服务部经理与相关部门人员沟通配合，在客户服务发展状况调研的基础上制定"客户服务战略草案"。 **工作重点** 　　尽量按固定的模板编写调研报告，从而有效提高工作效率。 **工 作 标 准** ☆目标标准：客户服务部经理经过调研，总结客户服务工作的困境、机遇等，并形成"客户服务战略草案"。 ☆质量标准："客户服务战略草案"的内容完整、格式规范、指导性强。 **考 核 指 标** ☆"客户服务战略草案"应按照企业规定的内容框架、格式要求编写，重点突出，无重大纰漏。 ☆"客户服务战略草案"应在＿＿＿个工作日之内完成。
制定战略方案	**执 行 程 序** **1. 制定"客户服务战略规划书"** 　　客户服务部经理将经过多次研讨的"客户服务战略草案"汇编成正式的"客户服务战略规划书"，并报客户服务总监审核、总经理审定、董事会审批。审批通过后，客户服务总监正式下达客户服务战略方案。 **2. 分解客户服务战略目标** 　　客户服务部经理依照部门的情况对客户服务战略目标进行分解。 **工作重点** 　　客户服务部经理在制定"客户服务战略规划书"时要注意可操作性，要做到切实可行。

任务名称	执行程序、工作标准与考核指标
制定战略方案	**工作标准** ☆完成标准："客户服务战略规划书"经过批准后分解到部门内部。 ☆参照标准：企业以往年度的"客户服务战略规划书"及同行业其他企业的客户服务战略规划。
实施目标责任管理	**执行程序** **1. 制定目标管理责任书** ☆客户服务部经理依照部门内部情况制定目标管理责任书。 ☆客户服务部经理将制定的目标管理责任书报客户服务总监审核，并报总经理审批。 **2. 签订目标管理责任书** ☆客户服务部经理与部门内部各事项负责人签订目标管理责任书。 ☆目标管理责任书由客户服务部经理统一归档保管，作为考核时的依据。 **工作重点** 　目标管理责任书要结合部门和负责人的具体工作内容、工作环境及未来发展来制定，如果涉及特殊场景，就要阐明相关事项。 **工作标准** 　通过签订目标管理责任书，负责人能够明晰自己的职责。
过程跟踪与考核	**执行程序** **1. 执行客户服务战略目标任务** ☆客户服务部按照"客户服务战略规划书"与目标管理责任书执行工作任务。 ☆客户服务部经理按月或季度对目标执行情况进行跟踪检查，填写目标管理追踪单。 **2. 部门目标绩效考核** ☆客户服务部经理协同相关部门并按照目标管理责任书规定的内容对客户服务部的工作进行考核。 ☆本考核每年有两次（1月和7月）。 **工作重点** 　绩效考核内容除了部门工作成果考核以外，还包括对部门主要责任人的工作能力及工作态度的考核，如果考核不达标，相关人员要及时分析原因。 **工作标准** ☆质量标准：所抽查的部门工作成果符合要求。 ☆参照标准：企业以往年度的部门目标绩效考核情况。

第 2 章 客户服务规划过程

任务名称	执行程序、工作标准与考核指标
过程跟踪与考核	**考核指标** ☆跟踪工作的及时性：在每季度次月的＿＿＿日之前进行。 ☆考核结果出错率： $$考核结果出错率 = \frac{期内考核结果出错次数}{期内考核总次数} \times 100\%$$
年度客户服务总结	**执行程序** **1. 编写"年度客户服务总结报告"** ☆客户服务部经理制定年度总结报告的编写规范和要求，尽量根据实际情况制定相应的总结模板以供参考。 ☆客户服务部经理指导客户服务部各项工作负责人根据本年度管理情况编写部门内部的客户服务总结报告。 ☆客户服务部经理汇总部门内部的总结报告，在此基础上编写"年度客户服务总结报告"。 ☆客户服务部经理将报告报客户服务总监审核、交总经理审批。 **2. 制订下一年度的客户服务计划** 　客户服务部经理根据"年度客户服务总结报告"的批示意见召开专门会议，着手准备制订下一年度的客户服务计划。 **工作重点** 　总结报告的编制要规范，报告内容全面、结构清晰、无重大纰漏。 **工作标准** 　企业以往年度的客户服务总结报告。
执行规范	
"客户服务战略草案""客户服务战略规划书""年度客户服务总结报告"。	

2.1.3 客户服务管理的流程设计与工作执行

2.1.3.1 客户服务管理流程设计

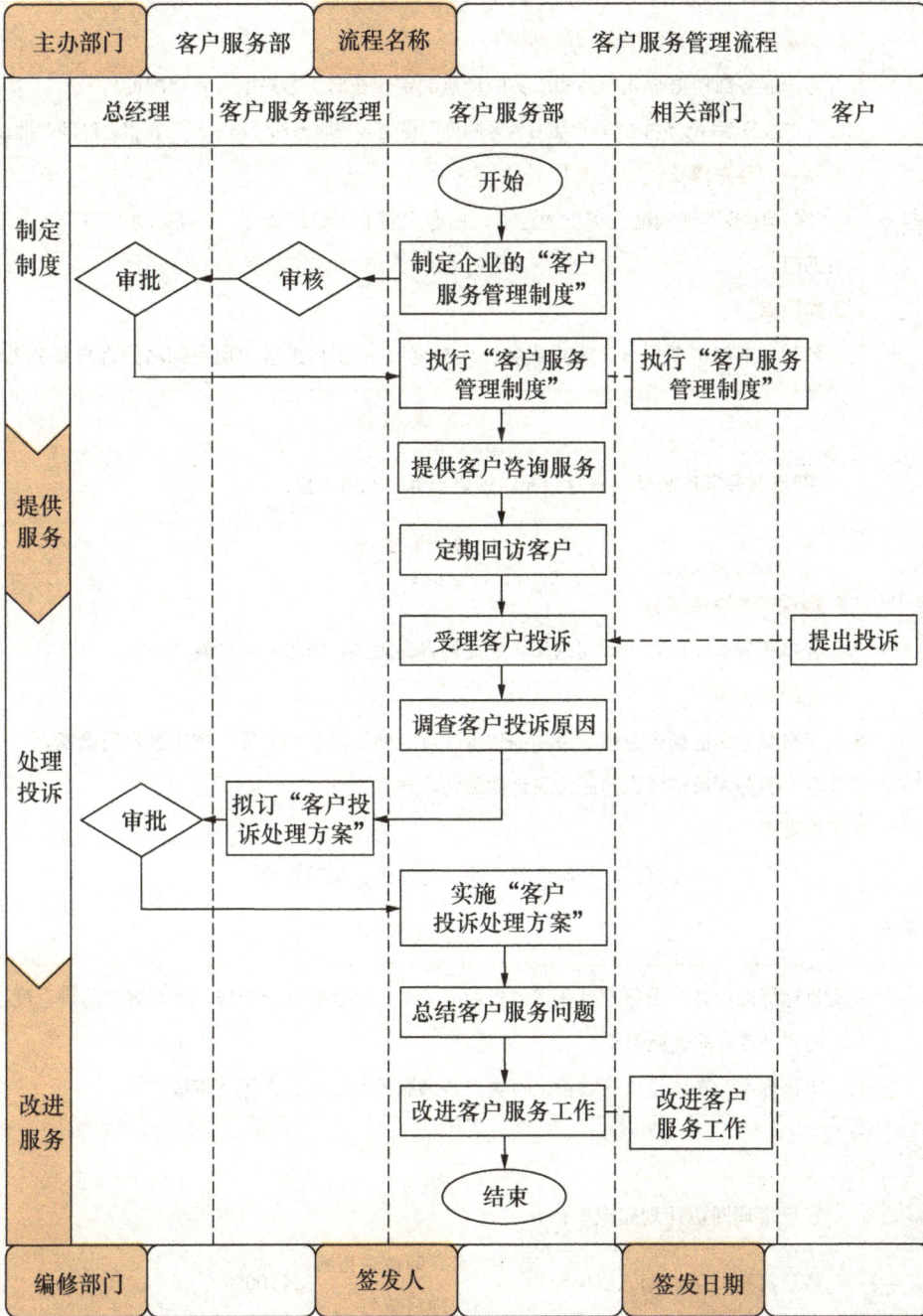

主办部门	客户服务部	流程名称		客户服务管理流程	
	总经理	客户服务部经理	客户服务部	相关部门	客户

制定制度：开始 → 制定企业的"客户服务管理制度" → 审核 → 审批

提供服务：执行"客户服务管理制度"（客户服务部 / 相关部门） → 提供客户咨询服务 → 定期回访客户

处理投诉：受理客户投诉 ← 提出投诉（客户） → 调查客户投诉原因 → 拟订"客户投诉处理方案" → 审批 → 实施"客户投诉处理方案"

改进服务：总结客户服务问题 → 改进客户服务工作（客户服务部 / 相关部门） → 结束

编修部门		签发人		签发日期	

2.1.3.2　客户服务管理的执行程序、工作标准、考核指标、执行规范

任务名称	执行程序、工作标准与考核指标
制定制度	**执 行 程 序** **1. 制定企业的"客户服务管理制度"** ☆客户服务部根据企业产品和服务的特点制定企业的"客户服务管理制度"。 ☆客户服务部将制定的"客户服务管理制度"提交客户服务部经理审核，再报总经理审批。 **2. 执行"客户服务管理制度"** 　"客户服务管理制度"审批通过后，由客户服务部组织执行，并将具体任务分配到各相关部门。 **工作重点** 　各相关部门也要执行"客户服务管理制度"，从而协助客户服务部做好客户服务工作。 **工 作 标 准** "客户服务管理制度"内容全面、用语规范，通俗易懂。
提供服务	**执 行 程 序** **1. 提供客户咨询服务** 　客户服务部根据客户的问题和难处提供咨询服务，给出相应的解决方法。 **2. 定期回访客户** ☆客户服务部根据企业的业务和销售情况确定回访对象和时间，制定客户回访表。 ☆客户服务人员按照客户回访表定期回访客户。 **工作重点** 　客户服务人员在解答客户问题时，要表达清楚、简明扼要。 **工 作 标 准** ☆目标标准：客户服务人员在客户咨询服务中积极解答客户疑问，提高客户的满意度，从而树立良好的企业形象。 ☆审核标准：在质量上与数量上对客户咨询服务及回访工作进行审核。 **考 核 指 标** 客户定期回访计划完成率： $$客户定期回访计划完成率 = \frac{完成的客户回访项目数}{回访项目总数} \times 100\%$$

任务名称	执行程序、工作标准与考核指标
处理投诉	**执 行 程 序** **1. 受理客户投诉** 　　客户服务部接收客户在使用企业产品或服务的过程中的投诉，并告知客户企业已经受理投诉。 **2. 调查客户投诉原因** 　　客户服务部整理客户投诉，根据投诉的不同情况展开相应的调查，查明造成客户投诉的具体原因，明确责任人。 **3. 拟订"客户投诉处理方案"** 　　客户服务部经理根据客户投诉原因的调查结果提出处理意见，拟订"客户投诉处理方案"，提交总经理审批。 **4. 实施"客户投诉处理方案"** 　　"客户投诉处理方案"审批通过后，客户服务部根据批示意见执行投诉处理任务。 **工作重点** ☆一旦出现客户投诉，客户服务部就要及时受理，并如实记录客户投诉信息。 ☆客户服务部经理要对客户投诉进行多方验证和分析，对于属于企业责任的投诉，应立即制定"客户投诉处理方案"。 **工 作 标 准** ☆质量标准：对投诉原因的分析要全面、详细；制定的"客户投诉处理方案"合理、可行。 ☆效率标准：受理客户投诉及拟订"客户投诉处理方案"应该在接到客户投诉后的 ＿＿＿日内完成。
改进服务	**执 行 程 序** **1. 总结客户服务问题** ☆客户服务部定期总结日常客户服务工作，发现并处理客户服务过程中存在的问题。 ☆客户服务部对客户服务问题进行整理和分类，并分析问题出现的原因。 **2. 改进客户服务工作** 　　结合不同的客户服务情况，客户服务部制定并组织实施相应的解决措施和方案，改进和完善客户服务工作。 **工作重点** 　　将投诉问题分类，并将不同类型的客户服务问题填入"客户服务问题分类表"中。 **工 作 标 准** 　　及时、高效地处理客户服务中存在的问题，提高客户服务质量。

第 2 章　客户服务规划过程

（续）

任务名称	执行程序、工作标准与考核指标
改进服务	**考核指标**
	☆客户服务改进措施执行率： $$客户服务改进措施执行率 = \frac{实施的改进措施数}{改进措施总数} \times 100\%$$ ☆客户服务改进措施效果达成率： $$客户服务改进措施效果达成率 = \frac{达成效果的改进措施数}{改进措施总数} \times 100\%$$
	执 行 规 范
	"客户服务管理制度""客户回访计划表""客户回访记录""客户投诉登记表""客户投诉处理方案""客户投诉处理表""客户服务问题分类表""客户服务改进总结表"。

客户服务全过程管理 流程设计与工作标准

2.1.4 客户服务项目开发的流程设计与工作执行

2.1.4.1 客户服务项目开发流程设计

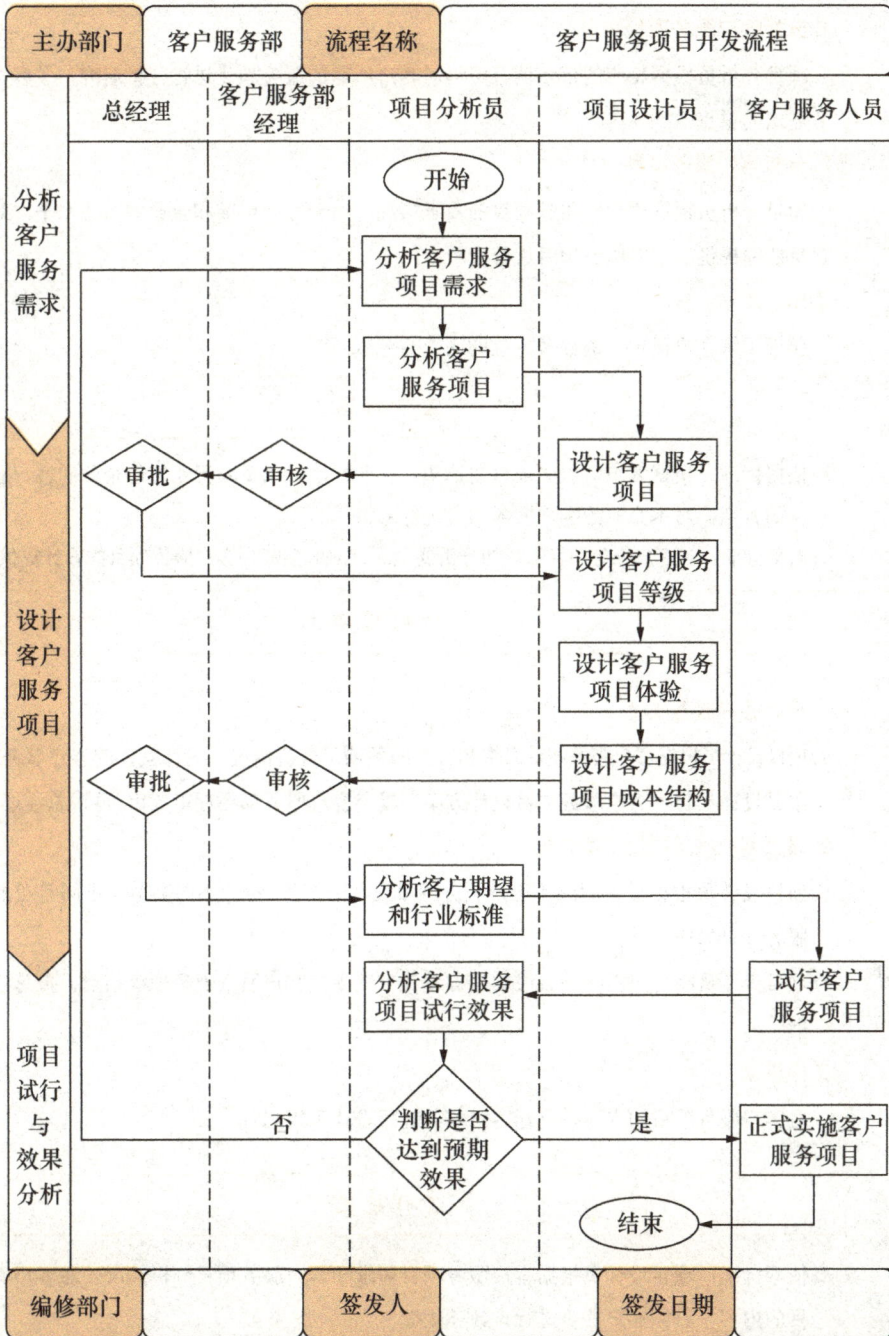

主办部门	客户服务部	流程名称		客户服务项目开发流程	
	总经理	客户服务部经理	项目分析员	项目设计员	客户服务人员

分析客户服务需求

开始

分析客户服务项目需求

分析客户服务项目

审批 ← 审核 ← 设计客户服务项目

设计客户服务项目

设计客户服务项目等级

设计客户服务项目体验

审批 ← 审核 ← 设计客户服务项目成本结构

分析客户期望和行业标准

项目试行与效果分析

分析客户服务项目试行效果 ← 试行客户服务项目

否 ← 判断是否达到预期效果 → 是 → 正式实施客户服务项目

结束

编修部门		签发人		签发日期	

2.1.4.2　客户服务项目开发的执行程序、工作标准、考核指标、执行规范

任务名称	执行程序、工作标准与考核指标
分析客户服务需求	**执 行 程 序** **1. 分析客户服务项目需求** 　项目分析员根据相应的市场调查资料对客户所需的服务项目进行分析研究，了解客户服务需求的重点。 **2. 分析客户服务项目** 　项目分析员根据客户对服务项目的需求情况，结合行业标准和企业的服务水平，对企业自身能够提供的客户服务项目进行分析。 **工作重点** 　详细了解客户需求，进行多方位的调查与分析。 **工 作 标 准** ☆依据标准：根据客户对服务项目的期望、行业标准，以及同行业其他企业的客户服务项目的特点，对本企业的客户服务项目进行分析。 ☆质量标准：对客户服务项目需求的分析要全面、详细,能够为客户服务项目的设计提供参考。
设计客户服务项目	**执 行 程 序** **1. 设计客户服务项目** ☆项目设计员根据客户服务项目需求和客户服务项目分析情况，设计具体的客户服务项目。 ☆项目设计员将"客户服务项目设计方案"提交客户服务部经理审核后,再报总经理审批。 **2. 设计客户服务项目成本结构** ☆项目设计员根据批示后的"客户服务项目设计方案"，设计不同类型、不同等级的客户服务项目的成本结构。 ☆项目设计员将客户服务项目成本结构设计方案提交客户服务部经理审核后，报总经理审批。 **工作重点** 　对客户服务项目的内容、目标客户群等进行设计和规划。 **工 作 标 准** ☆依据标准：项目设计员根据客户服务项目需求和客户服务项目分析情况，对客户服务项目的内容、目标客户群等进行设计和规划。 ☆质量标准：客户服务项目设计符合客户期望。

任务名称	执行程序、工作标准与考核指标
项目试行与效果分析	**执 行 程 序** **1. 试行客户服务项目** 　客户服务人员执行客户服务项目试行任务。 **2. 判断是否达到预期效果** ☆项目分析员根据客户服务项目试行的情况判断客户服务项目的实施是否达到预期效果。 ☆如果客户服务项目的实施没达到预期效果，项目分析员就要重新进行客户服务项目需求分析，再次设计客户服务项目。 ☆如果客户服务项目的实施达到了预期效果，项目分析员就要将客户服务项目正式交由客户服务人员实施。 **工作重点** 　在客户服务项目试行的过程中，相关人员要跟踪客户服务项目的实施情况，并将实施效果填入"客户服务项目试行效果分析表"中。 **工 作 标 准** 　相关人员根据"客户服务项目试行计划表"的要求，组织客户服务项目的试行工作。 **考 核 指 标** 客户服务项目试行完成率： $$客户服务项目试行完成率 = \frac{完成的项目数}{试行项目总数} \times 100\%$$

执 行 规 范

"客户服务项目分析报告""客户服务项目设计方案""客户服务项目成本结构设计单""客户服务项目试行计划表""客户服务项目试行效果分析表"。

第 2 章　客户服务规划过程

2.1.5　客户服务进度控制的流程设计与工作执行

2.1.5.1　客户服务进度控制流程设计

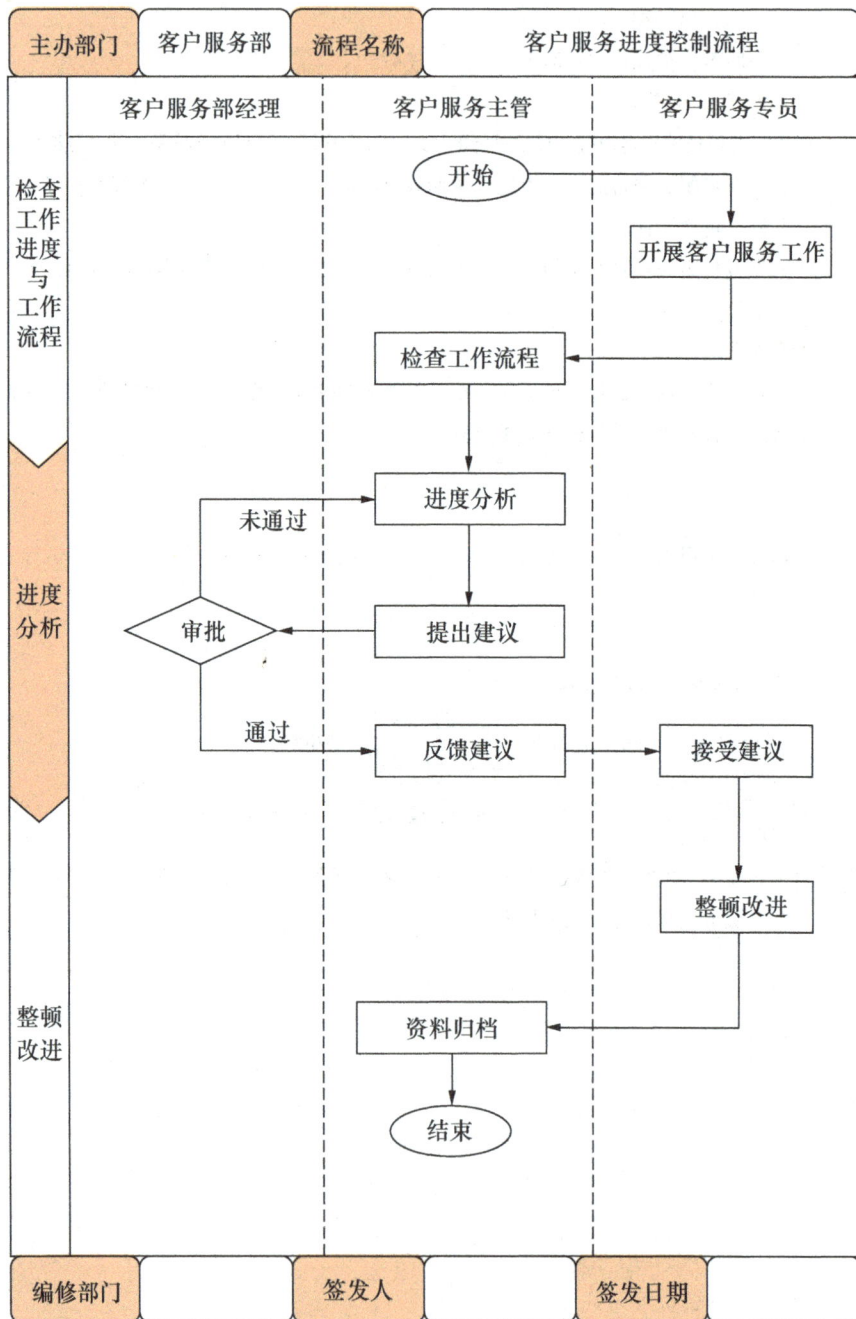

主办部门	客户服务部	流程名称	客户服务进度控制流程		
	客户服务部经理		客户服务主管		客户服务专员
检查工作进度与工作流程			开始 → 开展客户服务工作		
			检查工作流程		
进度分析	未通过 →	审批	进度分析 → 提出建议		
	通过 →		反馈建议 →	接受建议	
				整顿改进	
整顿改进			资料归档 ←		
			结束		
编修部门		签发人		签发日期	

2.1.5.2 客户服务进度控制的执行程序、工作标准、考核指标、执行规范

任务名称	执行程序、工作标准与考核指标
检查工作进度与工作流程	**执行程序** **1. 开展客户服务工作** 　客户服务专员按照企业的"客户服务管理规定"开展客户服务工作。 **2. 检查工作流程** 　客户服务主管在日常工作中随时调查、了解客户服务专员的工作进度，检查工作流程的规范性。 **工作重点** ☆客户服务主管随时了解客户服务专员的工作进度与工作流程。 ☆客户服务专员根据实际情况编写工作计划，做好工作总结。 **工作标准** 质量标准：工作流程检查及时，检查内容全面。
进度分析	**执行程序** **1. 进度分析** 　客户服务主管随时了解客户服务专员的工作进度，检查是否有工作拖沓的情况，把握客户服务部的整体工作进度。 **2. 提出建议** ☆客户服务主管根据对客户服务专员的工作进度的分析和把握，结合企业客户服务工作目标，提出相应的建议，并提交客户服务部经理审批。 ☆若审批未通过，客户服务主管则重新进行分析，再次提出有效建议并提交审批。 **3. 反馈建议** 　若审批通过，客户服务主管则根据批示意见将建议反馈给对应的客户服务专员。 **工作重点** 　客户服务主管结合自己的经验对客户服务专员的工作计划与工作总结进行指导，并提出建议。 **工作标准** 工作进度分析合理、可行，所提意见有针对性、可操作性。 **考核指标** ☆客户服务主管所提工作建议的可行性。 ☆客户服务主管所提工作建议审批通过率： $$客户服务主管所提工作建议审批通过率 = \frac{审批通过的建议数}{审批的建议总数} \times 100\%$$

任务名称	执行程序、工作标准与考核指标
整顿改进	**执 行 程 序** **1. 整顿改进** 　客户服务专员根据客户服务主管提供的工作进度改进建议，结合工作的实际情况，改进工作流程。 **2. 资料归档** 　客户服务主管整理客户服务工作过程中的文件和资料，并进行归档。 **工作重点** 　客户服务专员要结合实际情况采纳客户服务主管的建议。
	工 作 标 准 ☆依据标准：在整顿过程中，客户服务专员应执行客户服务主管提出的有效建议。 ☆质量标准：客户服务主管对建议的实施效果进行整理和归档，以便为以后的客户服务工作提供依据。
	执 行 规 范
"客户服务管理规定""客户服务工作改进指导建议书"。	

2.2 组织与人员管理

2.2.1 客户服务组织与人员管理的流程设计

2.2.1.1 流程设计的目的

高质量的客户服务工作有赖于企业客户服务组织与人员管理，它是企业实现高效经营与管理的基石。在实践中，设计客户服务组织与人员管理流程的目的如下。

（1）合理设计客户服务组织结构，明确客户服务管理各岗位的工作职责，保证客户服务管理工作有序开展。

（2）规范企业客户服务工作流程，提高企业客户服务水平，促进企业快速发展。

2.2.1.2 流程结构设计

客户服务组织与人员管理流程可细分为五个流程，即客户服务组织结构设计流程、客户服务人员招聘管理流程、客户服务人员入职培训流程、客户服务人员业绩考核流程和客户服务人员薪酬管理流程，具体结构设计如图 2-2 所示。

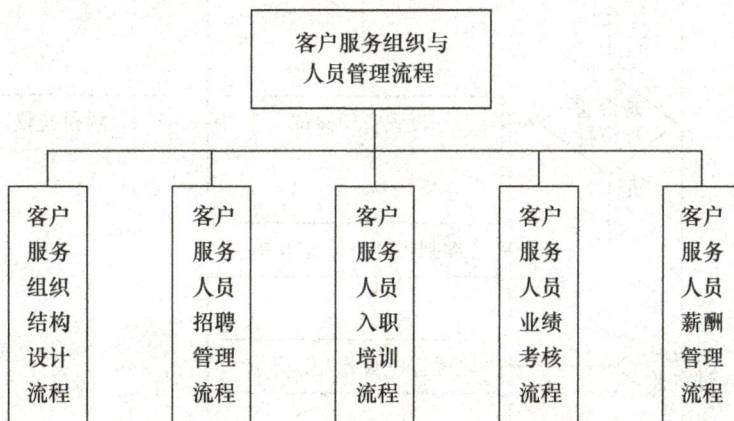

图 2-2　客户服务组织与人员管理流程结构设计

2.2.2 客户服务组织结构设计的流程设计与工作执行

2.2.2.1 客户服务组织结构设计流程设计

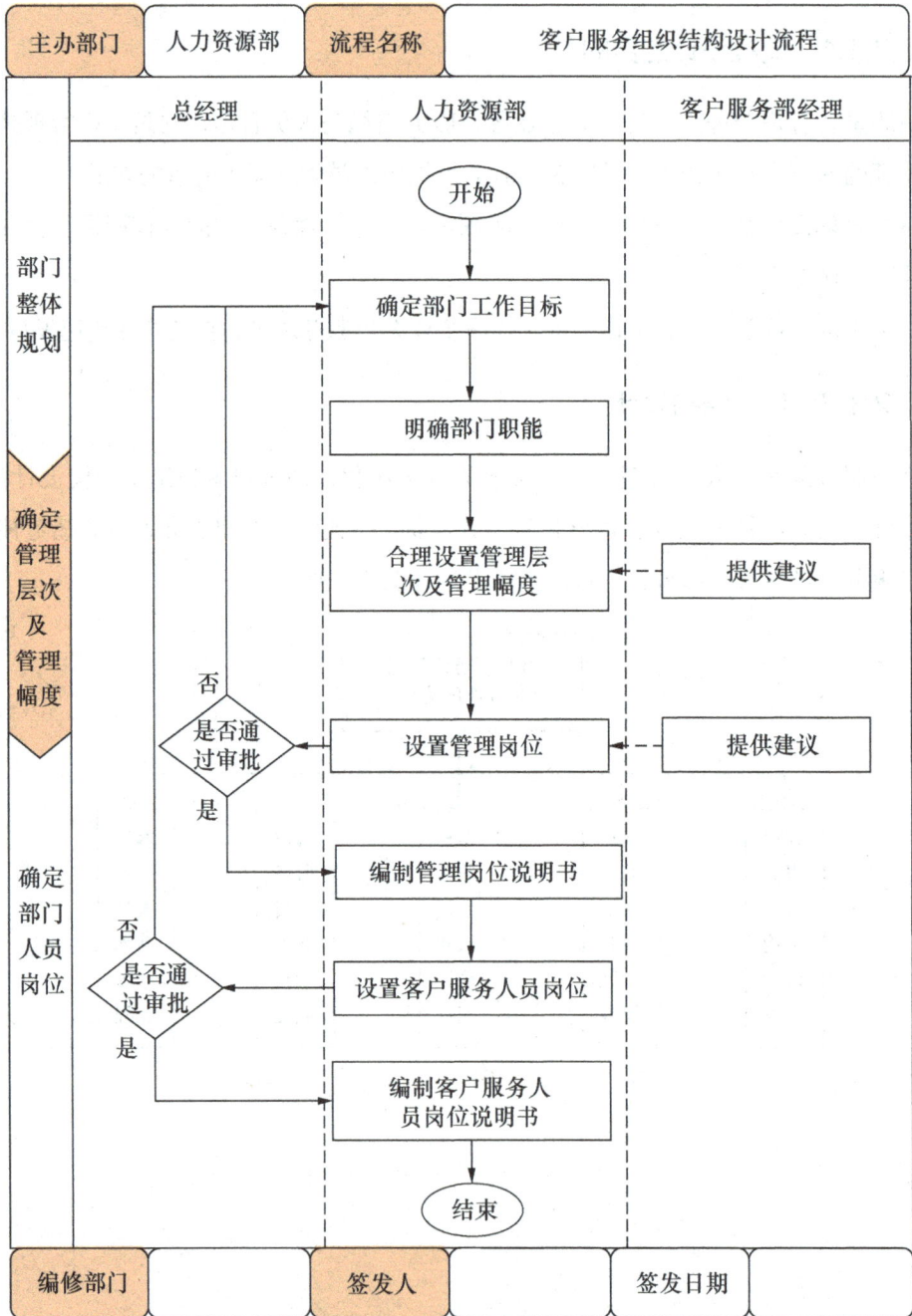

主办部门	人力资源部	流程名称	客户服务组织结构设计流程

	总经理	人力资源部	客户服务部经理

部门整体规划 / 确定管理层次及管理幅度 / 确定部门人员岗位

开始

确定部门工作目标

明确部门职能

合理设置管理层次及管理幅度 ← 提供建议

设置管理岗位 ← 提供建议

是否通过审批 　否　是

编制管理岗位说明书

是否通过审批 　否　是

设置客户服务人员岗位

编制客户服务人员岗位说明书

结束

编修部门		签发人		签发日期	

2.2.2.2　客户服务组织结构设计的执行程序、工作标准、考核指标、执行规范

任务名称	执行程序、工作标准与考核指标
部门整体规划	**执 行 程 序** **1. 确定部门工作目标** ☆人力资源部先确定客户服务部的总体工作目标，制定客户服务原则与客户服务质量标准，拟订标准的服务工作流程。 ☆人力资源部在总体工作目标的基础上确定客户服务部的具体工作目标，即维护并巩固企业与客户的关系，不断提高企业的服务水平；收集、分析、处理最新的完整的客户信息，增强企业对信息的管理能力；处理客户投诉，尽量消除企业与客户之间的误会；做好服务质量管理工作，提升客户忠诚度等。 **2. 明确部门职能** ☆人力资源部明确客户服务部的职能（包括对内、对外两类职能）。 ☆客户服务部职能的核心在于通过提供完善、良好的服务，帮助客户体验企业的产品，以提高企业知名度和美誉度，提高客户重复购买率。 **工作重点** 　　随着市场竞争的加剧，客户服务部的市场情报职能变得越来越重要，成为影响企业竞争力的一个重要因素，客户服务部可以设立专门的情报分析机构对市场情报进行研究，以辅助企业做出决策。 **工 作 标 准** ☆质量标准：客户服务部的工作目标清晰、明了，符合相关规范。 ☆参照标准：企业其他部门的工作目标。 **考 核 指 标** 部门工作目标能够体现企业文化、服务理念等。
确定管理层次及管理幅度	**执 行 程 序** **合理设置管理层次及管理幅度** ☆人力资源部根据管理的需要，为客户服务部从上到下设置若干管理层次，这些层次之间是一种隶属关系，从而形成职权上的等级链。 ☆人力资源部在确定客户服务部管理幅度时，客户服务部经理要提出建议。 **工作重点** 　　如果客户服务部经理的能力很强，能及时对下属的请示提出恰当的建议，且管理方法较科学，则不妨适当加大管理幅度。 **工 作 标 准** 按照"企业内部控制应用指引"的相关规定设置组织架构。

任务名称	执行程序、工作标准与考核指标
确定管理层次及管理幅度	**考 核 指 标** 　管理层次和管理幅度设置的合理性：要与客户服务部的实际情况相结合，保证无"人浮于事"的现象。
确定部门人员岗位	**执 行 程 序** **1. 设置管理岗位** ☆人力资源部要确定客户服务部的管理岗位。客户服务部经理要提供管理岗位设置建议，人力资源部根据各方建议设置客户服务部的管理岗位，并报总经理审批。 ☆经总经理审批通过后，人力资源部编制客户服务部各管理岗位说明书。 **2. 设置客户服务人员岗位** ☆人力资源部在设置客户服务人员岗位之前，需要对客户服务工作进行全面的评价。首先，把各项工作分解成若干工作元素和环节，确定工作的基本难度；其次，对服务工作过程、服务工作环境、服务工作内容和服务人员等方面进行全面调查。 ☆人力资源部对调查结果进行深入分析，并以此为基础确定岗位。 **3. 编制客户服务人员岗位说明书** 　在客户服务人员岗位设置完成后，人力资源部根据岗位设置情况和客户服务部的部门目标编制客户服务人员岗位说明书。 **工作重点** 　要精确计算，保证客户服务人员工作岗位的设置符合部门要求。 **工 作 标 准** 对岗位基本信息及工作内容的描述全面、详细、无歧义。

执 行 规 范
"客户服务部组织结构与责权""客户服务部管理制度""客户服务部工作手册""企业内部控制应用指引"。

客户服务全过程管理 流程设计与工作标准

2.2.3 客户服务人员招聘管理的流程设计与工作执行

2.2.3.1 客户服务人员招聘管理流程设计

主办部门	人力资源部	流程名称	客户服务人员招聘管理流程

	总经理	客户服务部	人力资源部	应聘者

组织招聘

开始 → 提出招聘需求 → 审核

审批 ← 发布招聘信息 → 投递简历

筛选简历（通过/未通过）

通知面试　告知结果

组织考试

组织初试 ← 准备资料参加

是否通过（是/否）→ 进行复试 ← 参与

是否通过（是/否）→ 通过

通知应聘者入职 ← 接到通知并回复

办理入职手续 ← 确定各项事宜

监督考察 ← 进入试用期

办理转正手续

试用与转正

审批 ← 考核 ← 考核

确认转正 ← 成为正式员工

结束

编修部门		签发人		签发日期

第2章　客户服务规划过程

2.2.3.2　客户服务人员招聘管理的执行程序、工作标准、考核指标、执行规范

任务名称	执行程序、工作标准与考核指标
组织招聘	**执 行 程 序** **1. 提出招聘需求** ☆客户服务部根据本部门业务量，提出用人需求，递交人员招聘申请，并列明所招聘人员的类型。 ☆人力资源部审核客户服务部递交的人员招聘申请，并交总经理审批。 **2. 发布招聘信息** 　审批通过后，人力资源部发布招聘信息，一般采取网络渠道发布，具体方式以实际需要为准。 **工作重点** ☆客户服务部在提出用人需求时，要清楚、明确地列出用人类型。 ☆人力资源部应充分结合岗位工作特点及招聘渠道特点，进行招聘渠道的选择。 **工 作 标 准** ☆参照标准：同行业其他企业的招聘需求、招聘信息发布渠道等。 ☆目标标准：招聘信息发布后，应获得大量待选简历。 **考 核 指 标** 招聘信息发布出错率： $$招聘信息发布出错率=\frac{招聘信息发布出错次数}{招聘信息发布总次数}\times100\%$$
组织考试	**执 行 程 序** **1. 筛选简历** ☆招聘信息发布后，人力资源部会陆续收到求职者投递的简历。 ☆人力资源部相关工作人员根据企业要求和招聘条件，对收到的简历进行初步筛选。 ☆对于符合招聘要求的，人力资源部相关工作人员通知应聘者参加面试；对于不符合招聘要求的，人力资源部相关工作人员将结果告知应聘者。 **2. 组织初试** ☆应聘者根据企业要求，携带相关应聘材料，到企业进行初次面试。 ☆初次面试由人力资源部组织并实施，主要审查应聘者是否符合企业招聘的一般性要求，一般围绕学历、工作经验等方面进行面试，同时向应聘者介绍企业基本情况，初步商讨薪资、待遇等问题。 ☆人力资源部相关工作人员详细记录初次面试情况，与客户服务部沟通，确定复试名单，并告知进入复试的应聘者，同时也将结果告知未进入复试的应聘者。

任务名称	执行程序、工作标准与考核指标
组织考试	**3. 进行复试** ☆人力资源部通知通过初试的应聘者参加复试，并详细说明相关要求。 ☆复试由人力资源部组织，客户服务部主导，并请总经理参与，主要考察应聘者的专业知识和业务水平，同时将岗位情况向应聘者详细介绍，并与应聘者商定薪资、待遇等问题。 ☆复试结束后，人力资源部根据客户服务部与总经理的意见，确定最终录用名单，并将结果告知被录用的应聘者，通知其准备入职相关事宜；同时将结果告知未被录用的应聘者。 **工作重点** ☆要注意初试的实质重于形式，有些人可能没有达到硬性要求，但若其综合能力较强，企业也可以适当放宽初选标准。 ☆复试主要考核应聘者的工作能力和其与岗位的匹配度，客户服务部应对这两项进行认真测评。 **工 作 标 准** ☆参照标准：同行业其他企业的初试、复试情况。 ☆目标标准：通过初试、复试筛选出最合适的人才。 **考 核 指 标** ☆筛选过程的合理性：要按照企业规范筛选出符合客户服务部招聘要求的人员。
试用与转正	**执 行 程 序** **1. 办理入职手续** ☆被录用的应聘者收到录用通知后，在规定的时间内携带相关资料到企业报到。 ☆人力资源部负责办理新员工入职手续。新员工提供居民身份证、学历证明、离职证明、体检报告等资料，人力资源部核实无误后，与其签订劳动合同。 **2. 进入试用期** 　入职手续办理完成后，员工进入试用期。根据相关规定，劳动合同期限为三个月以上不满一年的，试用期不得超过一个月；劳动合同期限为一年以上不满三年的，试用期不得超过两个月；劳动合同期限为三年以上的，试用期不得超过六个月。 **3. 办理转正手续** ☆员工试用期满（或因表现优异符合提前转正要求）后，人力资源部为员工办理转正手续。 ☆员工转正需要人力资源部和员工所在部门考核通过，且要经过总经理审批。 **工作重点** 　试用期结束后，企业若不同意员工转正，就要拿出充分的证据证明员工不符合录用条件，且确保该条件已被员工知悉，否则就可能面临赔偿的风险。

任务名称	执行程序、工作标准与考核指标
试用与转正	**工作标准**
	员工按照规定完成整个试用、转正的流程。
	考核指标
	为新员工提供及时、全面的指导，使新员工在＿＿个工作日内胜任工作。
执行规范	
"企业人力资源管理制度"。	

2.2.4 客户服务人员入职培训的流程设计与工作执行

2.2.4.1 客户服务人员入职培训流程设计

主办部门	人力资源部	流程名称	客户服务人员入职培训流程		

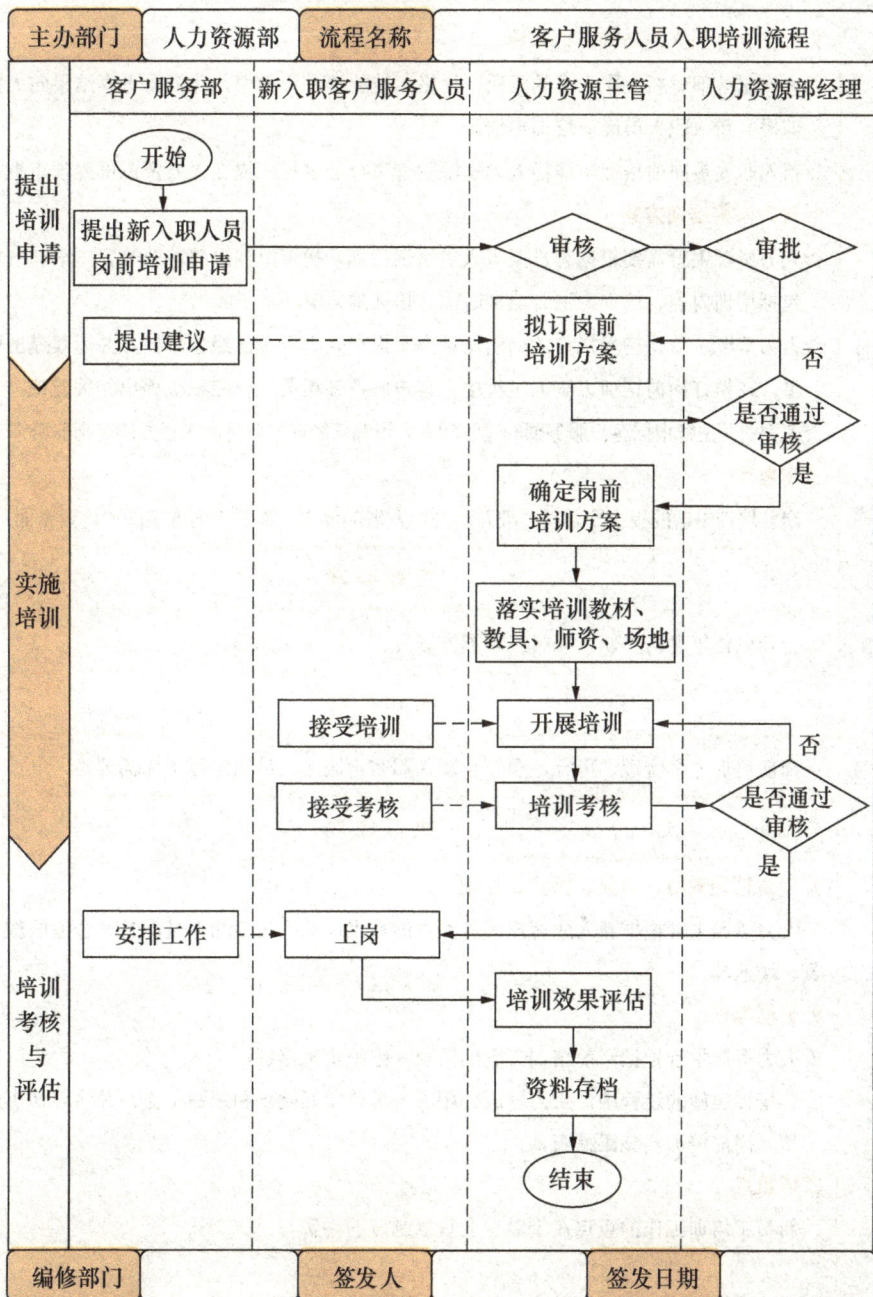

2.2.4.2　客户服务人员入职培训的执行程序、工作标准、考核指标、执行规范

任务名称	执行程序、工作标准与考核指标
提出培训申请	**执 行 程 序** **1. 提出新入职人员岗前培训申请** ☆客户服务部对新入职人员的素质、性格、技能等进行考察，并依据考察结果向人力资源部提交新入职人员岗前培训申请。 ☆新入职人员岗前培训申请经人力资源主管审核通过后，提交人力资源部经理审批。 **2. 确定岗前培训方案** ☆人力资源主管需要根据客户服务人员培训目标，初步拟订岗前培训方案。培训方案主要包括培训内容、培训方法、培训时间、培训地点等。 ☆人力资源主管将初步拟订的岗前培训方案提交人力资源部经理审核，并请其提出修改意见。在拟订岗前培训方案的过程中，客户服务部相关人员应积极提出相关建议。 ☆人力资源主管根据客户服务部的建议和人力资源部经理的意见，完善并确定岗前培训方案。 **工作重点** 岗前培训申请的提出要及时，要符合部门发展的要求。岗前培训方案的内容要全面、详细。 **工 作 标 准** 企业以往年度的"新入职员工培训方案"。 **考 核 指 标** 岗前培训方案合理、可行，要符合新入职客户服务人员的实际工作需要。
实施培训	**执 行 程 序** **1. 落实培训教材、教具、师资、场地** 人力资源主管根据新入职客户服务人员的特点，安排相应的人员准备好合适的教材、教具、场地等。 **2. 开展培训** ☆人力资源主管根据岗前培训方案的要求，组织实施培训。 ☆在培训实施的过程中，人力资源部相关人员要做好检查和跟踪工作，并将培训实施情况填入岗前培训实施跟踪表。 **工作重点** 新员工培训工作的重点在于对企业规章制度的讲解。 **工 作 标 准** 培训过程严格按照规范进行，基本达到培训目的。

客户服务全过程管理
流程设计与工作标准

任务名称	执行程序、工作标准与考核指标
实施培训	**考 核 指 标** 培训工作完成率： 培训工作完成率 = $\dfrac{实际完成的培训次数}{计划完成的培训次数} \times 100\%$
培训考核 与评估	**执 行 程 序** **1. 培训考核** ☆培训结束后，人力资源主管组织对受训客户服务人员进行考核，以便掌握新入职客户服 　务人员对培训内容的掌握情况，为培训评估提供依据。 ☆考核完成后，人力资源主管将考核结果登记在考核成果评定表上，并提交人力资源部经 　理审核。 ☆新员工考核通过后，可正式上岗，客户服务部为其安排相关工作；未通过考核者需要重 　新接受培训。 **2. 培训效果评估** ☆人力资源主管应对受训人员进行调查，要求其填写培训效果调查反馈表。 ☆人力资源主管根据受训人员填写的培训效果调查反馈表，对评估结果进行汇总和分析。 ☆培训效果评估完成后，人力资源主管编写培训效果评估报告，总结此次培训的经验和教训。 **工作重点** 　可以通过考试和现场技能操作等方式对新员工进行考核，并应及时解决在考核中发现的问题。 **工 作 标 准** 通过培训考核与评估，对新员工培训进行评价，同时进一步巩固新员工培训的效果。 **考 核 指 标** 培训考核通过率： 培训考核通过率 = $\dfrac{培训考核通过的人数}{参加培训的总人数} \times 100\%$
执 行 规 范	
"新入职员工培训方案""新员工培训效果评估报告"。	

2.2.5　客户服务人员业绩考核的流程设计与工作执行

2.2.5.1　客户服务人员业绩考核流程设计

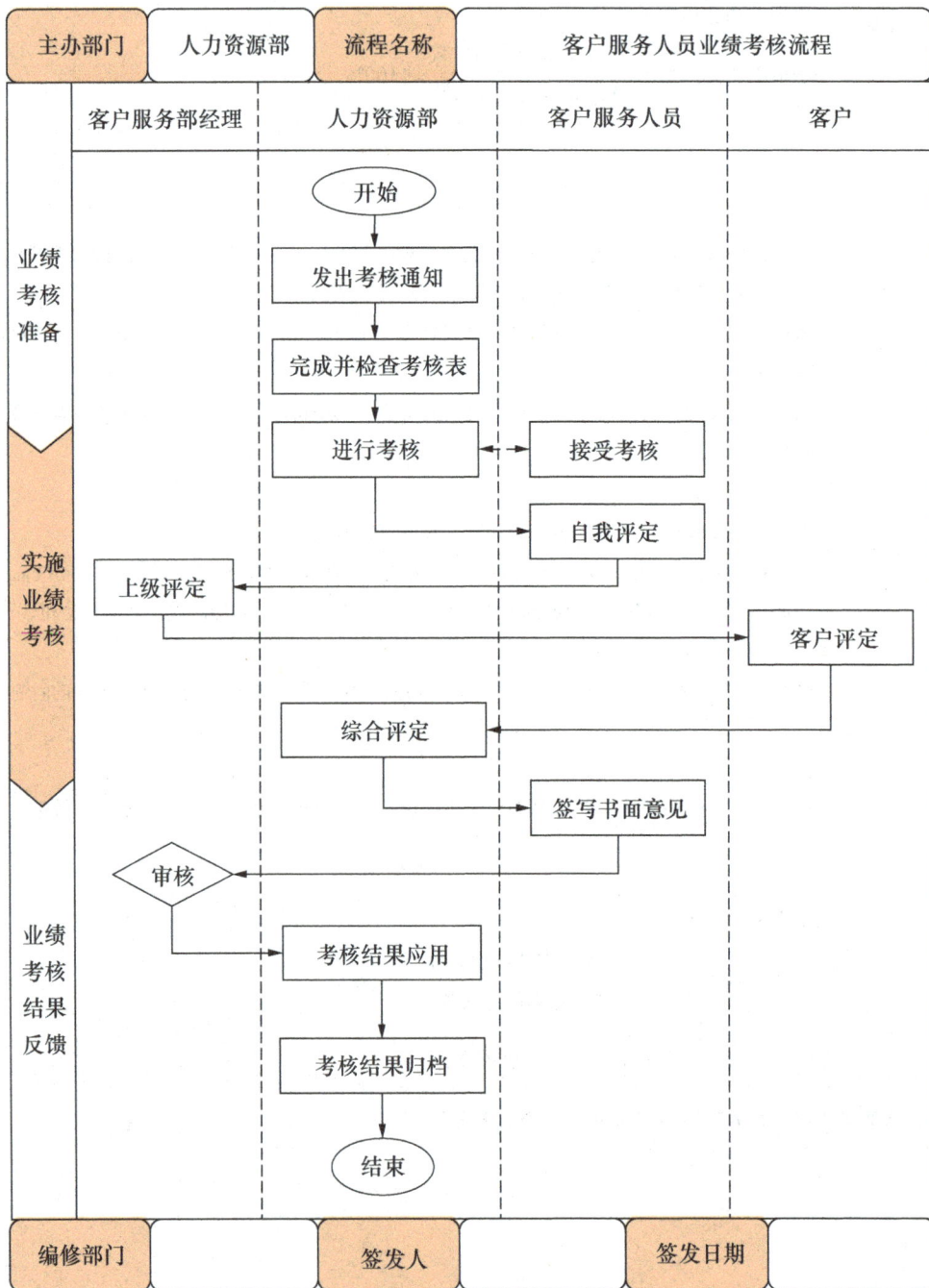

主办部门	人力资源部	流程名称	客户服务人员业绩考核流程

	客户服务部经理	人力资源部	客户服务人员	客户
业绩考核准备		开始 ↓ 发出考核通知 ↓ 完成并检查考核表		
实施业绩考核	上级评定	进行考核 --→ ↓	接受考核 自我评定	客户评定
	综合评定 ←		签写书面意见	
业绩考核结果反馈	审核	考核结果应用 ↓ 考核结果归档 ↓ 结束		

编修部门		签发人		签发日期	

2.2.5.2 客户服务人员业绩考核的执行程序、工作标准、考核指标、执行规范

任务名称	执行程序、工作标准与考核指标
业绩考核 准备	**执 行 程 序** **1. 发出考核通知** ☆人力资源部发出业绩考核通知，说明业绩考核目的、业绩考核对象、业绩考核方式及业绩考核进度安排。 ☆人力资源部询问客户服务部经理的意见后，确认评价要素（包括工作数量考核评价要素、工作质量考核评价要素、工作态度考核评价要素等）。 ☆人力资源部综合业绩考核的评价要素及企业绩效考核制度，编制客户服务人员业绩考核表。 **2. 完成并检查考核表** 正式实施考核前，人力资源部要对业绩考核表进行全面的回顾与检查，考察各项要素之间的评价结果是否具有内在一致性。 **工作重点** ☆明确考核目的。 ☆考核通知要简单明了、通俗易懂。 **工 作 标 准** 企业以往年度的业绩考核准备情况。 **考 核 指 标** 及时发布考核通知。
实施业绩 考核	**执 行 程 序** **1. 进行考核** 人力资源部做好业绩考核准备工作后，正式开始业绩考核。 **2. 自我评定** 客户服务人员根据考核期内的各方面表现填写绩效考核表（以规定的考核项目及其事实为依据）。 **3. 上级评定** 客户服务部经理根据客户服务人员在考核期内的各方面表现填写绩效考核表。 **4. 客户评定** 请客户对客户服务人员的工作表现进行评价。 **5. 综合评定** ☆人力资源部汇总各项考核结果，对客户服务人员的工作业绩进行综合评定。 ☆人力资源部将综合评定的评语作为对客户服务人员进行评价的最终结果，在评定中力求做到公正、客观。

任务名称	执行程序、工作标准与考核指标
实施业绩考核	**工作重点** 　　自我评定、综合评定通常有固定的模板，在业绩考核工作中，相关人员可以使用这些模板以提高考核工作效率。
	工 作 标 准
	☆参照标准：同行业其他企业的业绩考核过程。 ☆目标标准：通过考核与评定，对客户服务人员的工作效果、能力和态度进行考核。
业绩考核结果反馈	**执 行 程 序**
	1. 签写书面意见 　　人力资源部征求客户服务人员对绩效考核的意见，待其签写书面意见后报客户服务部经理审核。客户服务人员如对考核结果有异议，可于业绩考核结果公布之日起一周内向人力资源部提出。 **2. 考核结果归档** 　　人力资源部将考核结果归档。 **工作重点** 　　考核的核心作用是激励作用，要注意通过各种方法提升激励效果。
	工 作 标 准
	通过考核结果的应用，提升客户服务人员对工作的满意度和工作积极性。
	考 核 指 标
	绩效考核公正、客观。
	执 行 规 范
"客户服务人员绩效考核管理制度"。	

2.2.6 客户服务人员薪酬管理的流程设计与工作执行

2.2.6.1 客户服务人员薪酬管理流程设计

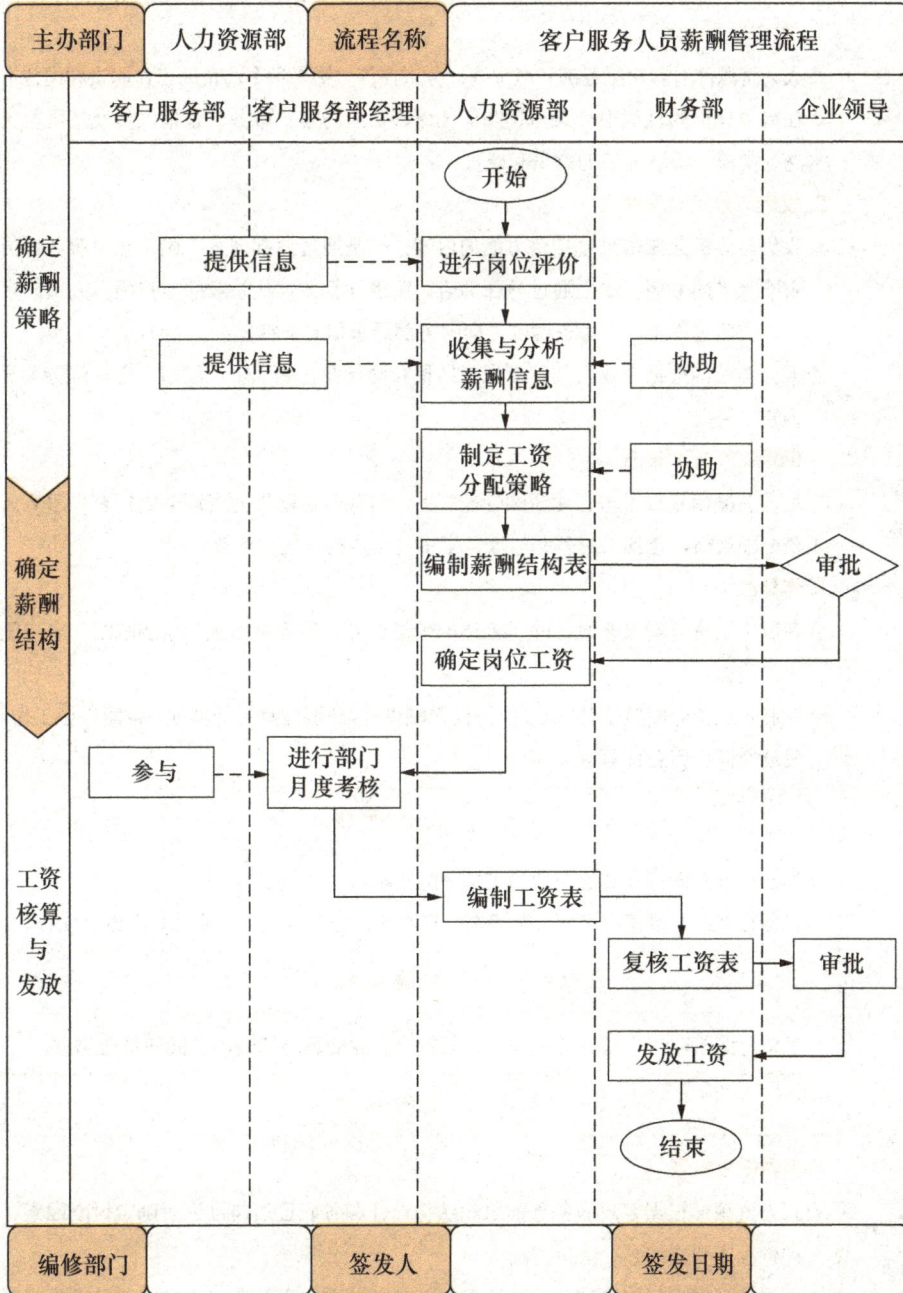

主办部门	人力资源部	流程名称	客户服务人员薪酬管理流程

	客户服务部	客户服务部经理	人力资源部	财务部	企业领导

确定薪酬策略

开始

提供信息 ----> 进行岗位评价

提供信息 ----> 收集与分析薪酬信息 <---- 协助

制定工资分配策略 <---- 协助

确定薪酬结构

编制薪酬结构表 ----> 审批

确定岗位工资

参与 ----> 进行部门月度考核

工资核算与发放

编制工资表

复核工资表 ----> 审批

发放工资

结束

编修部门			签发人		签发日期

第2章 客户服务规划过程

2.2.6.2 客户服务人员薪酬管理的执行程序、工作标准、考核指标、执行规范

任务名称	执行程序、工作标准与考核指标
确定薪酬策略	**执 行 程 序** **1. 进行岗位评价** ☆人力资源部对客户服务部各岗位进行分析评价，明确各个岗位的工作职责和岗位需求。 ☆在岗位评价的过程中，人力资源部工作人员应与客户服务部管理人员及基层员工进行深入交流，听取他们的意见和建议。 **2. 收集与分析薪酬信息** ☆收集与分析薪酬信息包括两方面的内容：一是通过内部调查，确定客户服务部员工对薪酬水平的期望；二是通过外部调查，明确同行业其他企业的客户服务人员的薪酬水平，在此过程中，人力资源部可向财务部寻求信息支持。 ☆人力资源部根据企业内部薪酬调查结果和同行业薪酬水平，编写"客户服务人员薪酬调查报告"。 **3. 制定工资分配策略** 根据薪酬调查报告与企业薪酬管理制度，财务部协助人力资源部制定客户服务人员的工资分配策略，包括工资差距标准、工资与奖金的分配比例等。 **工作重点** ☆在制定工资分配策略时，除了上述的信息以外，还要考虑企业薪酬战略和客户服务人员的能力。 ☆在制定工资分配策略时，除了经济性报酬以外，还要注意设计其他"报酬"，如工作环境、发展空间、行业优势等。 **工 作 标 准** ☆参照标准：同行业其他企业的工资分配策略。 ☆目标标准：通过确定工资分配策略，提高客户服务人员的凝聚力，激发其工作积极性。 **考 核 指 标** 工资分配策略应力求客观、公正，既符合企业的薪酬战略，又能使员工满意。
确定薪酬结构	**执 行 程 序** **编制薪酬结构表** ☆人力资源部根据客户服务部的组织结构设计和各职位的岗位说明确定付酬因素、职务评价程序和方法。 ☆人力资源部根据岗位评价、薪酬期望、外部薪酬水平等编制"客户服务人员薪酬结构表"，并提交企业领导审核。 ☆取得企业领导同意后，人力资源部确定客户服务部各岗位的工资。

任务名称	执行程序、工作标准与考核指标
确定薪酬结构	**工作重点** ☆薪酬结构的构成要素包括基本工资与可变薪酬。基本工资是劳动报酬的主体，可变薪酬多用于对管理人员或核心人员的激励。 ☆根据薪酬中固定薪酬和浮动薪酬的比例关系，可以将薪酬结构分为高弹性薪酬结构、高稳定性薪酬结构和调和性薪酬结构。 **工作标准** 薪酬结构较为合理。 **考核指标** 薪酬结构设计合理，可操作性强。
工资核算与发放	**执行程序** **1. 进行部门月度考核** 客户服务部经理按照客户服务部的薪酬管理办法和考核办法，进行客户服务人员的月度考核，以便作为月度薪酬发放的依据。 **2. 编制工资表** 人力资源部编制客户服务部人员工资表，并将工资表移交财务部。 **3. 复核工资表** ☆财务部相关人员对工资表进行复核，并请财务部经理签字。 ☆复核通过的工资表须提交企业相关领导审批。 **4. 发放工资** 财务部根据工资表以及企业相关规定按时发放工资。 **工作重点** 工资发放程序规范、标准明确。 **工作标准** 行业内其他企业的工资核算与发放情况。 **考核指标** 工资表编制出错率：控制在____% 以下。

执行规范

"客户服务人员薪酬调查报告""客户服务人员薪酬结构表"。

第 2 章 客户服务规划过程

客户获取过程

3.1 客户信息管理

3.1.1 客户信息管理的流程设计

3.1.1.1 流程设计的目的

企业要想获取客户，先要通过各种渠道和方式获取客户信息并对此进行分析，从而了解客户的偏好。在实践中，设计客户信息管理流程的目的如下。

（1）客户信息管理各项工作安排妥当，分工明确。

（2）提高客户信息管理工作的规范性，保证各项客户信息管理工作有序开展。

（3）规范客户信息管理人员的行为，提高工作效率。

3.1.1.2 流程结构设计

客户信息管理流程可细分为五个流程，即客户信息收集流程、客户信息调查流程、调查问卷设计流程、客户信息处理流程、客户情报管理流程，具体结构设计如图 3–1 所示。

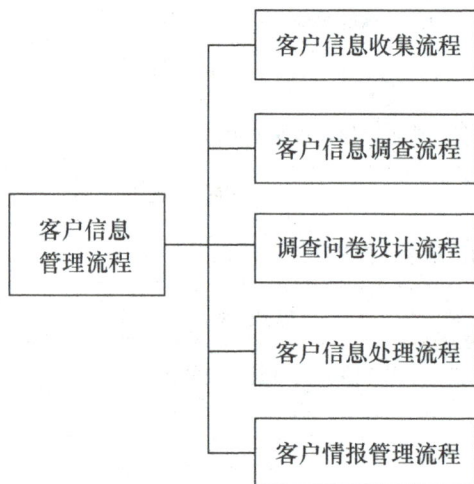

图 3-1 客户信息管理流程结构设计

3.1.2 客户信息收集的流程设计与工作执行

3.1.2.1 客户信息收集流程设计

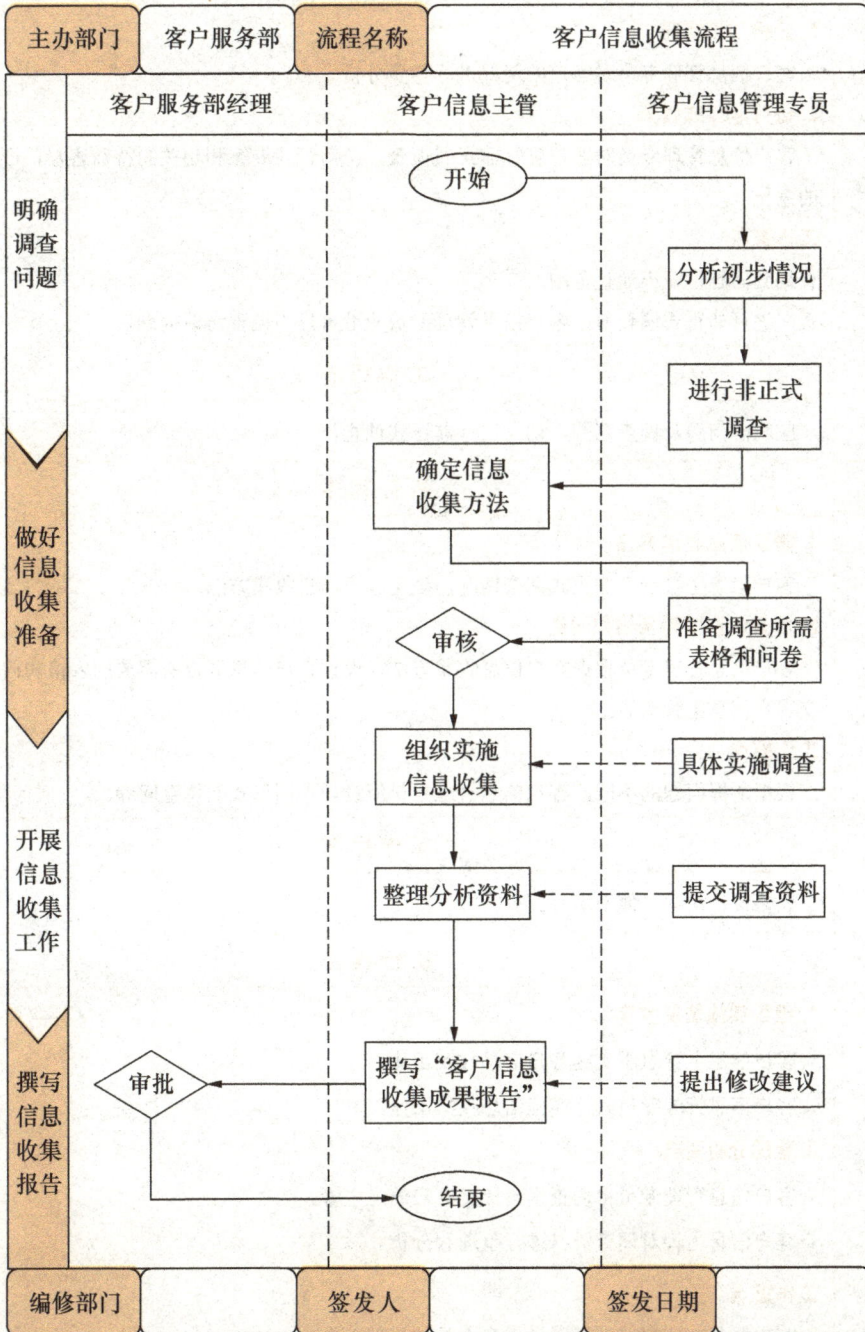

主办部门	客户服务部	流程名称	客户信息收集流程

	客户服务部经理	客户信息主管	客户信息管理专员
明确调查问题			开始
			分析初步情况
			进行非正式调查
做好信息收集准备		确定信息收集方法	
		审核	准备调查所需表格和问卷
开展信息收集工作		组织实施信息收集	具体实施调查
		整理分析资料	提交调查资料
撰写信息收集报告	审批	撰写"客户信息收集成果报告"	提出修改建议
		结束	

编修部门		签发人		签发日期	

3.1.2.2　客户信息收集的执行程序、工作标准、考核指标、执行规范

任务名称	执行程序、工作标准与考核指标
明确调查问题	**执 行 程 序** **1. 分析初步情况** 　客户信息管理专员对客户的情况进行初步分析。 **2. 进行非正式调查** 　客户信息管理专员对客户进行非正式调查，访问行业专家和相关的特殊客户，征求他们的意见。 **工作重点** ☆找到问题，缩小调查范围。 ☆在进行非正式调查前，客户信息管理专员应准备好"调查访谈提纲"。 **工 作 标 准** 　应明确问题及调查范围，切实进行非正式调查。
做好信息收集准备	**执 行 程 序** **1. 确定信息收集方法** 　客户信息主管参考非正式调查情况，确定客户信息收集方法。 **2. 准备调查所需表格和问卷** 　客户信息管理专员根据客户信息收集方法，设计客户信息调查所需要的表格和问卷，提交客户信息主管审核。 **工作重点** 　根据所提问题的不同，客户信息管理专员应设计不同形式的调查问卷。 **工 作 标 准** 　表格设计简明，便于填写。
开展信息收集工作	**执 行 程 序** **1. 组织实施信息收集** ☆客户信息主管组织实施客户信息收集工作。 ☆客户信息管理专员具体实施信息收集工作。 **2. 整理分析资料** ☆客户信息管理专员将调查资料提交客户信息主管。 ☆客户信息主管对调查资料进行整理和分析。 **工作重点** 　客户服务部应提前做好现场调查人员的培训工作。

任务名称	执行程序、工作标准与考核指标
开展信息收集工作	**工作标准** ☆审核标准：客户信息真实，调查结果完全符合要求。 ☆质量标准：资料分析准确，能够为上级做出决策提供参考。 **考核指标** ☆调查实施完成及时。 ☆调查目标达成率：目标值为____%。
撰写信息收集报告	**执行程序** **撰写"客户信息收集成果报告"** 　客户信息主管撰写"客户信息收集成果报告"，提交客户服务部经理审批。 **工作重点** 　报告的撰写要在前期调查及资料分析的基础上进行。 **工作标准** 报告内容全面、详细，能真实反映调查工作的情况。
执行规范	
"调查访谈提纲""客户信息收集成果报告"。	

3.1.3 客户信息调查的流程设计与工作执行

3.1.3.1 客户信息调查流程设计

主办部门	客户服务部	流程名称	客户信息调查流程

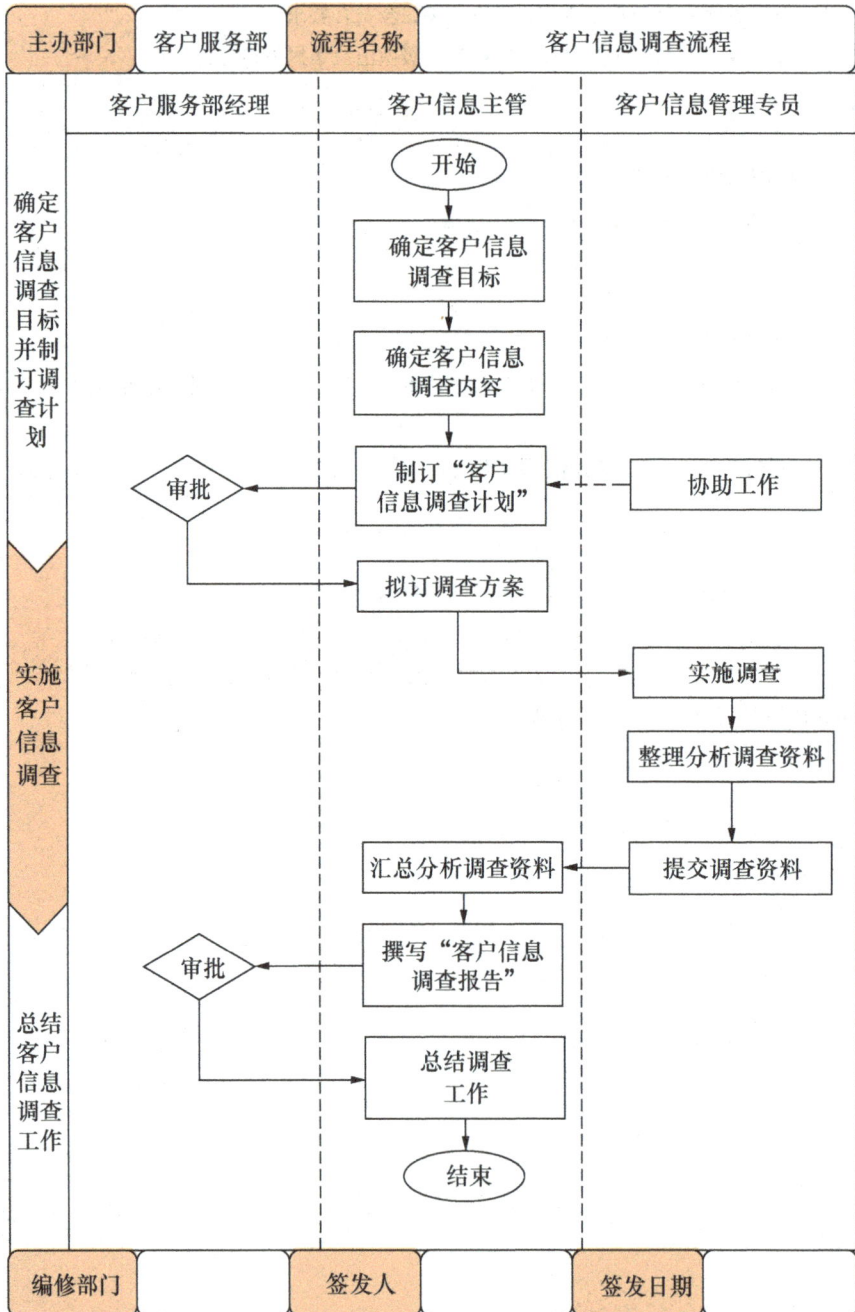

编修部门		签发人		签发日期	

3.1.3.2 客户信息调查的执行程序、工作标准、考核指标、执行规范

任务名称	执行程序、工作标准与考核指标
确定客户信息调查目标并制订调查计划	**执 行 程 序** **1. 确定客户信息调查目标** 　　客户信息主管根据企业生产和经营活动的实际需要，确定客户信息调查工作的目标。 **2. 制订"客户信息调查计划"** 　　客户信息主管制订"客户信息调查计划"，提交客户服务部经理审批。 **工作重点** 　　为了提高调查工作的效率，客户信息管理专员要事先了解和掌握所调查地区的地理位置、交通路线，准备好调查问卷及其他资料。 **工 作 标 准** ☆目标标准：了解客户的基本情况；了解客户对企业产品或服务的需求。 ☆内容标准：客户信息调查的内容包括客户的基本情况、客户的信用情况、客户的需求等。
实施客户信息调查	**执 行 程 序** **1. 拟订调查方案** 　　"客户信息调查计划"审批通过后，客户信息主管根据批示意见拟订调查方案。 **2. 整理分析调查资料** 　　客户信息管理专员汇总客户资料，并对其进行整理和分析。 **3. 汇总分析调查资料** 　　客户信息主管对客户信息管理专员提交的调查资料进行汇总、分析和整理，筛选有用信息。 **工作重点** ☆在调查过程中要注意以下问题：提问要尽量简洁明了；按照问卷所设计的顺序发问；不问与主题无关的问题；问完问卷中的问题。 ☆客户信息主管及时对调查中获得的信息进行筛选，对于重复或无用的信息要及时删除。 **工 作 标 准** ☆内容标准：调查方案的主要内容应包括调查对象、人员分工、调查方式等。 ☆质量标准：各项计划内容完整，无重大纰漏。 **考 核 指 标** 调查目标达成率： $$调查目标达成率 = \frac{实际完成的调查项目数}{计划完成的调查项目数} \times 100\%$$

（续）

任务名称	执行程序、工作标准与考核指标
总结客户 信息调查 工作	**执行程序** **1. 撰写"客户信息调查报告"** 客户信息主管撰写"客户信息调查报告"，提交客户服务部经理审批。 **2. 总结调查工作** 客户信息主管定期进行客户信息调查总结工作。 **工作重点** "客户信息调查报告"的附件由客户信息主管负责编写，附件内容不限。 **工作标准** ☆内容标准："客户信息调查报告"的具体内容包括调查目的、调查方法、调查对象、调查规模、调查项目等。 ☆质量标准：调查报告的撰写要符合实际调查情况。
执行规范	
"客户信息调查计划""客户信息调查方案""客户信息调查报告"。	

客户服务全过程管理 流程设计与工作标准

3.1.4 调查问卷设计的流程设计与工作执行

3.1.4.1 调查问卷设计流程设计

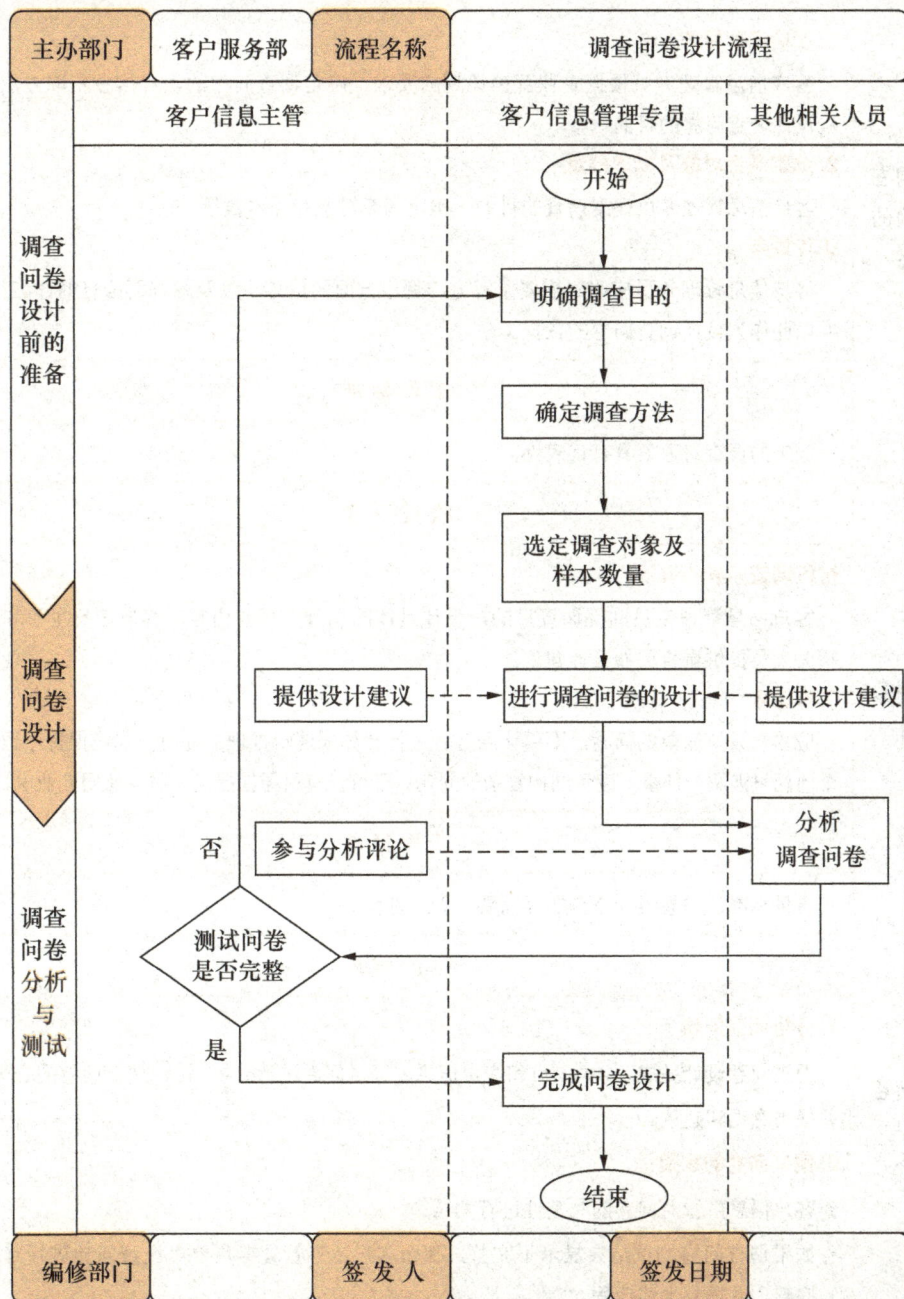

主办部门	客户服务部	流程名称	调查问卷设计流程

	客户信息主管	客户信息管理专员	其他相关人员

调查问卷设计前的准备

开始

明确调查目的

确定调查方法

选定调查对象及样本数量

调查问卷设计

提供设计建议 ← 进行调查问卷的设计 ← 提供设计建议

调查问卷分析与测试

参与分析评论 ← ← 分析调查问卷

否

测试问卷是否完整

是

完成问卷设计

结束

编修部门	签发人	签发日期

3.1.4.2 调查问卷设计的执行程序、工作标准、考核指标、执行规范

任务名称	执行程序、工作标准与考核指标
调查问卷设计前的准备	**执 行 程 序** **1. 明确调查目的** 　客户信息管理专员根据企业营销计划的要求，确定调查问卷的客户信息获取方法，明确设计调查问卷的目的。 **2. 选定调查对象及样本数量** 　客户信息管理专员根据调查的目的，确定调查对象和样本数量。 **工作重点** 　客户信息管理专员应明确需要了解客户哪些方面的信息，以及各方面信息的详细程度，并以此作为设计调查问卷的依据。 **工 作 标 准** 选定的调查对象要具有代表性。
调查问卷设计	**执 行 程 序** **进行调查问卷的设计** 　客户信息管理专员围绕调查目的，设计具体的调查项目和内容，客户信息主管和其他相关人员提供调查问卷设计建议。 **工作重点** 　应尽量设计简单的问题，不要让回答者进行计算或逻辑推理；提问方式应保持一致；一个问题只涉及一件事，避免结构复杂的问句；不可以有引导性提问；避免使用专业术语。 **工 作 标 准** 质量标准：问卷设计符合实际需要，针对性强。
调查问卷分析与测试	**执 行 程 序** **1. 分析调查问卷** 　调查问卷设计完成，相关人员和客户信息主管对问卷进行分析，讨论调查问卷的合理性，并提出意见和建议。 **2. 测试问卷的完整性** ☆客户信息主管对问卷的完整性进行测试。 ☆如果调查问卷测试结果显示不完整，那么客户信息管理专员要对调查问卷进行修改和完善，并重复上述流程。

任务名称	执行程序、工作标准与考核指标
调查问卷分析与测试	**3. 完成问卷设计** 　　如果调查问卷测试结果显示完整，那么客户信息管理专员再次校对版式，确定无误后完成问卷设计。 **工作重点** 　　在进行测试时应注意以下几点：对调查问题的阐述是否清楚，逻辑是否清晰，是否会使客户产生误解。 **工 作 标 准** 质量标准：所设计的问题逻辑清晰，易于理解，易于回答。 **考 核 指 标** 调查问卷设计合理，针对性强。
执 行 规 范	
"客户信息调查分工说明表""客户信息调查问卷"。	

3.1.5 客户信息处理的流程设计与工作执行

3.1.5.1 客户信息处理流程设计

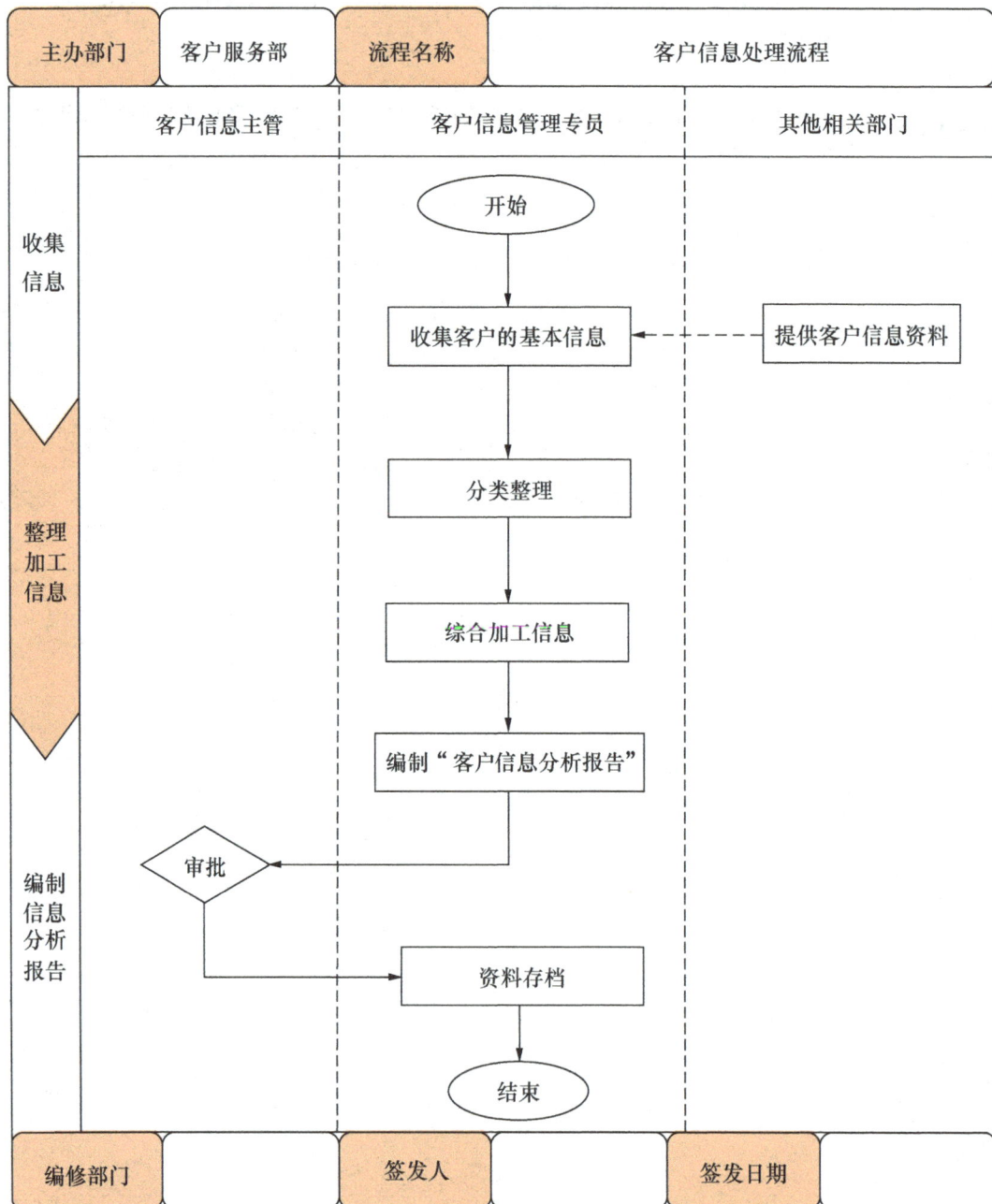

主办部门	客户服务部	流程名称	客户信息处理流程

	客户信息主管	客户信息管理专员	其他相关部门
收集信息		开始	
		收集客户的基本信息 ← 提供客户信息资料	
整理加工信息		分类整理	
		综合加工信息	
		编制"客户信息分析报告"	
编制信息分析报告	审批	资料存档	
		结束	

编修部门		签发人		签发日期	

／086／

3.1.5.2 客户信息处理的执行程序、工作标准、考核指标、执行规范

任务名称	执行程序、工作标准与考核指标
收集信息	**执行 程序** **收集客户的基本信息** 　　客户信息管理专员通过各种渠道收集客户的基本信息，其他相关部门应提供客户信息资料。 **工作重点** 　　其他相关部门应提供客户的基本信息，实现客户信息共享。 **工 作 标 准** ☆内容标准：客户信息包括客户经营信息、财务信息等。 ☆质量标准：收集信息准确、及时，符合企业实际需要。
整理加工信息	**执 行 程 序** **1. 分类整理** 　　客户信息管理专员按照一定的分类标准，对收集到的客户信息资料进行分类和整理。 **2. 综合加工信息** 　　客户信息管理专员按照企业信息使用要求对客户信息进行分析统计和综合加工。 **工作重点** ☆将客户信息进行分类后，应进行客户信息统计，并撰写统计分析报告。 ☆客户信息管理专员应确定客户等级标准，并将现有客户分为不同的等级。 **工 作 标 准** ☆分类标准：客户信息管理专员可以按照客户性质进行客户分类。 ☆质量标准：采用科学的分类方法，符合企业的实际需要。
编制信息分析报告	**执 行 程 序** **1. 编制"客户信息分析报告"** 　　客户信息管理专员编制"客户信息分析报告"，并提交客户信息主管审批。 **2. 资料存档** 　　"客户信息分析报告"经审批通过后，客户信息管理专员按照企业档案管理要求将重要的客户信息资料存档。 **工作重点** 　　必须根据实际工作需要编制"客户信息分析报告"。

任务名称	执行程序、工作标准与考核指标
编制信息分析报告	**工作标准**
	质量标准："客户信息分析报告"内容全面、详细，无重大纰漏。
	考核指标
	☆"客户信息分析报告"编制及时。 ☆信息档案的内容要符合要求，完整无缺。
	执行规范
	"客户信息管理制度""客户信息分析报告"。

3.1.6 客户情报管理的流程设计与工作执行

3.1.6.1 客户情报管理流程设计

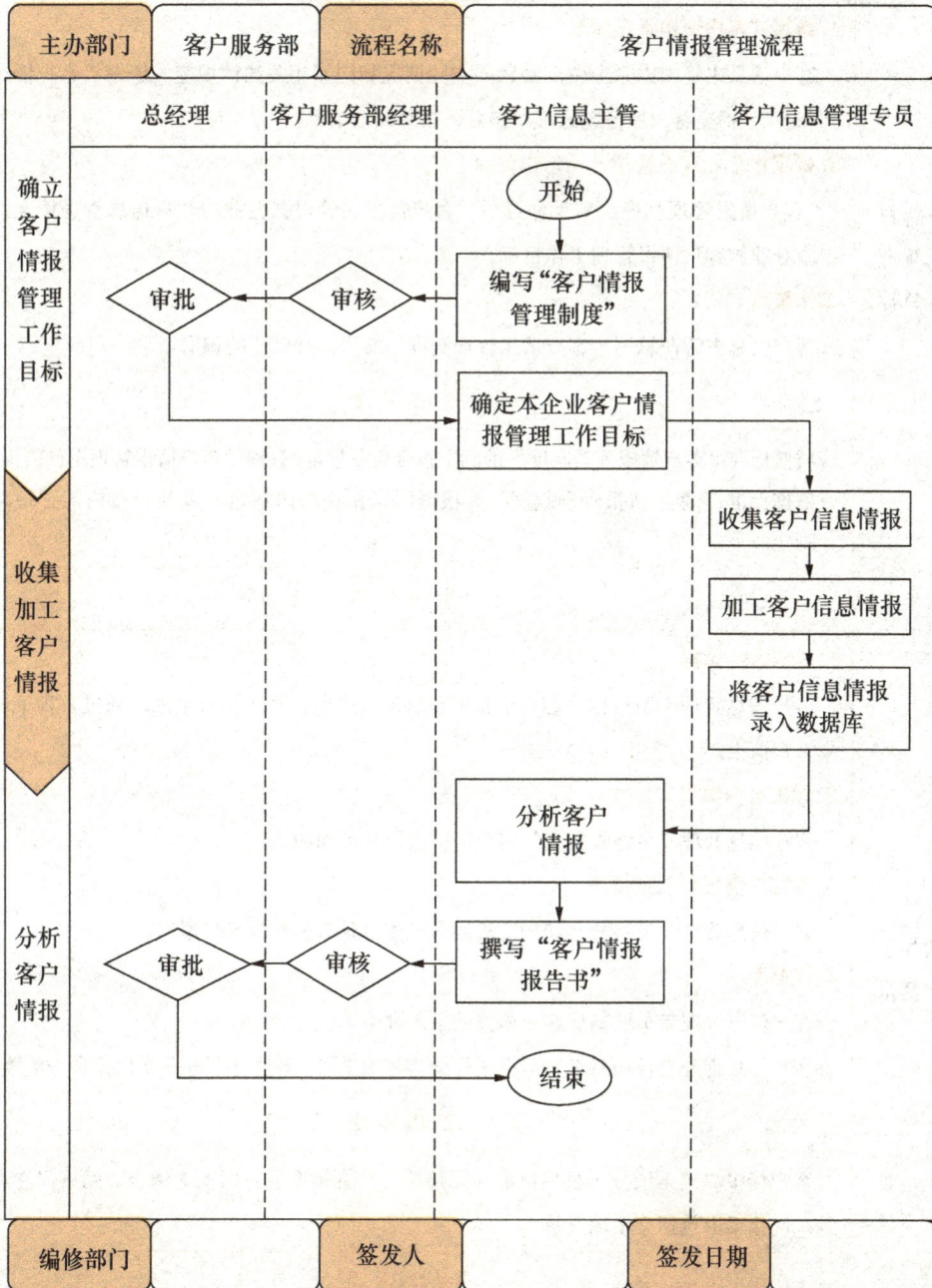

主办部门	客户服务部	流程名称	客户情报管理流程

	总经理	客户服务部经理	客户信息主管	客户信息管理专员
确立客户情报管理工作目标	审批 ←	审核 ←	开始 → 编写"客户情报管理制度"	
			确定本企业客户情报管理工作目标 →	
收集加工客户情报				收集客户信息情报
				加工客户信息情报
				将客户信息情报录入数据库
分析客户情报			分析客户情报 ←	
	审批 ←	审核 ←	撰写"客户情报报告书"	
			结束	

编修部门		签发人		签发日期

3.1.6.2 客户情报管理的执行程序、工作标准、考核指标、执行规范

任务名称	执行程序、工作标准与考核指标
确立客户情报管理工作目标	**执 行 程 序** **1. 编写"客户情报管理制度"** 客户信息主管根据企业生产经营的实际情况和国家相关法律规定，编写"客户情报管理制度"，提交客户服务部经理审核后，报总经理审批。 **2. 确定本企业客户情报管理工作目标** "客户情报管理制度"审批通过后，客户信息主管根据企业的客户信息管理情况，确定本企业的客户情报管理工作目标。 **工作重点** 客户信息主管在编写"客户情报管理制度"前要进行广泛的调研。 **工 作 标 准** ☆质量标准："客户情报管理制度"的制定符合企业规范、有利于客户情报管理工作的推进。 ☆依据标准："客户情报管理制度"要根据国家相关法律规定，以及企业内部管理制度制定。
收集加工客户情报	**执 行 程 序** **1. 收集客户情报** 客户信息管理专员根据"客户情报管理制度"中所列举的项目要求，通过各种渠道收集客户情报。 **2. 加工客户情报** 客户信息管理专员将收集到的客户情报进行分类和加工。 **3. 将客户情报录入数据库** 客户信息管理专员将分类和加工后的客户情报录入客户信息数据库。 **工作重点** ☆客户信息管理专员要确保客户情报的录入准确无误。 ☆客户信息管理专员在对客户情报进行分类和加工时，要注意区分重要情报和一般情报。 **工 作 标 准** 客户情报收集渠道分为直接渠道和间接渠道。直接渠道包括实地调查、网络问卷调查等；间接渠道包括文案调查等。 **考 核 指 标** 客户情报收集错误次数应少于____次。

任务名称	执行程序、工作标准与考核指标
分析客户情报	**执 行 程 序** **1. 分析客户情报** 　　客户信息主管及时分析客户情报，并提取对企业经营决策有用的客户情报。 **2. 撰写"客户情报报告书"** 　　客户信息主管撰写"客户情报报告书"，提交客户服务部经理审核后，报总经理审批。 **工作重点** 　　客户信息主管要及时提交"客户情报报告书"。 **工 作 标 准** ☆内容标准：客户情报分析主要包括客户分布分析及各区域客户情况分析、各类客户的需求状况分析、潜在客户与客户变动情况分析、各类客户信用状况分析等。 ☆分级标准：A 等级"业界的一流企业"及 B 等级"优良客户"由客户信息主管和客户信息管理专员判定；其他客户均应被列为 C 等级。
执 行 规 范	
"客户情报管理制度""客户情报报告书"。	

第 3 章　客户获取过程

3.2 客户信用管理

3.2.1 客户信用管理的流程设计

3.2.1.1 流程设计的目的

客户信用管理是指企业收集客户信用信息并对其进行评估，最终授予客户信用级别等一系列的管理活动，其主要目的是防范客户信用风险。随着社会经济的发展，客户信用管理越来越重要。在实践中，设计客户信用管理流程的目的如下。

（1）加强客户信用管理，有效降低企业经营风险，降低企业客户管理成本，确保企业稳步发展。

（2）为客户信用管理人员提供科学合理的工作程序，明确各岗位的权责，规范客户信用管理工作。

3.2.1.2 流程结构设计

客户信用管理流程可细分为四个流程，即客户信用调查流程、客户信用评估流程、客户资信分级流程、客户信用等级调整流程，具体结构设计如图3-2所示。

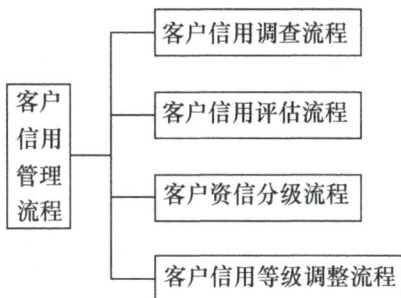

图 3-2　客户信用管理流程结构设计

3.2.2 客户信用调查的流程设计与工作执行

3.2.2.1 客户信用调查流程设计

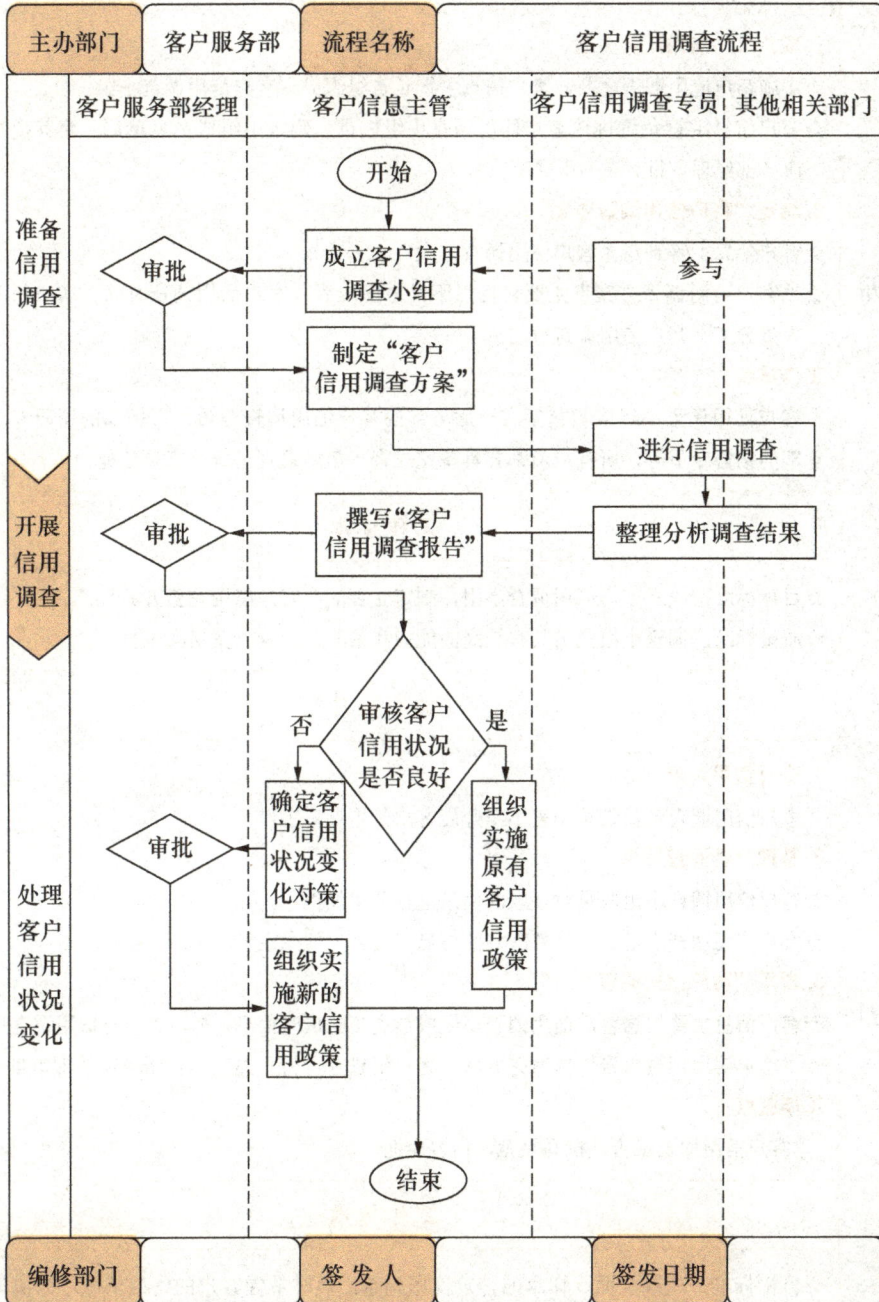

主办部门	客户服务部	流程名称	客户信用调查流程

	客户服务部经理	客户信息主管	客户信用调查专员	其他相关部门

准备信用调查

开始 → 成立客户信用调查小组 ← 审批

成立客户信用调查小组 ←---- 参与

制定"客户信用调查方案"

开展信用调查

进行信用调查 → 整理分析调查结果 → 撰写"客户信用调查报告" → 审批

审核客户信用状况是否良好

否 → 确定客户信用状况变化对策 → 审批

是 → 组织实施原有客户信用政策

处理客户信用状况变化

组织实施新的客户信用政策

结束

编修部门		签发人		签发日期	

第 3 章 客户获取过程

3.2.2.2　客户信用调查的执行程序、工作标准、考核指标、执行规范

任务名称	执行程序、工作标准与考核指标
准备信用调查	**执 行 程 序** **1. 成立客户信用调查小组** ☆实施客户信用调查之前，客户信息主管负责组织成立客户信用调查小组。 ☆客户信息主管负责挑选客户信用调查小组成员，确定小组成员名单后，将其提交客户服务部经理审批。 **2. 制定"客户信用调查方案"** ☆客户信息主管制定"客户信用调查方案"。 ☆"客户信用调查方案"主要包括以下几方面内容：客户信用调查时间、客户信用调查人员分工、客户信用调查方法。 **工作重点** 　客户信用调查小组成员包括客户服务部的客户信用调查专员、市场部的调研专员、销售部的销售专员等，所有成员都要具备完成客户信用调查工作所需要的能力。 **工 作 标 准** ☆目标标准：成立客户信用调查小组，制定完善的"客户信用调查方案"。 ☆质量标准：调查小组成员具有较高的能力和素质，调查方案切实可行。
开展信用调查	**执 行 程 序** **1. 进行信用调查** 　客户信用调查专员带领调查小组开展客户信用调查工作。 **2. 整理分析调查结果** ☆客户信用调查小组成员对获取的信息进行分类加工。 ☆客户信用调查小组成员将整理好的信息提交客户信息主管。 **3. 撰写"客户信用调查报告"** ☆客户信息主管根据客户信用调查小组成员提交的调查信息，撰写"客户信用调查报告"。 ☆"客户信用调查报告"撰写完成后，客户信息主管将其提交客户服务部经理审批。 **工作重点** 　"客户信用调查报告"撰写规范，内容全面。 **工 作 标 准** ☆目标标准：通过全面、详尽的客户信用调查，及时掌握客户的资信情况，为决策提供参考。 ☆质量标准：客户信用调查全面、客观，视角独特，结论清晰。

任务名称	执行程序、工作标准与考核指标
开展信用调查	**考核指标** 客户信用调查工作完成率： $$客户信用调查工作完成率 = \frac{实际完成的客户信用调查目标数}{计划完成的客户信用调查目标数} \times 100\%$$
处理客户信用状况变化	**执行程序** **审核客户信用状况是否良好** ☆客户信息主管根据客户信用调查资料，分析客户信用状况，若客户信用状况良好，则继续执行原有的客户信用政策。 ☆若客户信用状况不好，则客户信息主管需要制定新的客户信用政策，并提交客户服务部经理审批。 ☆新的客户信用政策经客户服务部经理审批通过后方可执行。 **工作重点** 客户信用状况的变化会通过各种现象表现出来，关键是要及时察觉这种变化，客户信息主管应建立自己独特的信用预警机制。 **工作标准** 通过各种渠道确定客户信用状况的变化情况并及时做出调整。 **考核指标** 及时掌握客户的信用状况变化，并能提出有效、合理的应对措施。
	执行规范
	"客户信用管理制度""客户信用调查报告""客户信用调查方案"。

第 3 章　客户获取过程

3.2.3　客户信用评估的流程设计与工作执行

3.2.3.1　客户信用评估流程设计

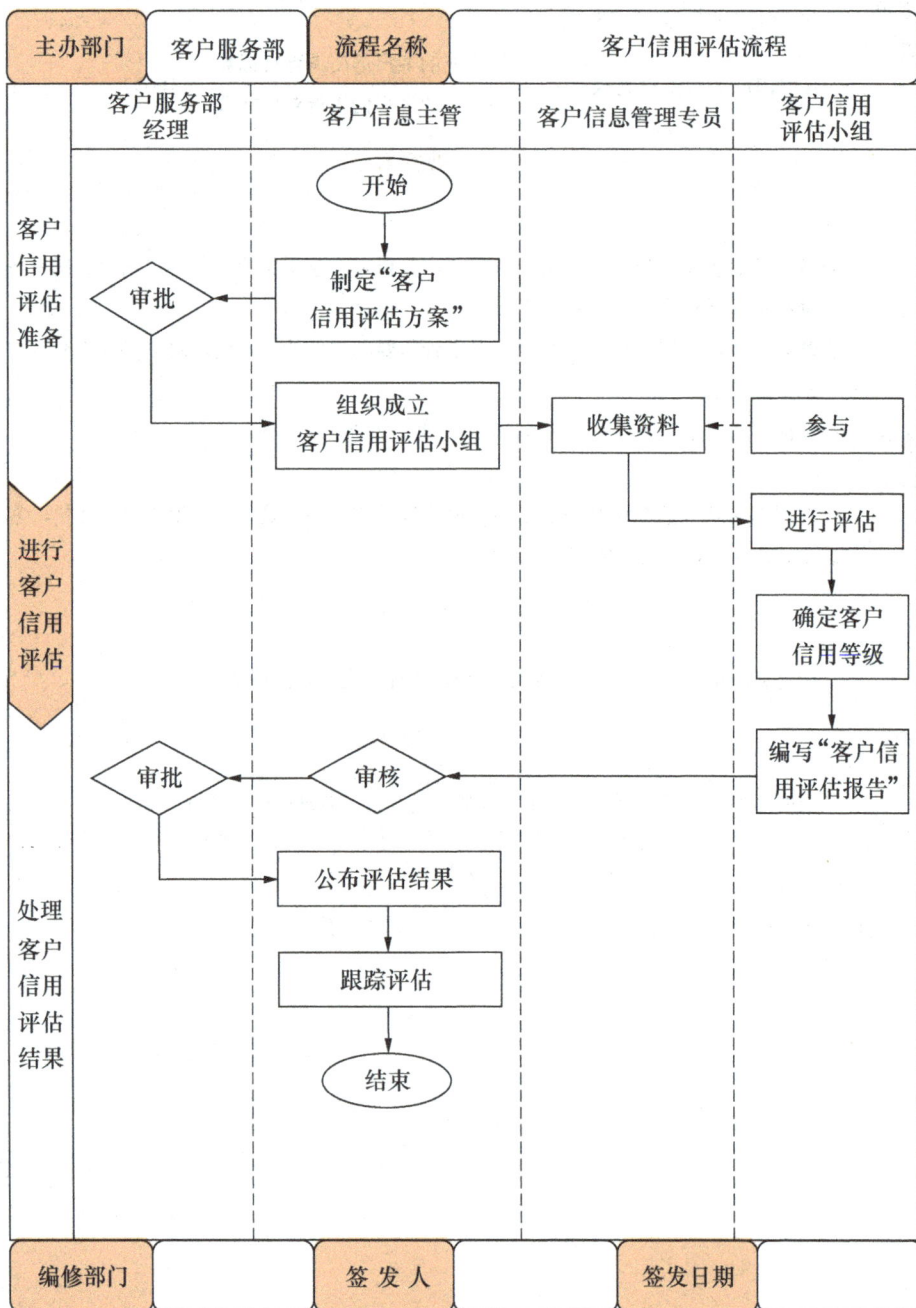

主办部门	客户服务部	流程名称	客户信用评估流程		
	客户服务部 经理	客户信息主管	客户信息管理专员	客户信用 评估小组	

客户信用评估准备

开始

制定"客户信用评估方案" → 审批

审批 → 组织成立客户信用评估小组 → 收集资料 → 参与

进行客户信用评估

进行评估

确定客户信用等级

编写"客户信用评估报告"

审批 ← 审核 ←

审批 → 公布评估结果

处理客户信用评估结果

跟踪评估

结束

编修部门		签发人		签发日期	

3.2.3.2 客户信用评估的执行程序、工作标准、考核指标、执行规范

任务名称	执行程序、工作标准与考核指标
客户信用评估准备	**执 行 程 序** **1. 制定"客户信用评估方案"** ☆客户信息主管负责制定"客户信用评估方案"。"客户信用评估方案"的主要内容包括客户信用评估实施目的、实施时间、实施人员的安排等。 ☆"客户信用评估方案"编制完成后，客户信息主管将其提交客户服务部经理审批。 **2. 组织成立客户信用评估小组** ☆在正式实施客户信用评估前，客户信息主管组织成立客户信用评估小组。 ☆客户信息主管担任客户信用评估小组组长，小组成员包括外部专业机构人士、企业财务部和销售部相关人员等。 **3. 收集资料** ☆客户信息管理专员负责客户信息收集工作，所收集的客户信息包括营业执照、法定代表人身份证复印件、财务报表等。 ☆客户信息管理专员将收集到的信息填入客户基本情况表中。 **工作重点** "客户信用评估方案"要切实可行。 **工 作 标 准** 做好周密的准备工作：确保客户信用评估小组可以及时、准确地进行客户信用评估。 **考 核 指 标** 客户信息管理专员要保证收集到的客户信息真实可靠。
进行客户信用评估	**执 行 程 序** **进行评估** ☆客户信用评估小组根据收集到的资料进行客户信用评估工作。客户信用评估要坚持公平、公正、公开的原则。 ☆评估工作完成后，客户信用评估小组成员要填写客户信用等级评分表。 **工作重点** 在通常情况下，企业对客户信用状况的评估实行百分制（具体的指标为履约情况、偿债能力、经营能力和盈利能力）。企业应把具体评估指标和评估标准提前下发给客户信用评估小组。 **工 作 标 准** 客户信用评估小组应严格按照评估标准确定客户信用等级。

第 3 章 客户获取过程

任务名称	执行程序、工作标准与考核指标
进行客户信用评估	**考 核 指 标** 客户信用评估工作出错率：目标值为0。
处理客户信用评估结果	**执 行 程 序** **1. 编写"客户信用评估报告"** ☆客户信用评估小组编写"客户信用评估报告"。 ☆"客户信用评估报告"编写完成后，提交客户信息主管审核、客户服务部经理审批。 **2. 公布评估结果** 　客户信用评估完成后，客户信息主管要及时公布评估结果。 **3. 跟踪评估** ☆客户信息主管应在客户信用评估等级有效期内进行定期和不定期的跟踪评估。 ☆客户信息主管应持续关注客户公布的季报和年报、外部经营环境的变化、履行债务的情况等。 **工作重点** 　"客户信用评估报告"编写规范，内容全面，结构清晰，无重大纰漏。 **工 作 标 准** 　客户信用评估工作科学、合理。 **考 核 指 标** 　"客户信用评估报告"编写合格率： 　"客户信用评估报告"编写合格率 $= \dfrac{\text{考核期内编写合格的报告数}}{\text{考核期内编写的报告总数}} \times 100\%$
执 行 规 范	
"客户信用评估方案""客户信用评估报告"。	

3.2.4 客户资信分级的流程设计与工作执行

3.2.4.1 客户资信分级流程设计

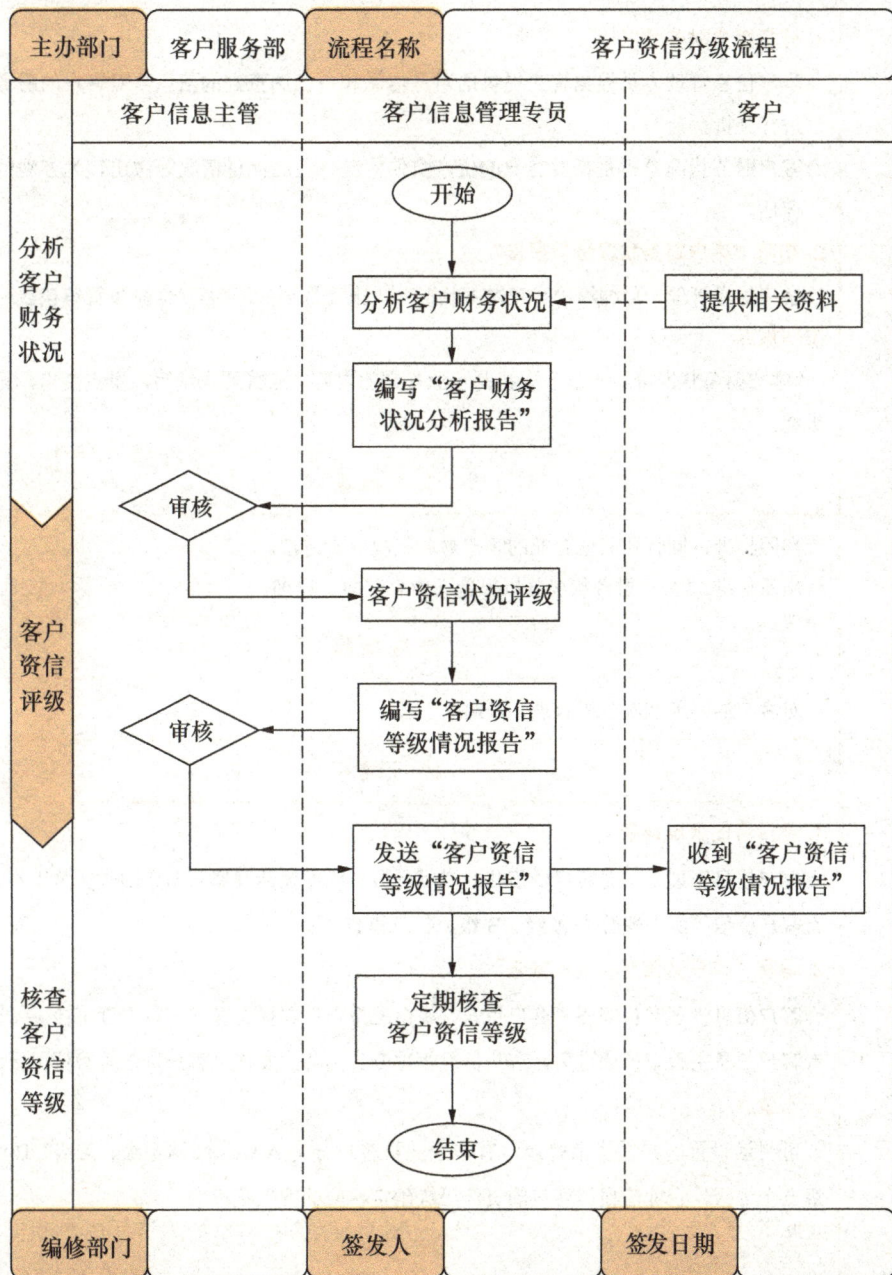

主办部门	客户服务部	流程名称	客户资信分级流程

	客户信息主管	客户信息管理专员	客户

分析客户财务状况

开始

分析客户财务状况 ←---- 提供相关资料

编写"客户财务状况分析报告"

审核

客户资信评级

客户资信状况评级

编写"客户资信等级情况报告"

审核

发送"客户资信等级情况报告" → 收到"客户资信等级情况报告"

核查客户资信等级

定期核查客户资信等级

结束

编修部门	签发人	签发日期

3.2.4.2 客户资信分级的执行程序、工作标准、考核指标、执行规范

任务名称	执行程序、工作标准与考核指标
分析客户财务状况	**执 行 程 序** **1. 分析客户财务状况** ☆客户信息管理专员根据客户提供的财务信息和自己调查到的信息，对客户的财务状况进行分析。 ☆客户财务状况分析是指对客户的资产负债情况、现金流量情况等做出较为客观的调查评估。 **2. 编写"客户财务状况分析报告"** 客户信息管理专员编写"客户财务状况分析报告"，并提交客户信息主管审核。 **工作重点** "客户财务状况分析报告"要按照企业规定的内容、格式要求编写，重点突出，无重大纰漏。 **工 作 标 准** ☆参照标准：同行业其他企业的客户财务状况分析方法。 ☆质量标准："客户财务状况分析报告"内容全面、详细。 **考 核 指 标** 对客户的财务状况分析合理、及时。
客户资信评级	**执 行 程 序** **1. 客户资信状况评级** ☆客户信息管理专员对客户资信状况进行评级，以便灵活开展营销和回收货款工作。 ☆客户资信等级一般分为 A 级、B 级、C 级和 D 级。 **2. 编写"客户资信等级情况报告"** ☆客户信息管理专员编写"客户资信等级情况报告"并提交客户信息主管审核。 ☆客户信息主管审核通过后，客户信息管理专员向客户发送"客户资信等级情况报告"。 **工作重点** 可灵活设置客户的资信等级，有些企业将客户分为 AAA 级、AA 级、A 级、B 级、C级五个等级，企业应根据客户的资信等级确定相应的管理政策。 **工 作 标 准** 通过客户资信评级及时发现客户资信情况的改变，从而更好地定位客户，为其提供更有针对性的服务。

任务名称	执行程序、工作标准与考核指标
客户资信 评级	**考核指标** ☆客户对资信评级结果无异议。 ☆"客户资信等级情况报告"编写合格率： $$"客户资信等级情况报告"编写合格率 = \frac{考核期内编写合格的报告数}{考核期内编写的报告总数} \times 100\%$$
核查客户 资信等级	**执 行 程 序** **定期核查客户资信等级** 　　客户信息管理专员要定期对客户的资信等级进行核查，掌握其资信等级的变动情况，一般应每月核查一次，核查间隔时间最长不能超过三个月。 **工作重点** 　　客户信息管理专员要根据客户的具体情况灵活进行客户资信等级核查，当客户资信状况发生突变时，客户信息管理专员应每月都对该客户进行评估。 **工 作 标 准** 可参考同行业其他企业核查客户资信等级的周期。 **考 核 指 标** 确保核查工作严格按照规定执行，定期完成客户资信等级的核查。
<div align="center">**执 行 规 范**</div>	
"客户信用管理制度""客户财务状况分析报告""客户资信等级情况报告"。	

3.2.5 客户信用等级调整的流程设计与工作执行

3.2.5.1 客户信用等级调整流程设计

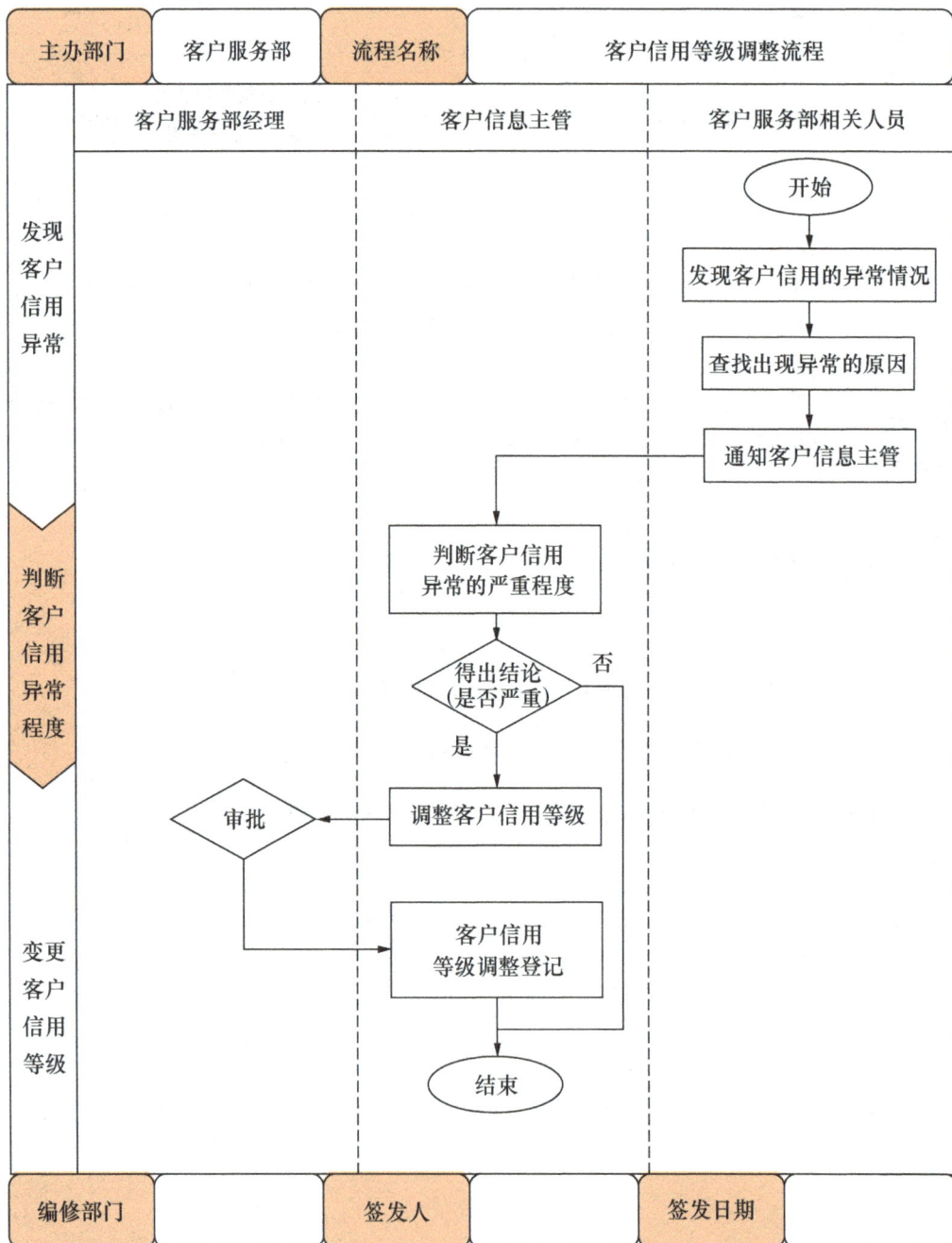

主办部门	客户服务部	流程名称	客户信用等级调整流程
	客户服务部经理	客户信息主管	客户服务部相关人员

发现客户信用异常

开始 → 发现客户信用的异常情况 → 查找出现异常的原因 → 通知客户信息主管

判断客户信用异常程度

判断客户信用异常的严重程度 → 得出结论(是否严重)

否 →

是 → 调整客户信用等级 → 审批

变更客户信用等级

客户信用等级调整登记 → 结束

编修部门		签发人		签发日期	

3.2.5.2 客户信用等级调整的执行程序、工作标准、考核指标、执行规范

任务名称	执行程序、工作标准与考核指标
发现客户信用异常	**执 行 程 序**
	1. 发现客户信用的异常情况 ☆客户服务部相关人员发现客户信用的异常情况。 ☆客户信用异常情况包括在日常的营销监控中所发现的客户信用异常、财务往来异常等。 **2. 查找出现异常的原因** 　客户服务部相关人员要对客户信用异常情况进行调查，找出原因。 **3. 通知客户信息主管** 　查明客户信用异常的原因后，调查人员应立即上报客户信息主管。 **工作重点** 　在通常情况下，只要行业或经济环境发生变化，并对客户产生了重大影响，客户服务部相关人员就要对客户信用状况进行调研。
	工 作 标 准
	客户服务部相关人员要及时发现客户信用异常，查找原因并将具体情况上报。
	考 核 指 标
	查找客户信用异常原因的准确率：目标值为＿＿%。
判断客户信用异常程度	**执 行 程 序**
	判断客户信用异常的严重程度 ☆客户信息主管收到客户信用异常报告后，要立即对其严重程度进行判断，并做出客户信用调整决策。 ☆若客户信用异常程度不严重，则不需要调整客户的信用等级；若客户信用异常程度严重，则需要对客户信用等级进行调整。 **工作重点** 　对客户信用异常严重程度的判断要有根据（通常只要被权威机构列入"黑名单"，或因较严重的不良行为被媒体披露，都可直接判定为"严重异常"）。
	工 作 标 准
	可参考同行业其他企业判断客户信用异常程度的标准。
	考 核 指 标
	客户信用异常严重程度判定的科学性：要符合企业相关管理要求，同时借鉴同行业其他企业的判定标准和方法。

（续）

任务名称	执行程序、工作标准与考核指标
变更客户信用等级	**执 行 程 序** **1. 调整客户信用等级** 　客户信息主管对客户信用等级做出调整后，上报客户服务部经理审批。 **2. 客户信用等级调整登记** 　客户信用等级调整完毕后，客户信息主管需要填写"客户信用等级变更表"。 **工作重点** 　客户信用等级调整要及时，客户服务部相关人员要对重点客户重点关注，一旦发现信用变动，要及时做出反应。
	工 作 标 准 及时掌握客户偿还债务的能力，从而最大限度地保护企业的利益。
	考 核 指 标 及时调整客户信用等级。
执 行 规 范	
"客户信用管理制度""客户信用异常判定标准""客户信用等级变更表"。	

3.3 客户关系管理

3.3.1 客户关系管理的流程设计

3.3.1.1 流程设计的目的

为了获取客户，达成经营目标，企业要主动地通过各种行动与客户建立某种关系，这就是客户关系管理。在实践中，设计客户关系管理流程的目的如下。

（1）保证客户关系管理各项工作安排妥当，分工明确，井然有序。

（2）改善企业与客户的关系，更好地了解客户需求，从而提升客户的满意度和忠诚度。

3.3.1.2 流程结构设计

客户关系管理流程可细分为五个流程，即客户开发管理流程、客户拜访管理流程、客户接待管理流程、客户招待用餐管理流程、客户接待会议管理流程，具体结构设计如图 3-3 所示。

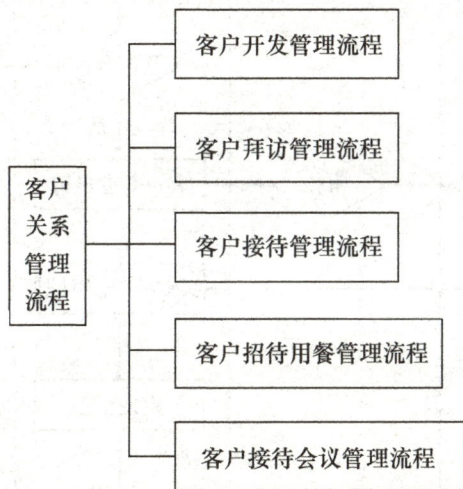

图 3-3 客户关系管理流程结构设计

3.3.2　客户开发管理的流程设计与工作执行

3.3.2.1　客户开发管理流程设计

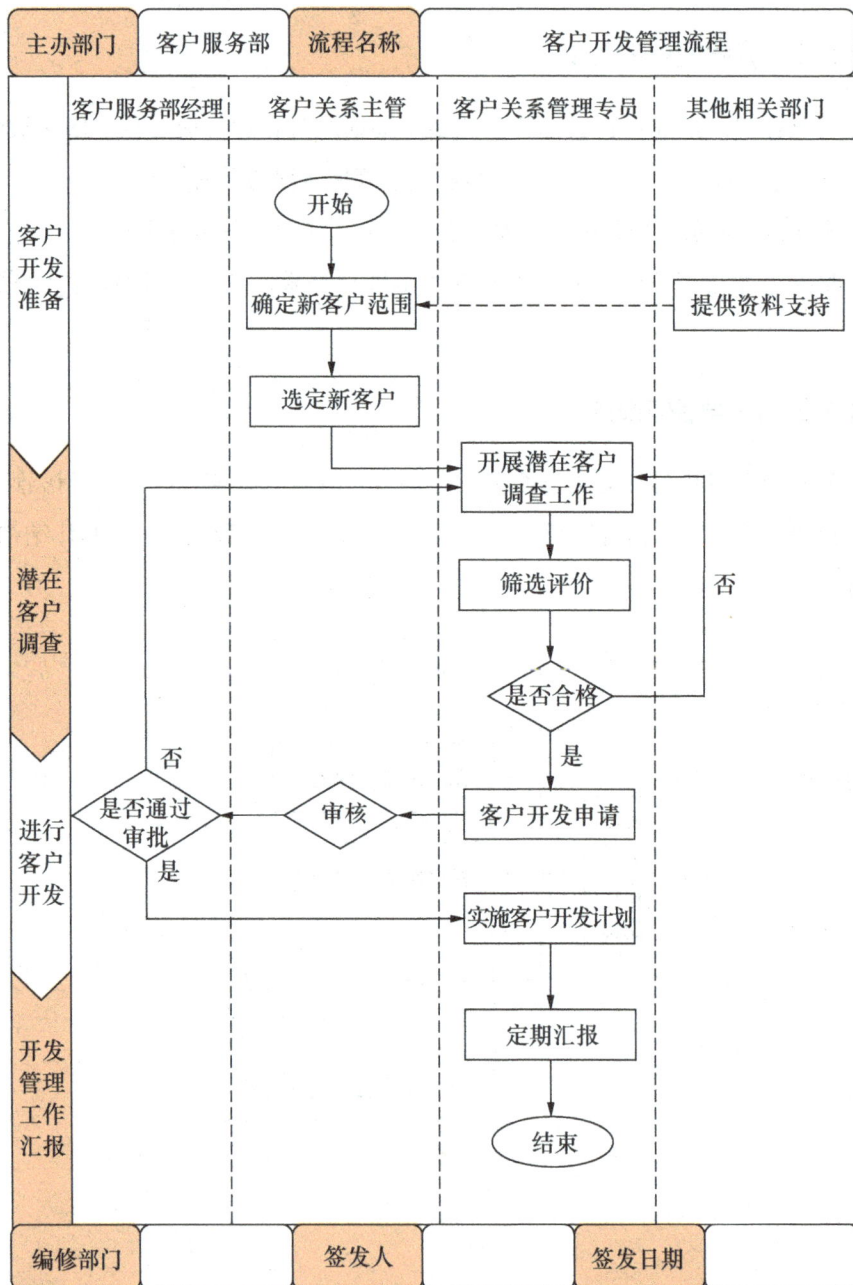

主办部门	客户服务部	流程名称	客户开发管理流程

	客户服务部经理	客户关系主管	客户关系管理专员	其他相关部门

客户开发准备　　开始 → 确定新客户范围 ← 提供资料支持 → 选定新客户

潜在客户调查　　开展潜在客户调查工作 → 筛选评价 → 是否合格（否）

进行客户开发　　是否通过审批（否）← 审核 ← 客户开发申请（是）；是 → 实施客户开发计划

开发管理工作汇报　　定期汇报 → 结束

编修部门		签发人		签发日期	

3.3.2.2 客户开发管理的执行程序、工作标准、考核指标、执行规范

任务名称	执行程序、工作标准与考核指标
客户开发准备	**执行程序** **1. 确定新客户范围** 　客户关系主管根据其他部门提供的资料，以及企业产品和服务的特性确定新客户的目标范围。 **2. 选定新客户** 　客户关系主管在已定的新客户范围内，按照一定的标准确定新客户对象。 **工作重点** 　客户关系主管根据企业的实际需要确定新客户范围。 **工作标准** 　客户关系主管选定新客户工作具体包括：收集资料，制作"潜在客户名录"；分析潜在客户的情况，为新客户开发工作提供资料；将上述资料分发给客户服务部各岗位工作人员等。
潜在客户调查	**执行程序** **1. 开展潜在客户调查工作** 　客户关系管理专员对选定的客户进行调查，了解客户的潜在价值、开发的可能性及成本与难度等。 **2. 筛选评价** ☆客户关系管理专员依据对客户的调查结果进行客户评价，并进一步筛选合格的客户。 ☆若客户筛选评价不合格，客户关系管理专员再次进行潜在客户调查。 **工作重点** ☆客户关系管理专员应寻求最佳的调查方法，确保客户调查工作的顺利进行。 ☆若客户调查工作不到位，客户关系主管应组织有关人员再次进行专项调查。 **工作标准** ☆内容标准：客户关系管理专员在与客户接触的过程中，一方面要对客户进行信用、销售能力等方面的调查，另一方面要力争与其建立业务关系。 ☆质量标准：经调查取得的数据和信息真实可靠。
进行客户开发	**执行程序** **1. 客户开发申请** ☆客户关系管理专员填写"客户开发申请表"，提交客户关系主管审核后，报客户服务部经理审批。 ☆如客户开发申请审批不通过，客户关系管理专员则重新进行潜在客户调查，挑选合适的客户。

任务名称	执行程序、工作标准与考核指标
进行客户开发	**2. 实施客户开发计划** 　　如客户开发申请通过，客户关系管理专员则根据客户的实际情况实施客户开发计划。 **工作重点** 　　客户关系管理专员在实施客户开发计划之前要确定与潜在客户联系的渠道与方法。
	工 作 标 准
	相关部门能严格按照客户开发计划推进工作。
	考 核 指 标
	客户开发计划切实可行。
开发管理工作汇报	**执 行 程 序**
	定期汇报 　　客户关系管理专员按计划执行客户开发任务，记录工作详情和工作进度，定期总结工作成果，并向上级汇报。 **工作重点** 　　客户关系管理专员应填制"客户开发日报表"，总结每天的工作进展和存在的问题。
	工 作 标 准
	客户开发管理工作汇报能够真实反映实际工作情况，为上级决策提供依据。
执 行 规 范	
"客户开发管理制度""潜在客户名录""客户开发申请表""客户开发日报表"	

3.3.3　客户拜访管理的流程设计与工作执行

3.3.3.1　客户拜访管理流程设计

主办部门	客户服务部	流程名称	客户拜访管理流程

	客户服务部经理	客户关系主管	客户关系管理专员	财务部

制订拜访计划

开始 → 确定访问对象 → 制订具体的拜访计划 → 提交"客户访问申请表"

提出拜访申请

审批

支付相关款项

拜访客户

做好客户拜访准备 → 按计划拜访客户

审阅"客户访问报告" ← 编写"客户访问报告"

费用报销

审批 ← 权限外 ← 审核 ← 报销相关费用

结束

编修部门		签发人		签发日期	

3.3.3.2　客户拜访管理的执行程序、工作标准、考核指标、执行规范

任务名称	执行程序、工作标准与考核指标
制订拜访计划	**执 行 程 序** **1. 确定访问对象** 　客户关系管理专员从客户资料库中选择客户，确定访问对象。 **2. 制订具体的拜访计划** 　客户关系管理专员根据拜访目的、拜访客户类型，制订相应的拜访计划。 **工作重点** ☆应注意针对不同的客户类型（客户性格、与客户的熟悉程度等），制订不同的拜访计划。 ☆应明确拜访客户的目的。 **工 作 标 准** ☆内容标准：客户拜访计划应包括拜访的目标、拜访的对象、进度安排、访问内容、预期访问结果等。 ☆质量标准：拜访目的明确，合理安排客户拜访的进度。 **考 核 指 标** 客户拜访计划内容全面、详细。
提出拜访申请	**执 行 程 序** **1. 提交"客户访问申请表"** 　客户关系管理专员根据制订的客户拜访计划填写"客户访问申请表"，并提交客户关系主管审批。 **2. 支付相关款项** 　客户访问申请审批通过后，财务部根据客户关系管理专员提交的费用申请单支付相关款项。 **工作重点** 　客户关系管理专员应根据实际情况填写"客户访问申请表"，并按照企业的财务制度申请款项。 **工 作 标 准** 客户关系主管应在一个工作日内对客户关系管理专员的申请给出审批意见。
拜访客户	**执 行 程 序** **1. 做好客户拜访准备** 　在正式拜访客户之前，客户关系管理专员要根据拜访对象的特点和拜访目的准备所需物品。

任务名称	执行程序、工作标准与考核指标
拜访客户	**2. 按计划拜访客户** 客户关系管理专员按照客户拜访计划访问客户。 **3. 编写"客户访问报告"** 客户拜访结束后，客户关系管理专员编写"客户访问报告"，并提交客户关系主管审阅。 **工作重点** ☆客户关系管理专员应准备好拜访所需的各种物品，包括企业资料、个人名片等。 ☆客户关系管理专员在进行拜访之前应明确拜访的目的，对于拜访内容进行初步构想。
	<div align="center">**工 作 标 准**</div>
	质量标准：客户关系管理专员应对客户提出的问题提供解决办法，并对客户提供现场指导或帮助，对于不能当时解决的问题应向客户说明原因，并承诺解决期限。
费用报销	<div align="center">**执 行 程 序**</div>**报销相关费用** ☆客户关系管理专员完成客户拜访工作后，按财务规定进行费用报销。 ☆客户关系管理专员将费用报销凭证提交客户关系主管审核，对于超出权限的费用报销项目要报客户服务部经理审批。 **工作重点** ☆客户关系管理专员应根据拜访过程所获得的信息及时更新客户资料，以完善客户信息。 ☆客户关系管理专员应不断完善计划内容，提高拜访成功率。
	<div align="center">**工 作 标 准**</div>
	内容标准："客户访问报告"应包括访问时间、对象、方式、过程、客户需求及问题、处理结果及意见、尚未解决的问题及建议等内容。
	<div align="center">**执 行 规 范**</div>
	"客户访问申请表""客户访问报告"。

第 3 章　客户获取过程

3.3.4 客户接待管理的流程设计与工作执行

3.3.4.1 客户接待管理流程设计

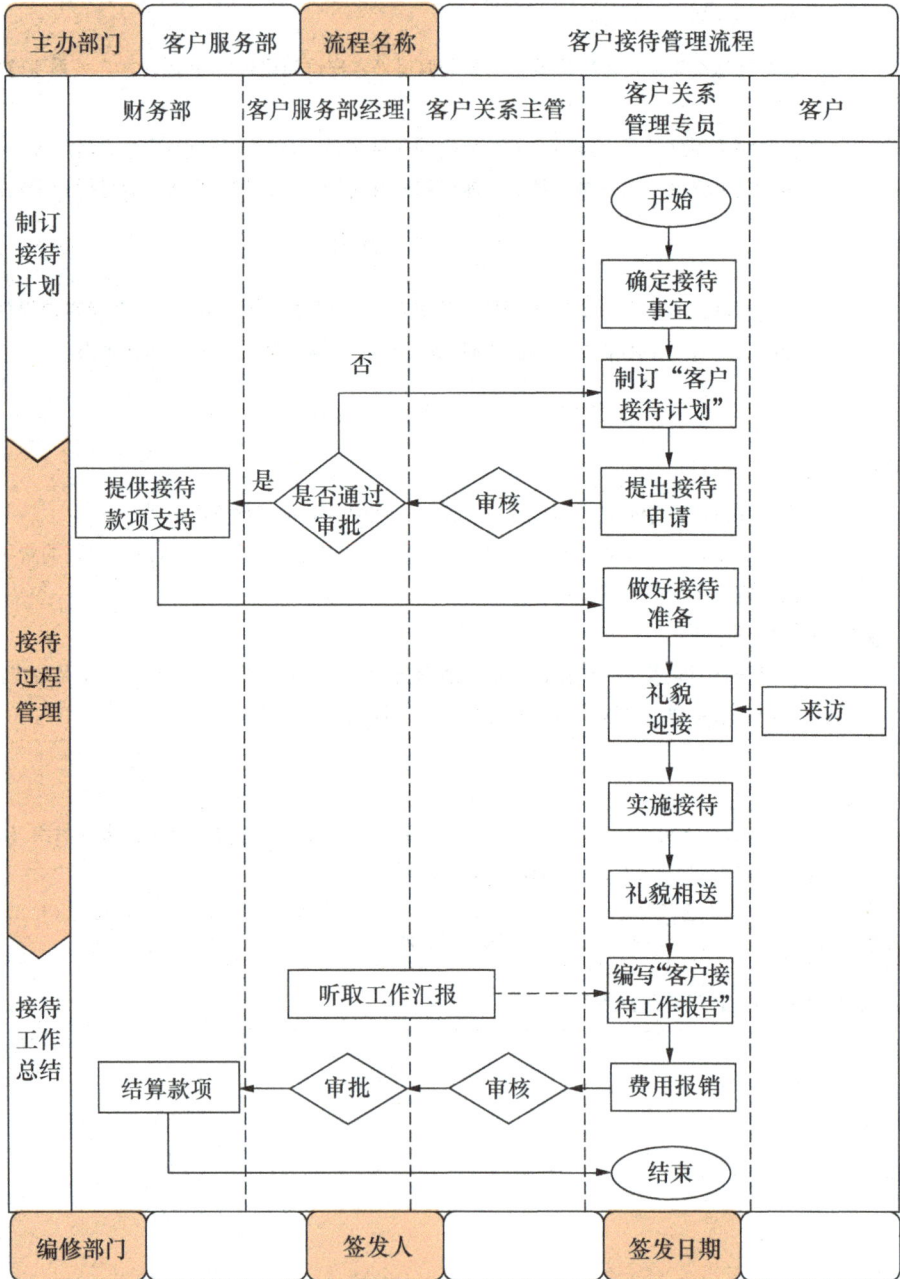

主办部门	客户服务部	流程名称	客户接待管理流程

	财务部	客户服务部经理	客户关系主管	客户关系 管理专员	客户
制订 接待 计划				开始 → 确定接待事宜 → 制订"客户接待计划" → 提出接待申请 → 审核	
接待 过程 管理	提供接待款项支持 ← 是 — 是否通过审批 ←(否) 审核			做好接待准备 → 礼貌迎接 → 实施接待 → 礼貌相送	来访
接待 工作 总结	结算款项 ← 审批 ← 审核	听取工作汇报		编写"客户接待工作报告" → 费用报销 → 结束	

编修部门		签发人		签发日期	

3.3.4.2　客户接待管理的执行程序、工作标准、考核指标、执行规范

任务名称	执行程序、工作标准与考核指标
制订接待 计划	**执 行 程 序** **1. 确定接待事宜** 　客户关系管理专员根据企业客户维护的需要和要求，确定客户接待事宜。 **2. 制订"客户接待计划"** 　客户关系管理专员确定接待的流程和细节，制订"客户接待计划"。 **工作重点** 　客户关系管理专员根据客户关系维护的需要确定接待的对象和人数。 **工 作 标 准** ☆内容标准："客户接待计划"的主要内容包括就餐安排、所需车辆、需要陪同的人员等。 ☆质量标准："客户接待计划"的制订要切实可行。
接待过程 管理	**执 行 程 序** **1. 提出接待申请** ☆客户关系管理专员根据"客户接待计划"提出客户接待申请，并提交客户关系主管审 　核，再报客户服务部经理审批。 ☆如接待申请审批不通过，客户关系管理专员则重新制订"客户接待计划"，再次提出 　接待申请，提交客户关系主管审核，再报客户服务部经理审批。 **2. 做好接待准备** 　如接待申请审批通过，客户关系管理专员则到财务部领取接待款项，做好接待准 备工作。 **3. 实施接待** ☆客户关系管理专员要礼貌迎接客户，将客户引领至接待地点，按接待计划进行接待。 ☆客户关系管理专员要礼貌送别客户。 **工作重点** 　必要时客户服务部经理与客户关系主管也要一起迎接客户。 **工 作 标 准** ☆内容标准：前期接待准备工作应包括就餐安排、招待活动安排、接送车辆安排等。 ☆质量标准：接待工作应"有规范、有秩序、有控制、有结果"。

任务名称	执行程序、工作标准与考核指标
接待工作 总结	**执 行 程 序** **1. 编写"客户接待工作报告"** 　客户关系管理专员根据客户接待工作的情况编写"客户接待工作报告"，向客户关系主管和客户服务部经理汇报工作。 **2. 费用报销** ☆客户关系管理专员统计客户接待过程中的费用款项，按要求整理费用报销凭证，提交客户关系主管审核，报客户服务部经理审批。 ☆财务部根据费用报销的审批通过情况结算款项。 **工作重点** 　客户关系管理专员除了要提交报告之外，还要将客户接待情况向客户关系主管和客户服务部经理口头汇报。 **工 作 标 准** 费用报销程序符合企业财务管理制度的相关规定。 **考 核 指 标** 费用报销差错率： $$费用报销差错率 = \frac{有差错的费用报销项目数}{费用报销项目总数} \times 100\%$$
执 行 规 范	
"客户接待计划""客户接待工作报告"。	

3.3.5 客户招待用餐管理的流程设计与工作执行

3.3.5.1 客户招待用餐管理流程设计

主办部门	客户服务部	流程名称	客户招待用餐管理流程

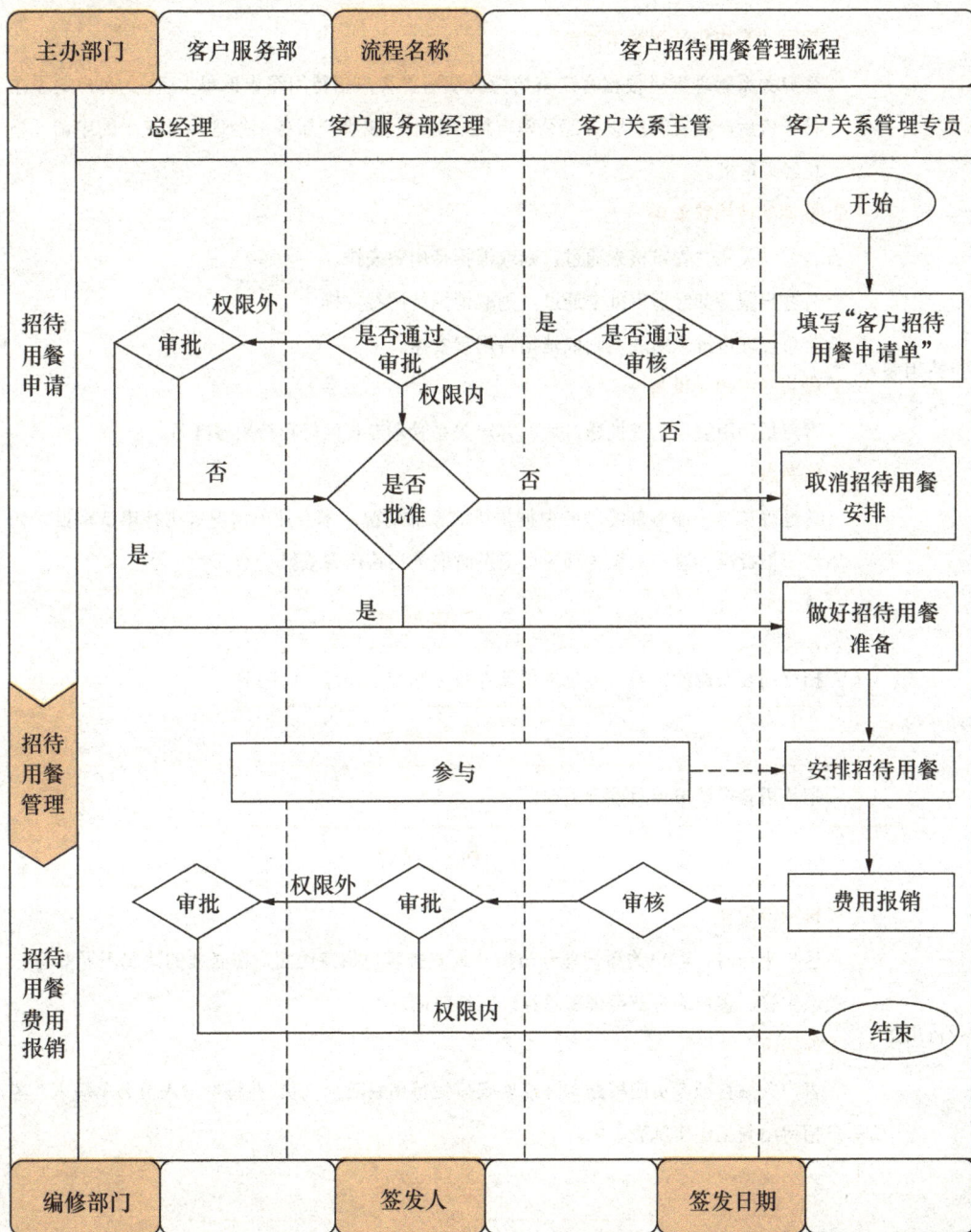

编修部门		签发人		签发日期	

3.3.5.2 客户招待用餐管理的执行程序、工作标准、考核指标、执行规范

任务名称	执行程序、工作标准与考核指标
招待用餐申请	**执 行 程 序** **1. 填写"客户招待用餐申请单"** ☆客户关系管理专员根据客户来访情况填写"客户招待用餐申请单",提交客户关系主管审核后,提交客户服务部经理审批,对于超出客户服务部经理审批权限的申请,报总经理审批。 **2. 取消招待用餐安排** ☆若客户关系主管审核未通过,则取消招待用餐安排。 ☆若客户服务部经理审批未通过,则取消招待用餐安排。 ☆若总经理审批未通过,则取消招待用餐安排。 **3. 做好招待用餐准备** 客户招待用餐申请审批通过后,客户关系管理专员做好招待用餐准备。 **工作重点** 总经理和客户服务部经理应根据招待对象的情况、本企业的情况等进行申请审批。如申请未被批准,客户关系管理专员应及时取消招待用餐安排。 **工 作 标 准** 招待用餐安排的主要内容包括用餐人数、标准、地点、时间等。 **考 核 指 标** 招待用餐申请单填写准确无误。
招待用餐管理	**执 行 程 序** **安排招待用餐** 客户来访时,客户关系管理专员按计划安排客户招待用餐,在必要的情况下通知客户关系主管、客户服务部经理和总经理前往陪同。 **工作重点** 客户关系管理专员应根据实际需要安排招待用餐陪同人员,并将参与人员名单填入"客户招待用餐工作实施表"中。 **工 作 标 准** 应严格按照审批通过的"客户招待用餐申请单"开展招待用餐工作。

任务名称	执行程序、工作标准与考核指标
招待用餐费用报销	**执 行 程 序** **费用报销** 　　客户关系管理专员汇总招待用餐款项，整理费用报销凭证，提交客户关系主管审核后，报客户服务部经理审批，将超出客户服务部经理审批权限的部分报总经理审批。 **工作重点** 　　客户关系管理专员招待客户用餐结束后，应立即进行费用报销，若超出报销期限，将不再补报（特殊情况除外）。 **工 作 标 准** 费用报销程序符合企业财务管理制度规定。
执 行 规 范	
"客户接待管理制度""客户招待用餐申请单""客户招待用餐工作实施表"。	

3.3.6 客户接待会议管理的流程设计与工作执行

3.3.6.1 客户接待会议管理流程设计

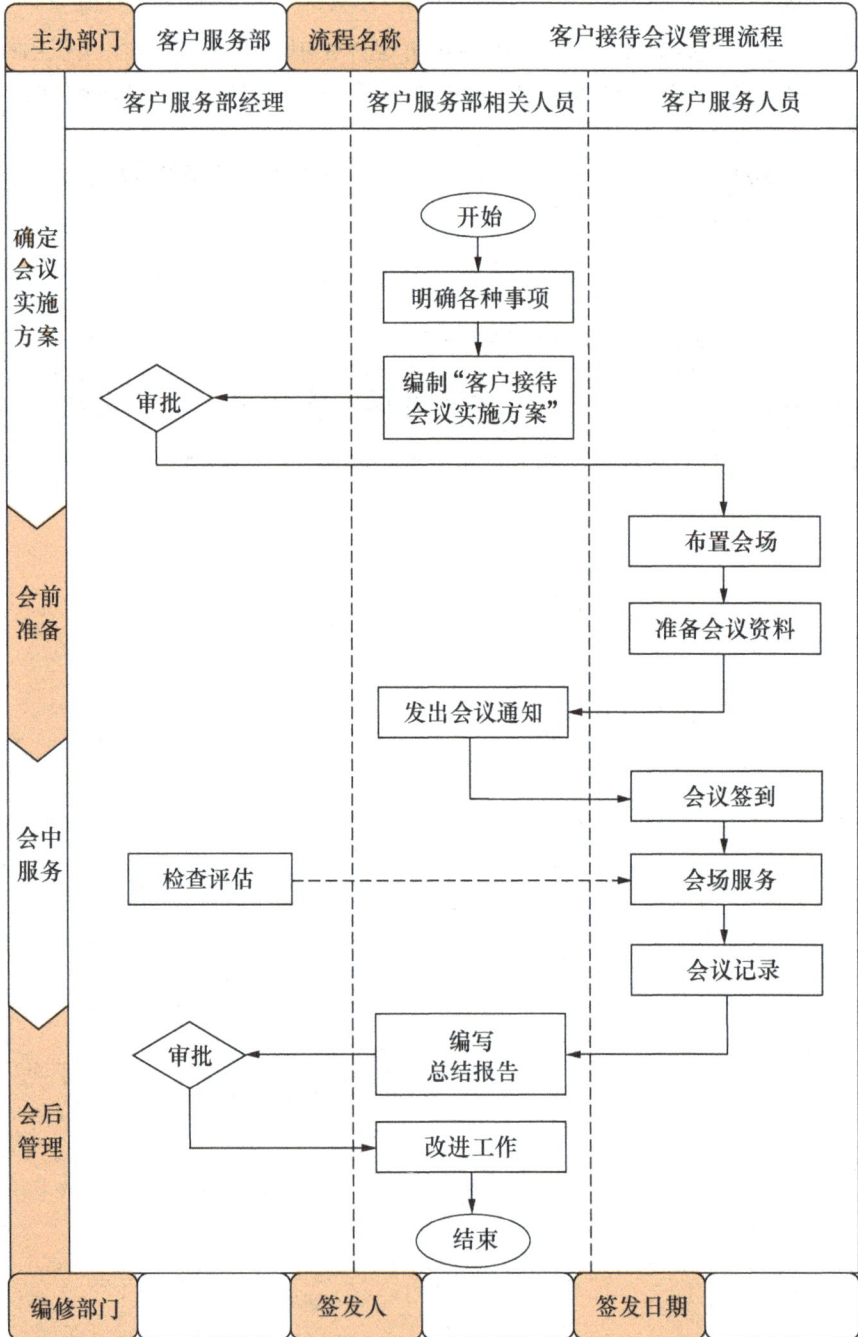

主办部门	客户服务部	流程名称	客户接待会议管理流程

	客户服务部经理	客户服务部相关人员	客户服务人员

```
确定会议实施方案          开始
                          │
                    明确各种事项
                          │
            审批 ◄── 编制"客户接待
                     会议实施方案"
              │
会前准备                              布置会场
                                        │
                                    准备会议资料
                          │              │
                    发出会议通知 ◄────────┘
                          │
会中服务                            会议签到
            检查评估 ┄┄┄┄┄┄┄┄┄┄► 会场服务
                                        │
                                    会议记录
                                        │
会后管理    审批 ◄──  编写 ◄───────────┘
              │      总结报告
              └──►  改进工作
                          │
                        结束
```

编修部门		签发人		签发日期	

客户服务全过程管理 流程设计与工作标准

3.3.6.2 客户接待会议管理的执行程序、工作标准、考核指标、执行规范

任务名称	执行程序、工作标准与考核指标
确定会议实施方案	**执 行 程 序** **1. 明确各种事项** 　客户服务部相关人员了解接待会议任务，明确接待对象、接待时间、会议主题等基本事项。 **2. 编制"客户接待会议实施方案"** 　客户服务部相关人员编制"客户接待会议实施方案"，提交客户服务部经理审批。 **工作重点** 　对于客户相同、内容接近的几个客户接待会议，客户服务部应该安排合并召开。
	工 作 标 准
	客户服务部相关人员应根据已确认的会议名称与主题、主持人、与会人员、时间、地点、议程、预算等编制"客户接待会议实施方案"。
	考 核 指 标
	"客户接待会议实施方案"要切实可行。
会前准备	**执 行 程 序** **1. 布置会场** 　"客户接待会议实施方案"审批通过后，客户服务人员按方案要求准备场地、安排座席、调试设备，提前布置会场。 **2. 准备会议资料** 　客户服务人员提前准备会议所需资料。 **3. 发出会议通知** 　会议准备就绪后，客户服务部相关人员应提前通过多种渠道向与会人员发出会议通知。 **工作重点** ☆单向沟通、双方沟通、多方沟通的会议，其座位安排应有所不同。 ☆客户服务部相关人员应尽早发出会议通知，会议通知的途径包括打电话、发送电子邮件等。
	工 作 标 准
	☆质量标准：会场空间安排便于与会人员进出；会场座位布置合理。 ☆目标标准：准备工作要细致周到。
	考 核 指 标
	会议资料准备完整度：确保会议所需各类资料无缺漏。

任务名称	执行程序、工作标准与考核指标
会中服务	**执 行 程 序** **1. 会议签到** 　客户服务人员设置会议签到处，组织安排与会人员签到。 **2. 会场服务** 　客户服务人员引导完成签到的人员入席，了解到场人数，联系缺席人员，维护会场秩序，提供帮助和服务。 **3. 会议记录** 　客户服务部指定客户服务人员负责会议记录工作，对会议全程进行完整、详细的记录。 **工作重点** 　与会人员签到处一般安排在会场入口处，由 1 名至 2 名客户服务人员引导。 **工 作 标 准** ☆质量标准：会议记录要准确、清楚、完整。 ☆内容标准：会议记录内容应包括会议时间、地点、出席人员、主持人、议程、发言记录等。 **考 核 指 标** 　与会人员的满意度：满意度评分达到＿＿＿分。
会后管理	**执 行 程 序** **1. 编写总结报告** 　客户接待会议结束，客户服务部相关人员根据接待会议的举办情况编写总结报告，提交客户服务部经理审批。 **2. 改进工作** 　会议总结报告审批通过后，客户服务部相关人员根据批示意见改进客户接待会议管理工作。 **工作重点** 　客户接待会议结束后，客户服务部相关人员应及时编写"客户接待会议总结报告"。 **工 作 标 准** "客户接待会议总结报告"内容全面、详细。
执 行 规 范	
"客户接待管理制度""客户接待会议事项登记表""客户接待会议实施方案""客户接待会议总结报告"。	

第 4 章 优质客户服务体验的实现过程

4.1 售后服务管理

4.1.1 售后服务管理的流程设计

4.1.1.1 流程设计的目的

售后服务是客户服务体验的重要组成部分，高品质的客户服务工作是赢得客户信赖，争取"回头客"的关键一环。在实践中，设计售后服务管理流程的目的如下。

（1）保证售后服务管理各项工作安排妥当，职责分工明确。

（2）不断完善售后服务工作，不断提升客户满意度，从而为企业的发展提供保障。

（3）规范售后服务管理人员的行为，从而树立良好的企业形象。

4.1.1.2 流程结构设计

售后服务管理流程可细分为九个流程，即售后客户跟踪服务流程、售后服务计划制订流程、售后服务方案制定流程、售后服务培训流程、售后配送服务流程、售后安装服务流程、售后维修服务流程、售后定期保养流程及售后退换货流程，具体内容如图 4-1 所示。

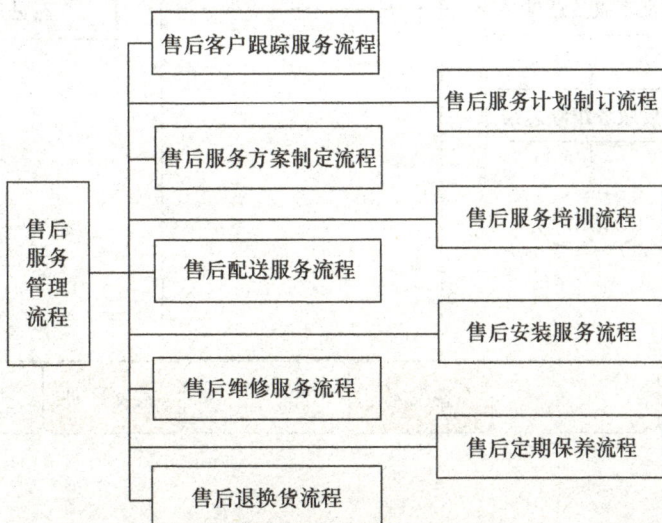

图 4-1 售后服务管理流程结构设计

4.1.2 售后客户跟踪服务的流程设计与工作执行

4.1.2.1 售后客户跟踪服务流程设计

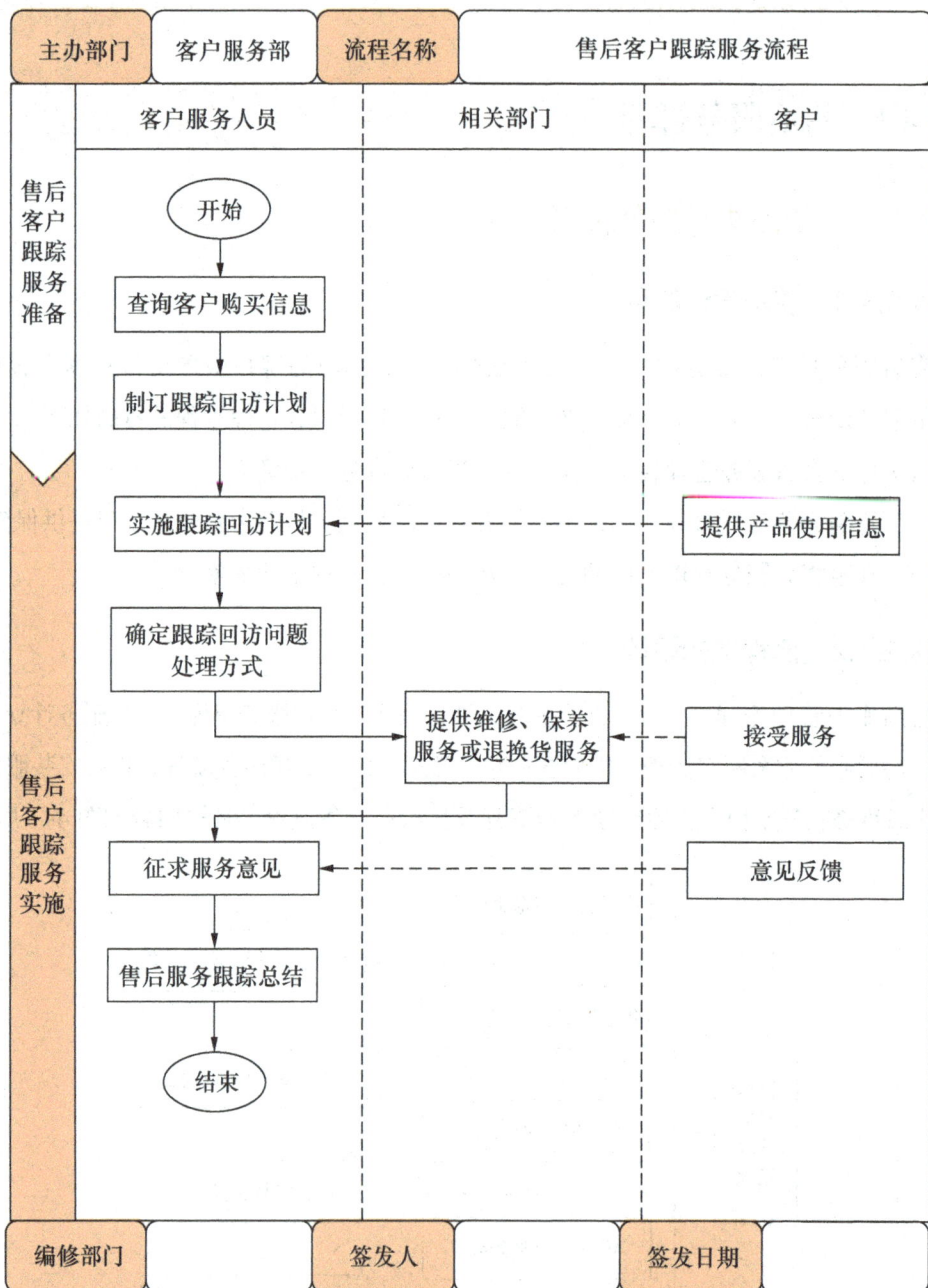

主办部门	客户服务部	流程名称	售后客户跟踪服务流程

	客户服务人员	相关部门	客户

售后客户跟踪服务准备

开始

查询客户购买信息

制订跟踪回访计划

实施跟踪回访计划 ← 提供产品使用信息

确定跟踪回访问题处理方式

提供维修、保养服务或退换货服务 ← 接受服务

售后客户跟踪服务实施

征求服务意见 ← 意见反馈

售后服务跟踪总结

结束

编修部门		签发人		签发日期	

4.1.2.2 售后客户跟踪服务的执行程序、工作标准、考核指标、执行规范

任务名称	执行程序、工作标准与考核指标
售后客户跟踪服务准备	**执 行 程 序** **1. 查询客户购买信息** 　客户服务人员查询销售记录，了解客户的购买信息，结合企业售后服务规定明确售后跟踪回访工作的任务。 **2. 制订跟踪回访计划** 　客户服务人员根据客户的购买信息制订跟踪回访计划。 **工作重点** 　根据客户实际购买情况，客户服务人员确定需要回访的客户范围、回访方式、回访时间和周期等。 **工 作 标 准** ☆目标标准：实施客户回访的主要目标是了解客户对产品的使用情况和相关人员提供的售后服务质量。 ☆质量标准：所跟踪回访的客户应具有代表性和典型性；所制订的跟踪回访计划应符合企业的规定，无重要内容遗漏。
售后客户跟踪服务实施	**执 行 程 序** **1. 实施跟踪回访计划** 　客户服务人员按跟踪回访计划对客户进行跟踪回访，了解客户使用产品的情况。 **2. 确定跟踪回访问题处理方式** 　客户服务人员确定跟踪回访问题的处理方式，相关部门配合工作。 **3. 征求服务意见** 　售后产品维修、保养或退换货服务完成后，客户服务人员向客户征求对售后服务的意见。 **4. 售后服务跟踪总结** 　客户服务人员根据实际的售后服务情况及客户的反馈意见，对售后服务工作进行总结，并形成"客户售后服务跟踪报告"。 **工作重点** 　客户服务人员要详细记录产品使用情况和售后服务的提供情况。 **工 作 标 准** 售后服务跟踪总结的内容全面，售后服务跟踪改进建议切实可行。 **考 核 指 标** 客户对跟踪回访问题处理方式的满意度：满意度评分达到＿＿＿分。
执 行 规 范	
"客户跟踪回访计划""客户服务信息反馈表""客户售后服务跟踪报告"。	

4.1.3 售后服务计划制订的流程设计与工作执行

4.1.3.1 售后服务计划制订流程设计

主办部门	客户服务部	流程名称	售后服务计划制订流程

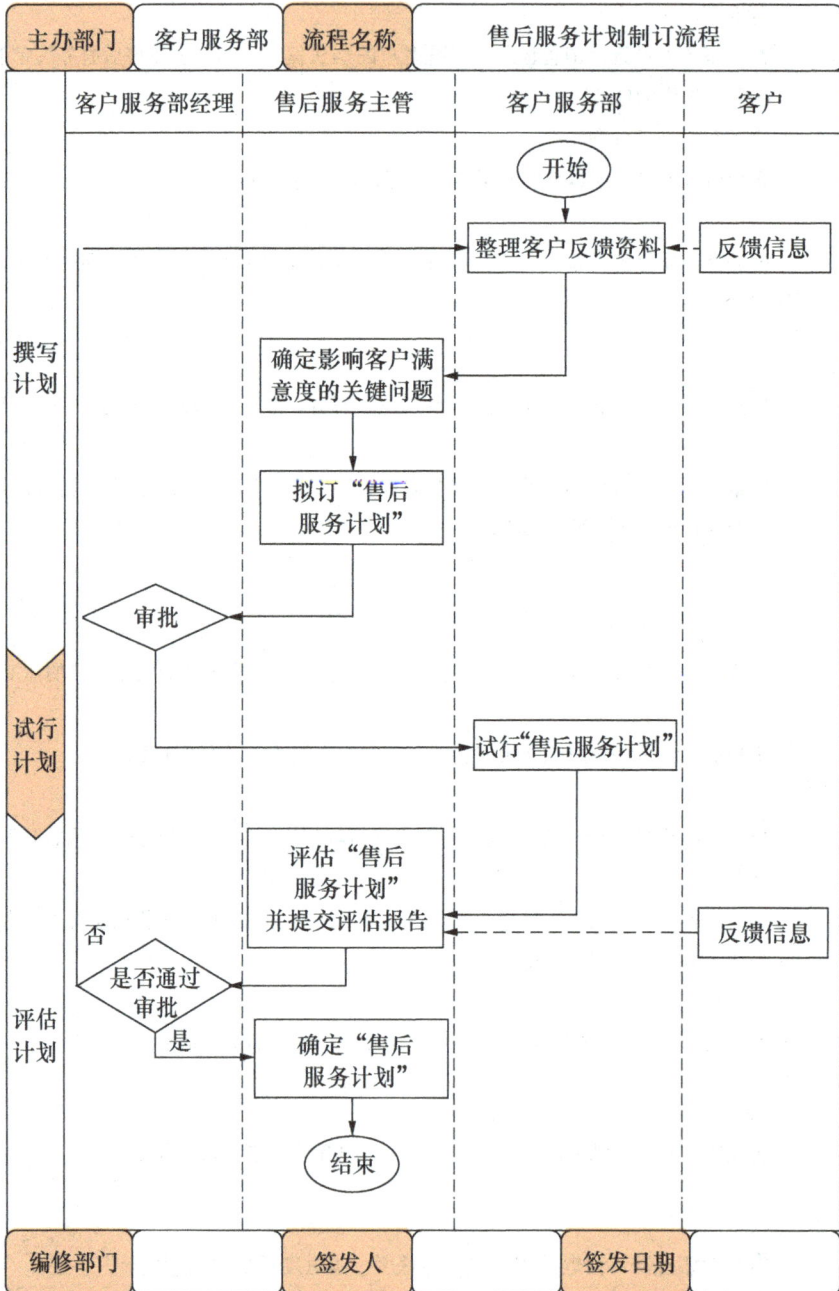

编修部门		签发人		签发日期	

4.1.3.2　售后服务计划制订的执行程序、工作标准、考核指标、执行规范

任务名称	执行程序、工作标准与考核指标
	执行程序
撰写计划	**1. 整理客户反馈资料** 　客户服务部汇总客户的反馈信息，并进行分类整理，了解客户对企业的产品或服务的评价，编写"客户反馈信息分析表"。 **2. 确定影响客户满意度的关键问题** 　售后服务主管结合售后服务的实际情况，确定影响客户满意度的关键问题。 **3. 拟订"售后服务计划"** 　售后服务主管根据"客户反馈信息分析表"和售后服务的关键问题拟订企业的"售后服务计划"，提交客户服务部经理审批。 **工作重点** 　售后服务主管将容易引起客户不满的关键问题填入"售后服务关键问题列表"中，以便以后查找。
	工作标准
	"售后服务计划"的编制符合要求，内容完整。
	执行程序
试行计划	**试行"售后服务计划"** 　"售后服务计划"审批通过后，客户服务部试行"售后服务计划"，并根据实际情况对计划进行修改。 **工作重点** 　客户服务部相关人员在试行"售后服务计划"的过程中，要不断提出修正意见。
	工作标准
	试行"售后服务计划"工作有明确的分工。
	考核指标
	试行"售后服务计划"目标达成率： 试行"售后服务计划"目标达成率 $= \dfrac{\text{达成目标的计划数}}{\text{试行的计划总数}} \times 100\%$
	执行程序
评估计划	**1. 评估"售后服务计划"并提交评估报告** ☆售后服务主管组织评估"售后服务计划"的试行结果，参考客户的反馈信息，编写"售后服务评估报告"，并提交客户服务部经理审批。

任务名称	执行程序、工作标准与考核指标
评估计划	☆如"售后服务评估报告"审批未通过，客户服务部则重新整理客户反馈信息，再次拟订计划、试行计划、评估计划，并重新提交评估报告。 **2. 确定"售后服务计划"** 　　如"售后服务评估报告"审批通过，售后服务主管则根据批示意见确定正式的"售后服务计划"。 **工作重点** 　　售后服务主管在进行评估前要做好资料收集工作。
	工 作 标 准
	"售后服务评估报告"内容全面、客观，相关人员对评估结果无异议。
	执 行 规 范
	"客户反馈信息分析表""售后服务关键问题列表""售后服务评估报告""售后服务计划"。

4.1.4 售后服务方案制定的流程设计与工作执行

4.1.4.1 售后服务方案制定流程设计

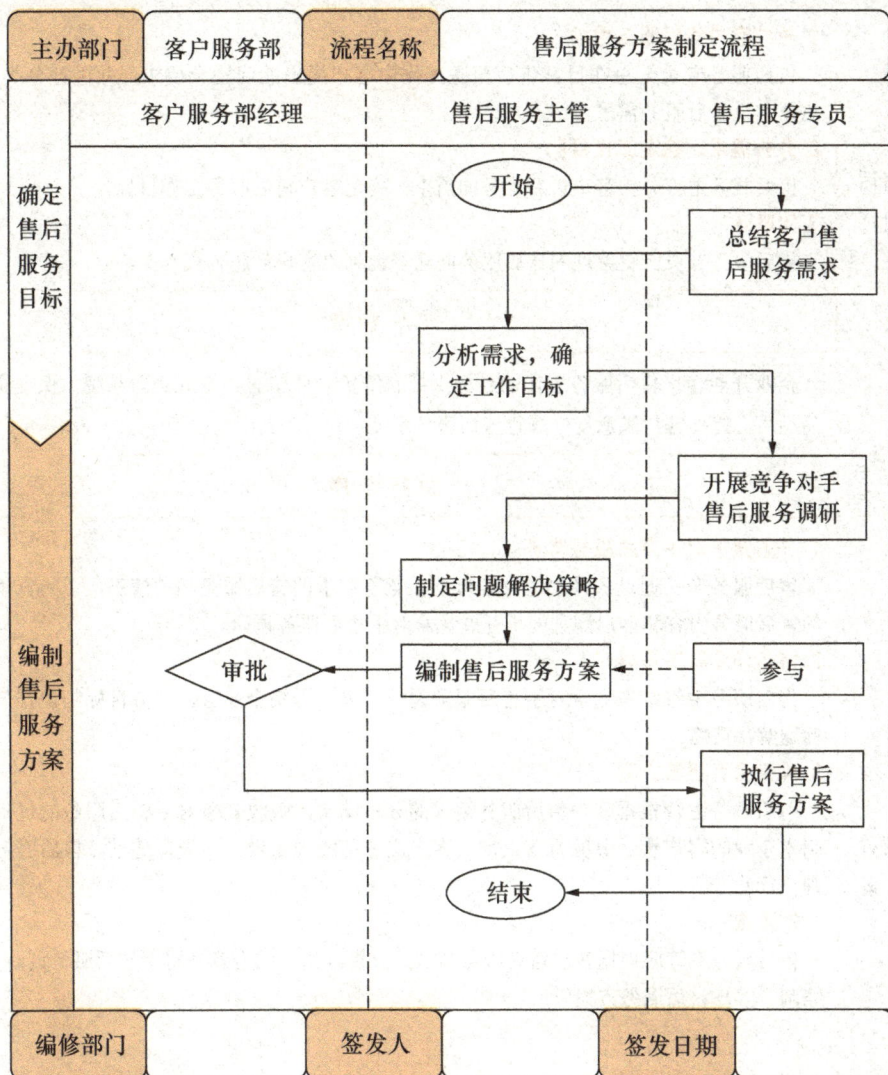

主办部门	客户服务部	流程名称	售后服务方案制定流程

	客户服务部经理	售后服务主管	售后服务专员

确定售后服务目标

开始 → 总结客户售后服务需求

分析需求,确定工作目标

开展竞争对手售后服务调研

编制售后服务方案

制定问题解决策略

审批 ← 编制售后服务方案 ⇠ 参与

执行售后服务方案

结束

编修部门		签发人		签发日期	

4.1.4.2　售后服务方案制定的执行程序、工作标准、考核指标、执行规范

任务名称	执行程序、工作标准与考核指标
确定售后服务目标	**执 行 程 序** **1. 总结客户售后服务需求** 　售后服务专员汇总在日常售后服务工作中客户提出的问题和要求，并进行分类整理，总结客户售后服务需求。 **2. 分析需求，确定工作目标** 　售后服务主管分析客户售后服务的需求，确定客户售后服务工作目标。 **工作重点** 　售后服务专员应将整理的售后服务问题登记到"客户问题列表"上。 **工 作 标 准** 　企业开展客户售后服务工作的目标主要有维护企业信誉，树立企业品牌；保证企业产品品质，提高客户满意度；履行售后服务承诺。
编制售后服务方案	**执 行 程 序** **1. 开展竞争对手售后服务调研** 　售后服务专员通过各种渠道收集市场上竞争对手的售后服务相关信息，了解竞争对手的售后服务内容和客户满意度，开展竞争对手售后服务调研。 **2. 制定问题解决策略** 　售后服务主管参考竞争对手售后服务调研结果，围绕企业客户服务目标制定客户服务问题解决策略。 **3. 编制售后服务方案** 　售后服务主管根据客户售后服务需求的分析结果，吸收竞争对手售后服务的优点，编制本企业的客户售后服务方案，提交客户服务部经理审批。若审批通过，售后服务专员则执行此方案。 **工作重点** 　售后服务主管应根据客户售后服务需求的分析结果，结合竞争对手售后服务调研结果，编制"客户售后服务方案"。 **工 作 标 准** 　质量标准：对竞争对手售后服务的调研全面、详细；"客户售后服务方案"切实可行。 **考 核 指 标** 　及时开展竞争对手售后服务调研。
执 行 规 范	
"客户问题列表""客户售后服务方案"。	

4.1.5　售后服务培训的流程设计与工作执行

4.1.5.1　售后服务培训流程设计

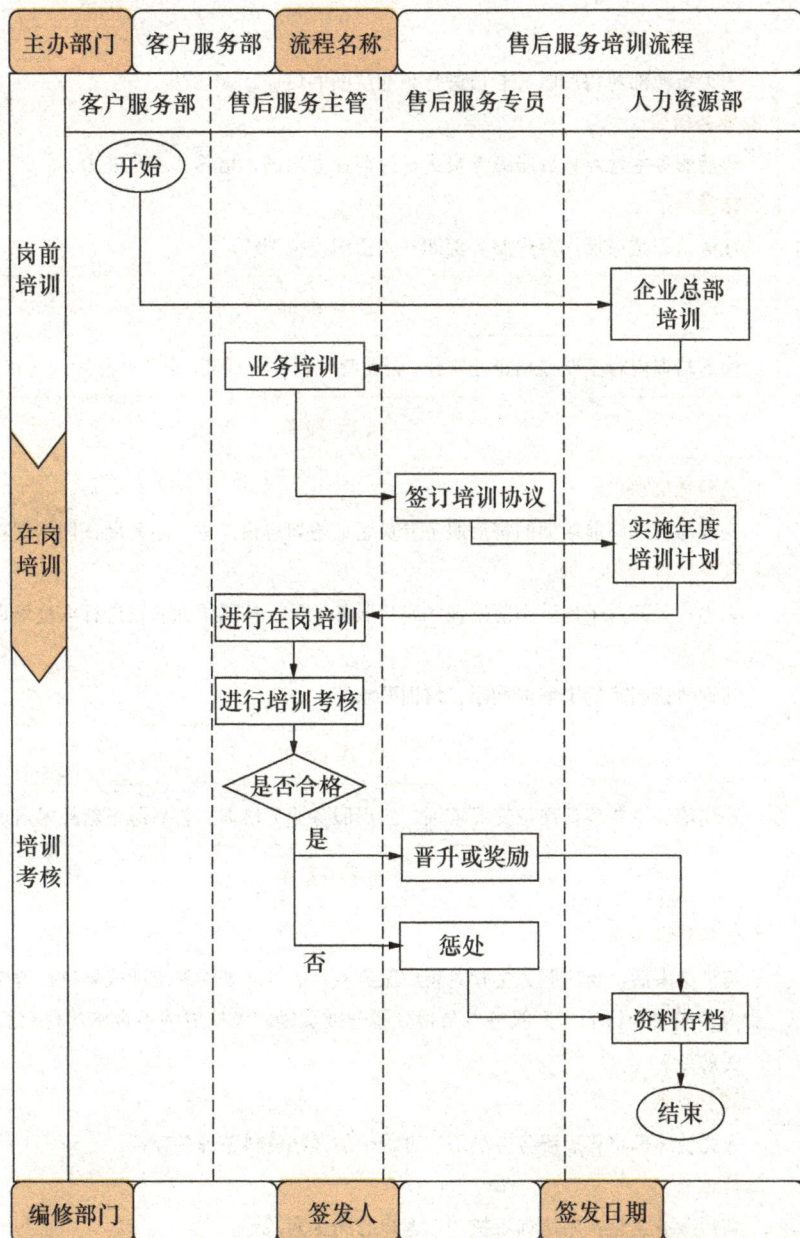

主办部门	客户服务部	流程名称	售后服务培训流程

	客户服务部	售后服务主管	售后服务专员	人力资源部

岗前培训

开始

企业总部培训

业务培训

在岗培训

签订培训协议

实施年度培训计划

进行在岗培训

进行培训考核

培训考核

是否合格

是

晋升或奖励

否

惩处

资料存档

结束

编修部门		签发人		签发日期	

4.1.5.2 售后服务培训的执行程序、工作标准、考核指标、执行规范

任务名称	执行程序、工作标准与考核指标
岗前培训	**执 行 程 序** **1. 企业总部培训** 人力资源部对售后服务专员进行企业层面的培训。 **2. 业务培训** 售后服务主管对售后服务专员进行岗前业务培训，培养其业务能力。 **工作重点** 业务培训结束后，客户服务部即开始组织模拟训练。 **工 作 标 准** 岗前培训内容主要包括企业文化、企业管理制度与规范、企业产品知识与市场销售等。
在岗培训	**执 行 程 序** **1. 签订培训协议** 企业与通过岗前培训的售后服务专员签订培训协议，进一步展开在岗培训项目。 **2. 实施年度培训计划** 人力资源部对于通过岗前培训的售后服务专员，按照培训协议进行年度培训。 **工作重点** 培训协议明确规定培训期限、培训要求等。 **工 作 标 准** 在岗培训主要包括岗位交叉培训、售后服务业务培训、售后服务新技术培训等。
培训考核	**执 行 程 序** **1. 进行培训考核** ☆培训结束后，售后服务主管对售后服务专员的实际表现和培训成果进行考核。 ☆考核成绩合格的售后服务专员得到晋升或奖励，考核成绩不合格的售后服务专员接受惩处。 **2. 资料存档** 人力资源部将售后服务专员培训过程中的详细资料整理并存档。 **工作重点** 售后服务主管实施培训考核，以客户的满意为宗旨。 **工 作 标 准** ☆依据标准：主要根据售后服务专员在岗前培训中的表现进行考核。 ☆质量标准：培训考核实施过程客观、公正，受训售后服务专员对考核结果无异议。

任务名称	执行程序、工作标准与考核指标
	考核指标
培训考核	培训项目资料完整率： 培训项目资料完整率 = $\dfrac{完整的培训项目资料数}{培训项目资料总数} \times 100\%$
	执 行 规 范
	"售后服务专员培训协议""售后服务专员培训档案"。

第 4 章 优质客户服务体验的实现过程

4.1.6 售后配送服务的流程设计与工作执行

4.1.6.1 售后配送服务流程设计

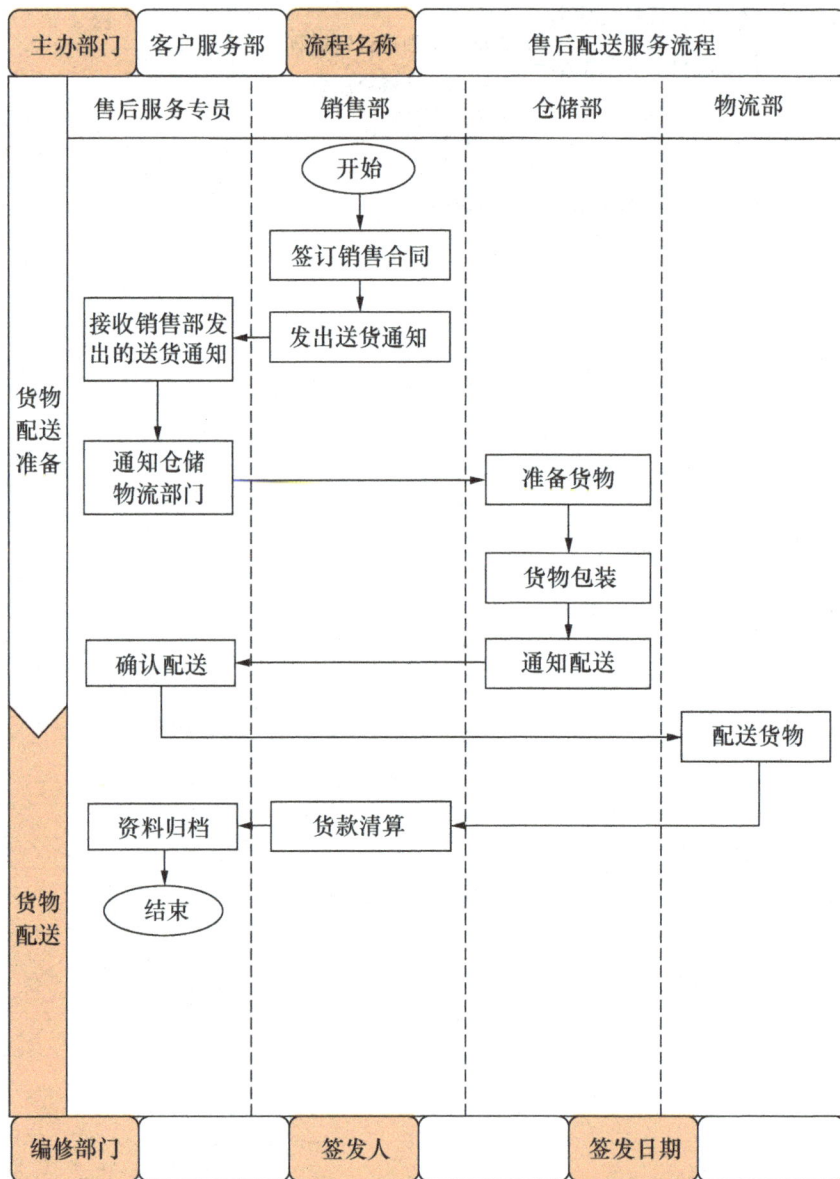

主办部门	客户服务部	流程名称	售后配送服务流程

	售后服务专员	销售部	仓储部	物流部

货物配送准备

开始

签订销售合同

发出送货通知

接收销售部发出的送货通知

通知仓储物流部门 → 准备货物

货物包装

确认配送 ← 通知配送

货物配送

配送货物

资料归档 ← 货款清算

结束

编修部门		签发人		签发日期	

4.1.6.2 售后配送服务的执行程序、工作标准、考核指标、执行规范

任务名称	执行程序、工作标准与考核指标
货物配送准备	**执 行 程 序** **1. 接收销售部发出的送货通知** 　售后服务专员接收销售部发出的送货通知。 **2. 通知仓储物流部门** 　售后服务专员根据销售部发出的订单信息，将配送信息通知仓储物流部门，协调进行售后配送。 **3. 货物包装** 　仓储部根据售后服务专员发出的配送通知，准备货物、完成货物包装工作。 **4. 确认配送** 　售后服务专员接收仓储部发出的货物配送通知，再次核对订单内容和配送地址等关键信息，并确认配送。 **工作重点** 　销售部同客户签订销售合同后，立即通知售后服务专员。 **工 作 标 准** ☆质量标准：及时通知相关部门做好货物配送准备工作，配送方案无差错。 ☆效率标准：在规定的时间内完成货物的配送准备工作。 **考 核 指 标** 备货差错率： $$备货差错率 = \frac{出现差错的备货项目数}{备货项目总数} \times 100\%$$
货物配送	**执 行 程 序** **1. 配送货物** 　物流部根据配送要求配送货物，配送完成后请客户签字以确认送达。 **2. 货款清算** 　货物配送结束后，销售部按签订的合同进行货款清算，完成销售订单。 **3. 资料归档** 　售后服务专员整理售后配送过程中的凭证、单据等资料，对重要的资料进行归档。 **工作重点** 　销售部应及时进行贷款清算。 **工 作 标 准** 售后服务专员在配送前再次确认客户要求的配送时间、地点等。 **考 核 指 标** 客户对配货的满意度：满意度评分达到＿＿＿分。
	执 行 规 范
	"包装作业指导书"。

4.1.7 售后安装服务的流程设计与工作执行

4.1.7.1 售后安装服务流程设计

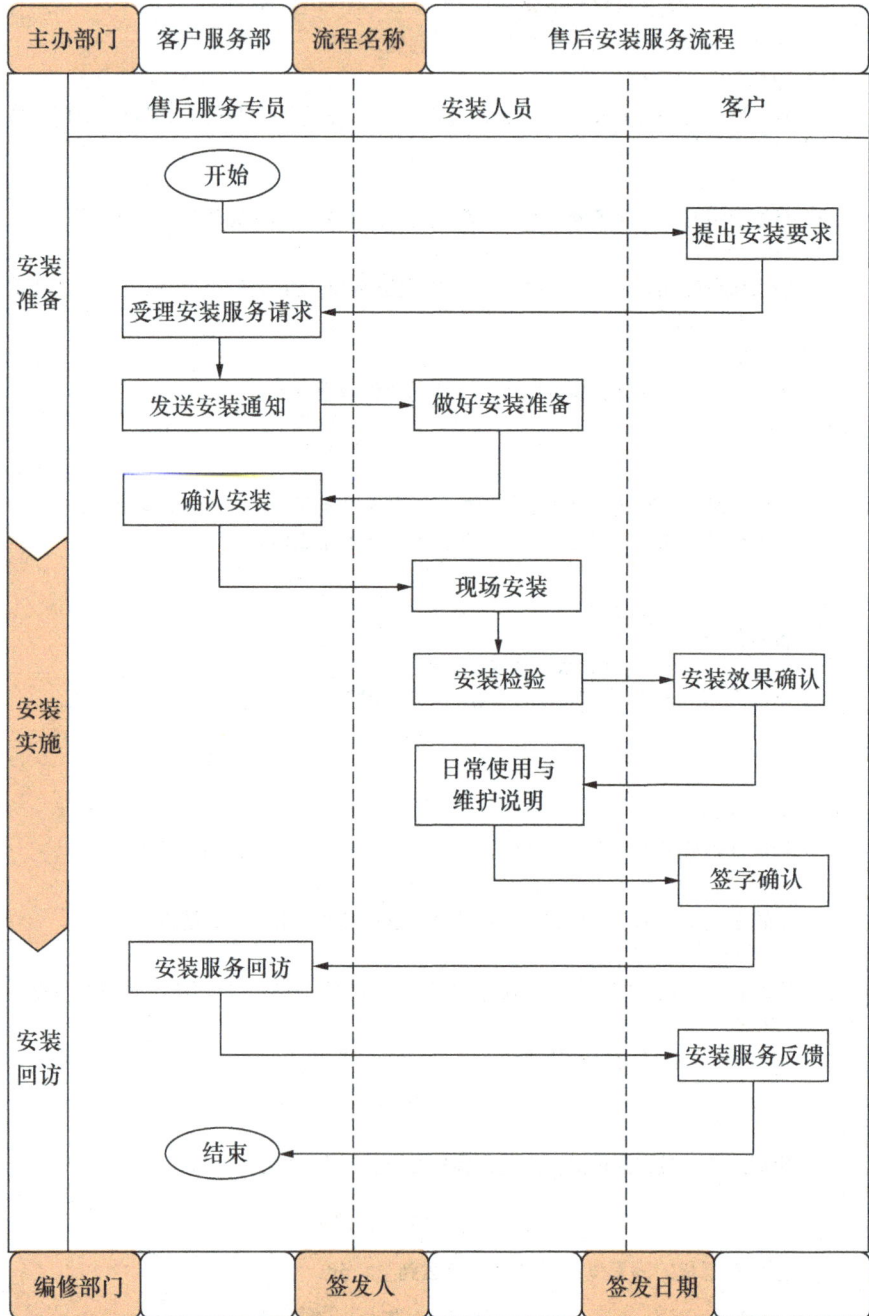

主办部门	客户服务部	流程名称	售后安装服务流程

	售后服务专员	安装人员	客户

安装准备

开始 → 提出安装要求

受理安装服务请求

发送安装通知 → 做好安装准备

确认安装

安装实施

现场安装

安装检验 → 安装效果确认

日常使用与维护说明

签字确认

安装回访

安装服务回访

安装服务反馈

结束

编修部门		签发人		签发日期	

4.1.7.2 售后安装服务的执行程序、工作标准、考核指标、执行规范

任务名称	执行程序、工作标准与考核指标
安装准备	**执 行 程 序** **1. 受理安装服务请求** 　售后服务专员接收客户提出的安装服务请求，对此进行处理并告知客户安装服务的安排情况。 **2. 发送安装通知** 　售后服务专员汇总客户的安装服务请求，整理后将安装任务发送给安装人员，明确安装工作的具体内容。 **3. 做好安装准备** 　安装人员接受任务，根据安装工作的不同类型和特点做好安装准备。 **工作重点** ☆安装人员需要统一着装、佩戴工牌，并准备好安装工具。 ☆安装前，售后服务专员需要与客户确认安装时间、安装地点和安装要求，以保证安装工作能够顺利开展。 **工 作 标 准** ☆内容标准：安装通知主要包括客户名称、安装时间、安装要求等内容。 ☆质量标准：确保安装过程中所需要的各种工具无漏缺。 **考 核 指 标** 及时受理安装服务请求，并在规定期限内完成安装。
安装实施	**执 行 程 序** **1. 现场安装** 　安装人员前往指定地点，与客户沟通后按照要求进行现场安装工作。 **2. 安装检验** 　现场安装工作完成后，安装人员对安装工作进行整体检查，检验安装质量，发现并解决问题。 **3. 日常使用与维护说明** 　安装人员确认安装无误后，向客户讲解产品的日常使用和维护注意事项，指导客户正确使用产品。 **工作重点** 　安装人员完成安装后，先要检查产品安装的物理性效果，如牢固性、倾斜度等；然后需要进行产品运转测试，检查产品能否正常运转。 **工 作 标 准** 安装业务操作熟练、规范，客户对现场安装服务表示满意。

（续）

任务名称	执行程序、工作标准与考核指标
安装回访	**执行程序**
	安装服务回访 　　售后安装服务结束后，售后服务专员对客户进行回访，了解安装服务情况，调查客户满意度并收集客户反馈信息。 **工作重点** 　　在回访过程中，售后服务专员要求客户对安装人员的安装服务质量评分，并记录到"客户安装服务评分表"中。
	工作标准
	安装回访工作包括询问客户对安装是否满意，后续使用情况等。

执行规范
"安装服务申请单""安装检验确认表""客户安装服务评分表"。

4.1.8　售后维修服务的流程设计与工作执行

4.1.8.1　售后维修服务流程设计

主办部门	客户服务部	流程名称	售后维修服务流程

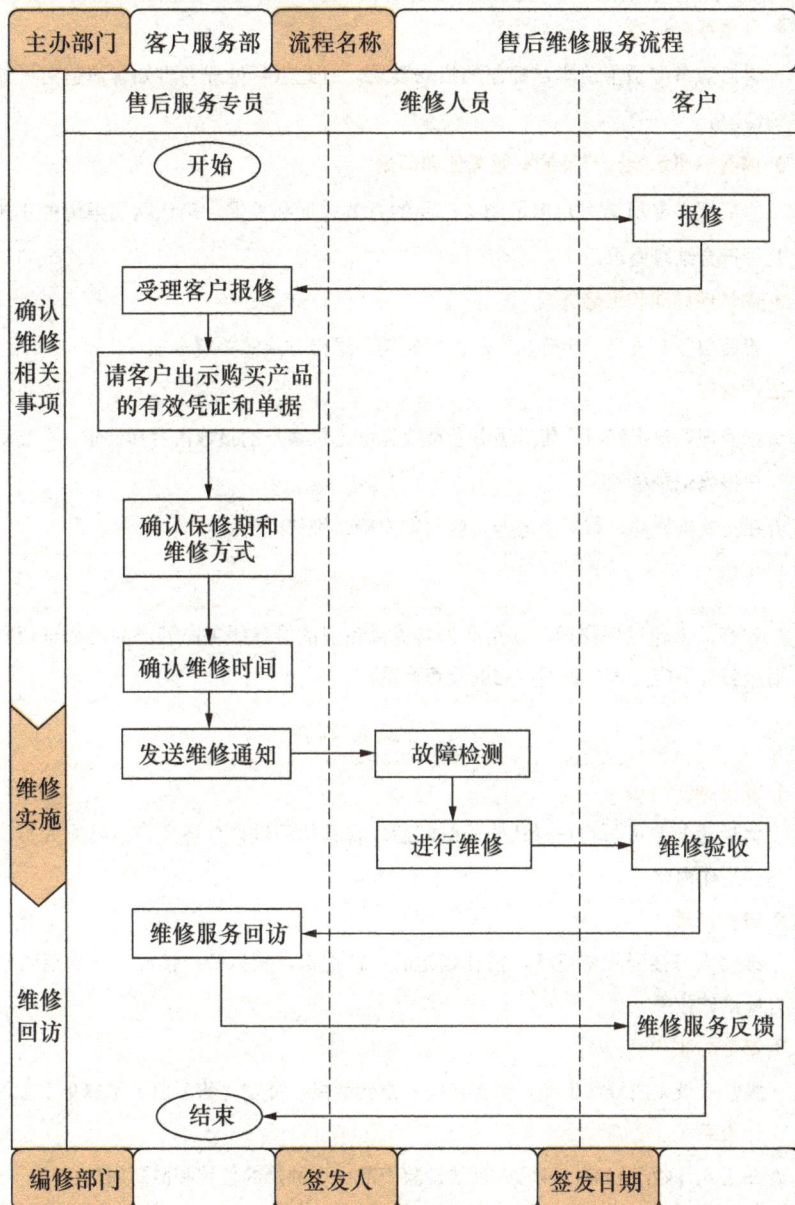

4.1.8.2　售后维修服务的执行程序、工作标准、考核指标、执行规范

任务名称	执行程序、工作标准与考核指标
确认维修相关事项	**执 行 程 序** **1. 受理客户报修** 　售后服务专员汇总客户提出的报修要求，对此进行处理并告知客户售后维修服务的受理情况。 **2. 请客户出示购买产品的有效凭证和单据** 　售后服务专员请客户出示购买产品的有效凭证和单据，确认购买渠道的正规性，判断是否符合维修要求。 **3. 确认保修期和维修方式** 　售后服务专员进一步确认产品的保修期、维修方式等关键事项。 **工作重点** ☆在受理客户报修时，售后服务专员要详细记录客户的报修内容和要求，并将其填入"客户报修记录单"。 ☆在正式维修前，售后服务专员应与客户确认维修时间。 **工 作 标 准** 　若产品未超过保修期，则企业为其提供免费的维修服务；若产品已超过保修期，则售后服务专员应向客户说明维修的收费标准。
维修实施	**执 行 程 序** **1. 发送维修通知** 　售后服务专员与客户确认维修时间后，将具体的维修任务发送给维修人员，通知其具体的工作内容。 **2. 进行维修** 　维修人员接受维修任务，前往指定的维修地点，根据故障情况进行售后维修工作，并自检维修效果。 **3. 维修验收** 　维修人员完成维修工作，请客户检查维修效果，并在"售后服务维修单"上签字。 **工作重点** ☆在正式开始维修前，维修人员要检验产品出现故障的位置和故障属性。 ☆在维修过程中，维修人员要注意时间限制，一定要在客户规定的时间内完成维修，以保证客户的正常使用。 **工 作 标 准** 　内容标准：维修通知主要包括客户名称、维修产品名称、维修时间、维修地点等内容。

任务名称	执行程序、工作标准与考核指标
维修实施	**考核指标** 客户对维修服务的满意度：满意度评分达到＿＿分。
维修回访	**执 行 程 序** **维修服务回访** 　　售后维修服务完成后，售后服务专员对客户进行回访，了解售后维修情况，调查客户的满意度并收集客户反馈信息。 **工作重点** 　　在回访过程中，售后服务专员应请客户对维修人员的安装服务质量评分，并记录在"客户维修服务评分表"中。 **工 作 标 准** 维修回访包括了解客户对维修效果是否满意、维修后续使用情况等。
	执 行 规 范
"客户报修记录单""售后服务维修单""客户维修服务评分表"。	

4.1.9 售后定期保养的流程设计与工作执行

4.1.9.1 售后定期保养流程设计

主办部门	客户服务部	流程名称	售后定期保养流程

	客户服务主管	客户服务专员	保养人员	客户
制订保养计划		开始 → 调查客户的产品保养需求 → 制订产品保养计划 → 审批		提供产品保养需求信息
执行保养计划		与客户沟通产品保养事宜 → 通知产品保养人员为客户进行产品保养	为客户提供产品保养服务	与客户服务专员沟通产品保养事宜
保养工作回访		保养服务回访 → 结束		保养验收 / 保养服务反馈

编修部门		签发人		签发日期	

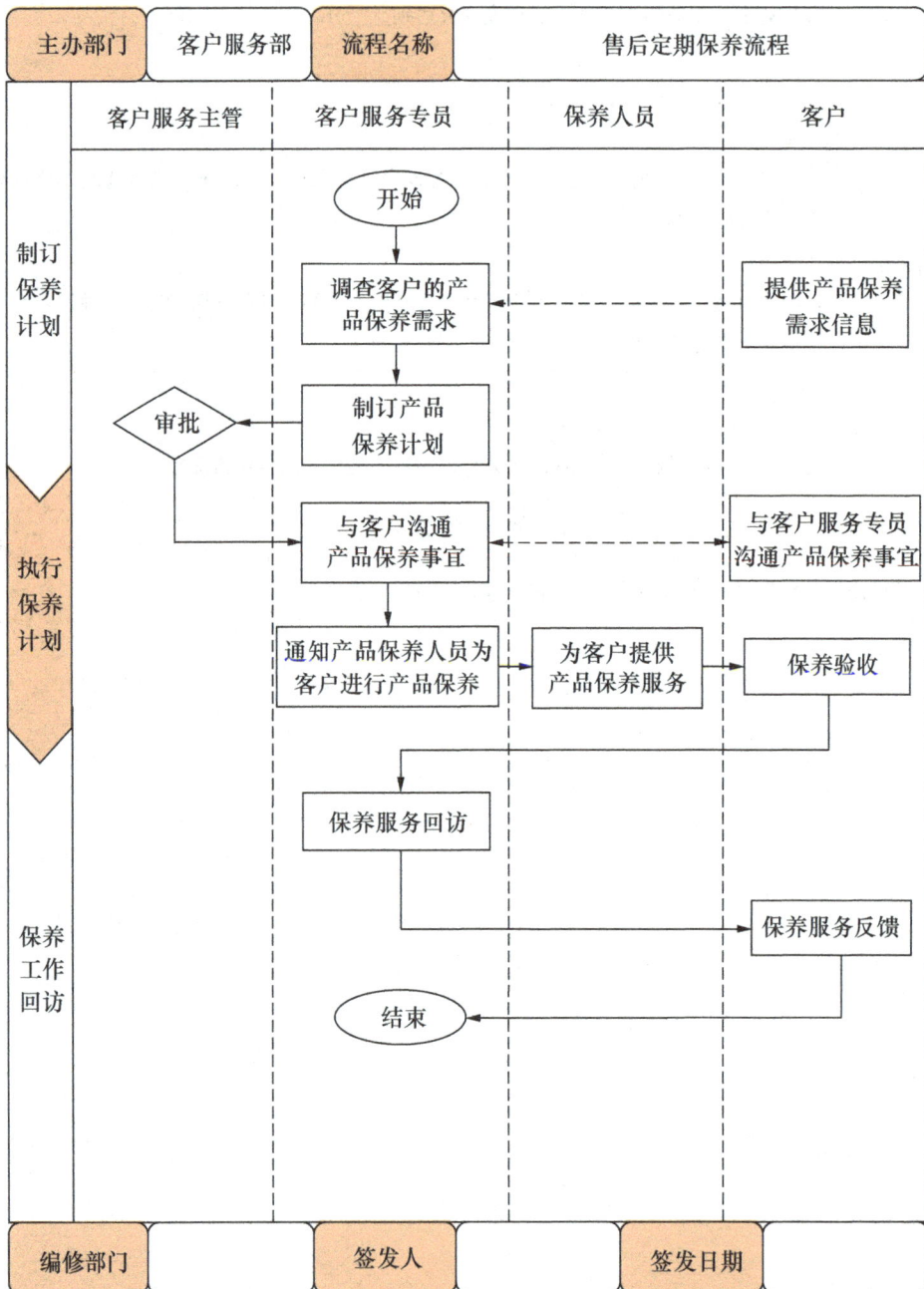

4.1.9.2　售后定期保养的执行程序、工作标准、考核指标、执行规范

任务名称	执行程序、工作标准与考核指标
制订保养计划	**执 行 程 序** **1. 调查客户的产品保养需求** 　　客户服务专员查阅销售记录，通过打电话、发邮件等形式回访客户，调查产品保养需求情况。 **2. 制订产品保养计划** 　　客户服务专员根据对客户产品保养需求的调查结果制订产品保养计划，提交客户服务主管审批。 **工作重点** 　　客户服务专员根据客户档案中记录的联系方式，联系客户并对其进行产品保养需求调查。 **工 作 标 准** 产品保养需求调查报告内容全面、详细；产品保养计划具有可操作性。 **考 核 指 标** 产品保养计划有较强的合理性。
执行保养计划	**执 行 程 序** **1. 与客户沟通产品保养事宜** 　　客户服务专员就产品保养问题与客户进行沟通，确定具体的产品保养事宜。 **2. 通知产品保养人员为客户进行产品保养** 　　客户服务专员根据与客户沟通并确认过的保养事宜，通知保养人员保养工作的具体内容。 **3. 为客户提供产品保养服务** 　　保养人员到指定的地点进行售后定期保养工作，完成保养后检查工作质量，并请客户签字确认。 **工作重点** ☆在保养过程中，保养人员要注意时间限制，一定要在客户规定的时间内完成保养工作，以确保客户的正常使用。 ☆保养完毕后，保养人员应请客户检验工作，并请客户在"客户保养服务单"上签字。 **工 作 标 准** ☆质量标准：产品保养业务操作规范、熟练。 ☆内容标准：产品保养通知的具体内容包括客户名称、地址、产品保养内容等。

任务名称	执行程序、工作标准与考核指标
执行保养计划	**考核指标**
	客户对保养服务的满意度：满意度评分达到＿＿分。
保养工作回访	**执行程序**
	保养服务回访 　售后定期保养服务完成后，客户服务专员对客户进行回访，了解售后定期保养情况，调查客户满意度并收集客户反馈信息。 **工作重点** 　在回访过程中，客户服务专员应请客户对保养人员的服务质量评分，客户服务专员要将客户评分记录到"客户保养服务评分表"上。
	工作标准
	应定期或不定期地进行保养服务回访，从而达到取得顾客信任的目的。
	执行规范
	"客户保养服务单""客户保养服务评分表"。

客户服务全过程管理 流程设计与工作标准

4.1.10 售后退换货的流程设计与工作执行

4.1.10.1 售后退换货流程设计

主办部门	客户服务部	流程名称	售后退换货流程

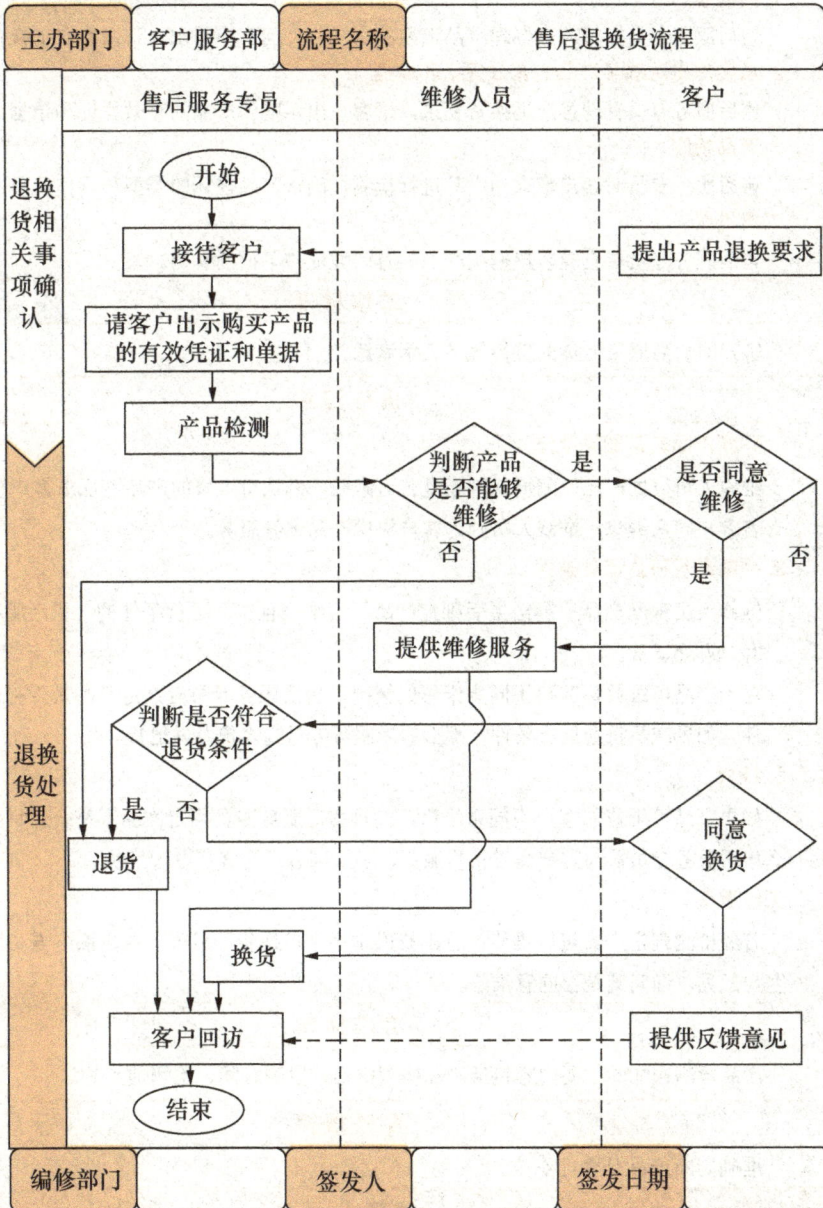

售后服务专员	维修人员	客户

退换货相关事项确认

退换货处理

开始

接待客户 ┄┄ 提出产品退换要求

请客户出示购买产品的有效凭证和单据

产品检测

判断产品是否能够维修 —是→ 是否同意维修

否

是 否

提供维修服务

判断是否符合退货条件

是 否

退货

同意换货

换货

客户回访 ┄┄ 提供反馈意见

结束

编修部门		签发人		签发日期	

4.1.10.2　售后退换货的执行程序、工作标准、考核指标、执行规范

任务名称	执行程序、工作标准与考核指标
退换货相关事项确认	**执 行 程 序** **1. 接待客户** 　售后服务专员接待前来办理产品退换的客户，询问客户需求，记录客户退换货意见。 **2. 请客户出示购买产品的有效凭证和单据** 　售后服务专员受理客户退换货要求，请客户出示购买产品的有效凭证和单据。 **3. 产品检测** 　售后服务专员对客户带来的产品进行检测，确认产品损坏的类型和具体情况。 **工作重点** 　售后服务专员要查验客户购买产品的有效凭证和单据的真伪。
	工 作 标 准 客户对售后服务专员的接待服务表示满意。
退换货处理	**执 行 程 序** **1. 判断产品是否能够维修** ☆维修人员根据产品检测情况判断是否可维修，确认可维修的产品并征求客户意见。 ☆若客户同意维修，维修人员则为客户提供产品维修服务。 **2. 判断是否符合退货条件** ☆维修人员查阅产品检测结果后判定产品不可维修且符合退货条件的，售后服务专员为客户办理退货。 ☆对于产品可维修，客户不同意维修的情况，售后服务专员应判定产品是否符合退货条件。如果产品符合退货条件，那么售后服务专员为客户办理退货。 **3. 换货** 　如果产品可维修而客户不同意维修，并且售后服务专员判定产品不符合退货条件，那么售后服务专员需与客户商讨换货服务，客户同意后为客户办理换货。 **工作重点** 　若经检测判定产品可以维修，且维修成本小于退换货的成本，售后服务专员则应征求客户意见，询问其是否同意维修。
	工 作 标 准 产品检测通知的主要内容包括产品检测内容、检测时间、检测地点等。
	考 核 指 标 准确判断产品是否能够维修。
执 行 规 范	
"退换货管理制度""客户退换货记录单""退换货服务评分表"。	

4.2 客户投诉管理

4.2.1 客户投诉管理的流程设计

4.2.1.1 流程设计的目的

高质量的客户投诉管理是提高企业服务质量、树立企业在客户心中良好形象的重要保障，也是企业实现持续发展的基础。因此，在实践中，很多企业都十分重视客户投诉管理工作，设计客户投诉管理流程的目的如下。

（1）规范客户投诉处理的步骤和方式，确保客户投诉得到及时、有效的解决。

（2）明确客户投诉处理过程中各岗位的权限和职责，提高工作效率。

4.2.1.2 流程结构设计

客户投诉管理流程可细分为六个流程，即客户投诉接待流程、客户投诉调查流程、客户现场投诉处理流程、客户电话投诉处理流程、客户网络投诉处理流程、客户索赔处理流程，具体内容如图 4-2 所示。

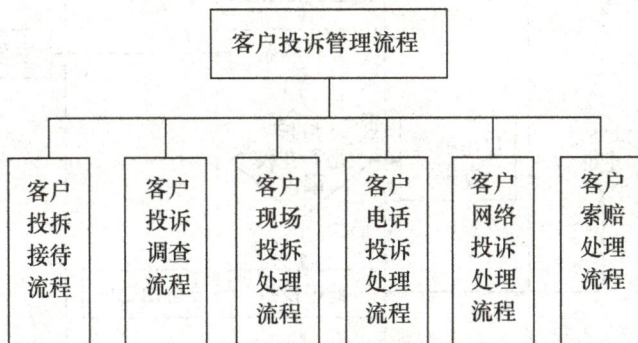

图 4-2 客户投诉管理流程结构设计

4.2.2 客户投诉接待的流程设计与工作执行

4.2.2.1 客户投诉接待流程设计

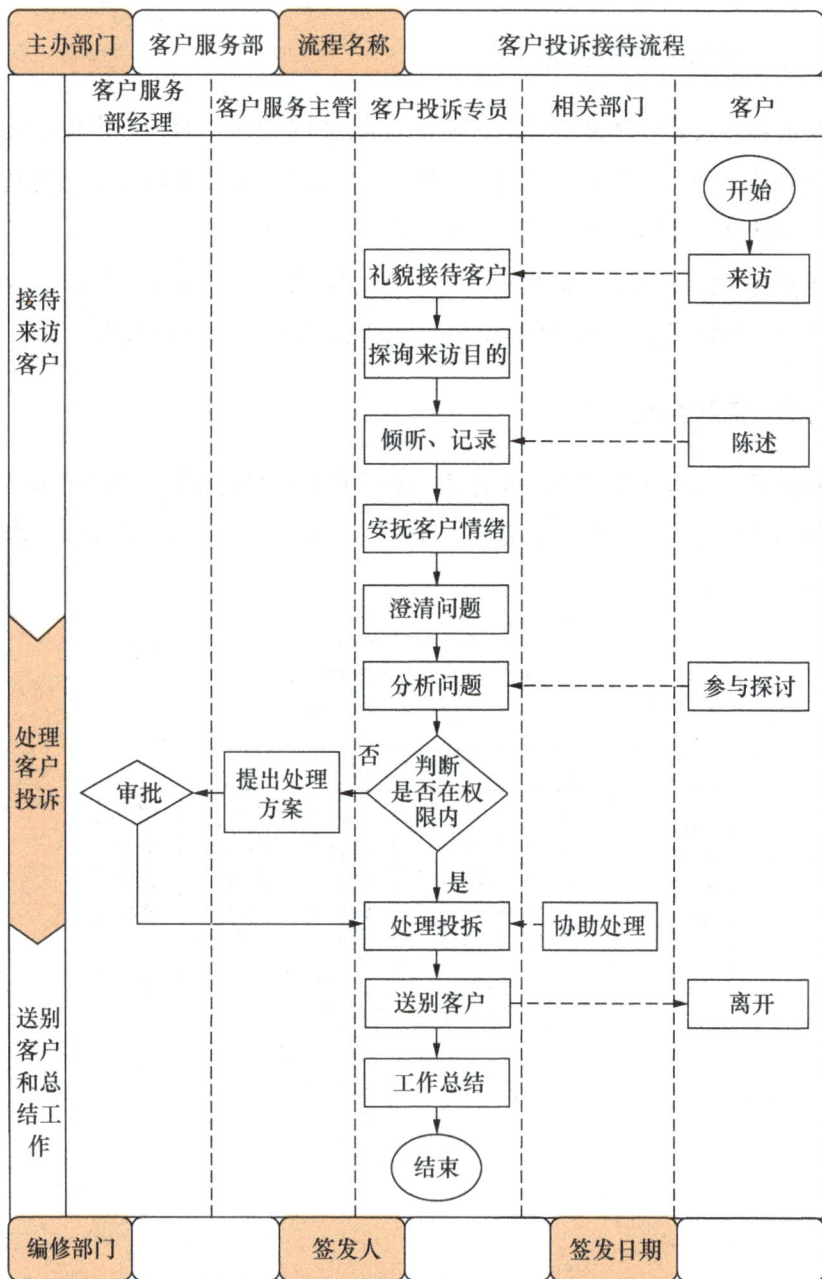

主办部门	客户服务部	流程名称	客户投诉接待流程		
	客户服务部经理	客户服务主管	客户投诉专员	相关部门	客户

接待来访客户

开始 → 来访 → 礼貌接待客户 → 探询来访目的 → 倾听、记录 ← 陈述 → 安抚客户情绪 → 澄清问题 → 分析问题 ← 参与探讨

处理客户投诉

判断是否在权限内 — 否 → 提出处理方案 → 审批 ｜ 是 → 处理投拆 ← 协助处理

送别客户和总结工作

送别客户 → 离开 → 工作总结 → 结束

编修部门		签发人		签发日期	

4.2.2.2　客户投诉接待的执行程序、工作标准、考核指标、执行规范

任务名称	执行程序、工作标准与考核指标
接待来访客户	**执 行 程 序** **1. 礼貌接待客户** ☆客户投诉专员接待客户时，应态度真诚、举止得体。 ☆客户投诉专员探询客户来访的目的，要注意使用礼貌用语、态度和蔼。 **2. 倾听、记录** ☆客户投诉专员认真倾听客户陈述，在倾听过程中要注意以下三点：关注客户的基本需求，鼓励客户说出自己的期望；始终以客户为中心，不能随意离开客户去做其他事情；进行巧妙的提问，帮助客户理清思路并准确描述问题。 ☆客户投诉专员与客户就客户投诉问题达成共识，之后客户投诉专员应指导客户填写客户投诉案件登记表，并做好客户投诉记录，为客户投诉问题的解决提供依据。 ☆若客户出现言语过激、情绪失控等情况，客户投诉专员应先安慰客户。 **3. 澄清问题** ☆客户投诉专员应对客户所提问题进行确认。 ☆客户投诉专员应对存在误会的问题及时澄清。 **工作重点** 　　澄清问题非常重要，要通过这个过程将客户陈述问题时的各种情绪剔除，这是解决问题的关键。 **工 作 标 准** 　　同行业其他企业接待来访客户的流程及细节处理措施。 **考 核 指 标** ☆记录客户投诉内容的完整性：详细、有条理、完整地填写客户投诉案件登记表。 ☆记录客户投诉内容的准确性：准确记录客户投诉内容，客户对此无异议。
处理客户投诉	**执 行 程 序** **1. 分析问题** ☆客户投诉专员分析问题能否在职责权限之内解决，对于权限内的投诉问题，应及时解决，并尽量满足客户需求。 ☆对权限外的投诉问题，客户投诉专员应填写客户投诉处理表，承诺问题的解决期限并请客户等候通知，然后报客户服务主管协调处理。客户服务主管提出处理方案，并报客户服务部经理审批。 **2. 处理投诉** 客户投诉专员应该尽快处理投诉问题，相关部门应积极配合客户投诉专员处理问题。

（续）

任务名称	执行程序、工作标准与考核指标
处理客户投诉	**工作重点** 　客户投诉专员在分析、解决问题时切记"以客户为中心"，不要直接提出解决方案，而要在与客户探讨中逐步明确解决方案。 **工 作 标 准** 　与客户沟通协商，确定解决方案并及时执行。 **考 核 指 标** 　客户投诉处理的合理性：处理方案符合企业投诉处理相关规定，并能满足客户需求。
送别客户和总结工作	**执 行 程 序** **1. 送别客户** 　客户投诉专员与客户达成投诉处理协议后，应再次对客户表示歉意，并感谢客户对本企业的信任，向客户表示改进的决心，然后送客户离开。 **2. 工作总结** ☆客户投诉专员定期对客户投诉情况进行统计，并做好记录。 ☆客户投诉专员定期对统计的投诉处理工作进行总结，并编制"客户投诉接待总结报告"。 **工作重点** 　"客户投诉接待总结报告"的编制要规范，确保内容全面、结构清晰，无重大纰漏。 **工 作 标 准** 　客户对投诉处理结果表示满意，客户投诉专员及时对工作进行总结，从而为以后的工作提供借鉴。 **考 核 指 标** 　客户投诉接待工作总结的创新性：提出有效的工作改进建议。
执 行 规 范	
"客户投诉接待管理制度""客户投诉接待总结报告"。	

4.2.3 客户投诉调查的流程设计与工作执行

4.2.3.1 客户投诉调查流程设计

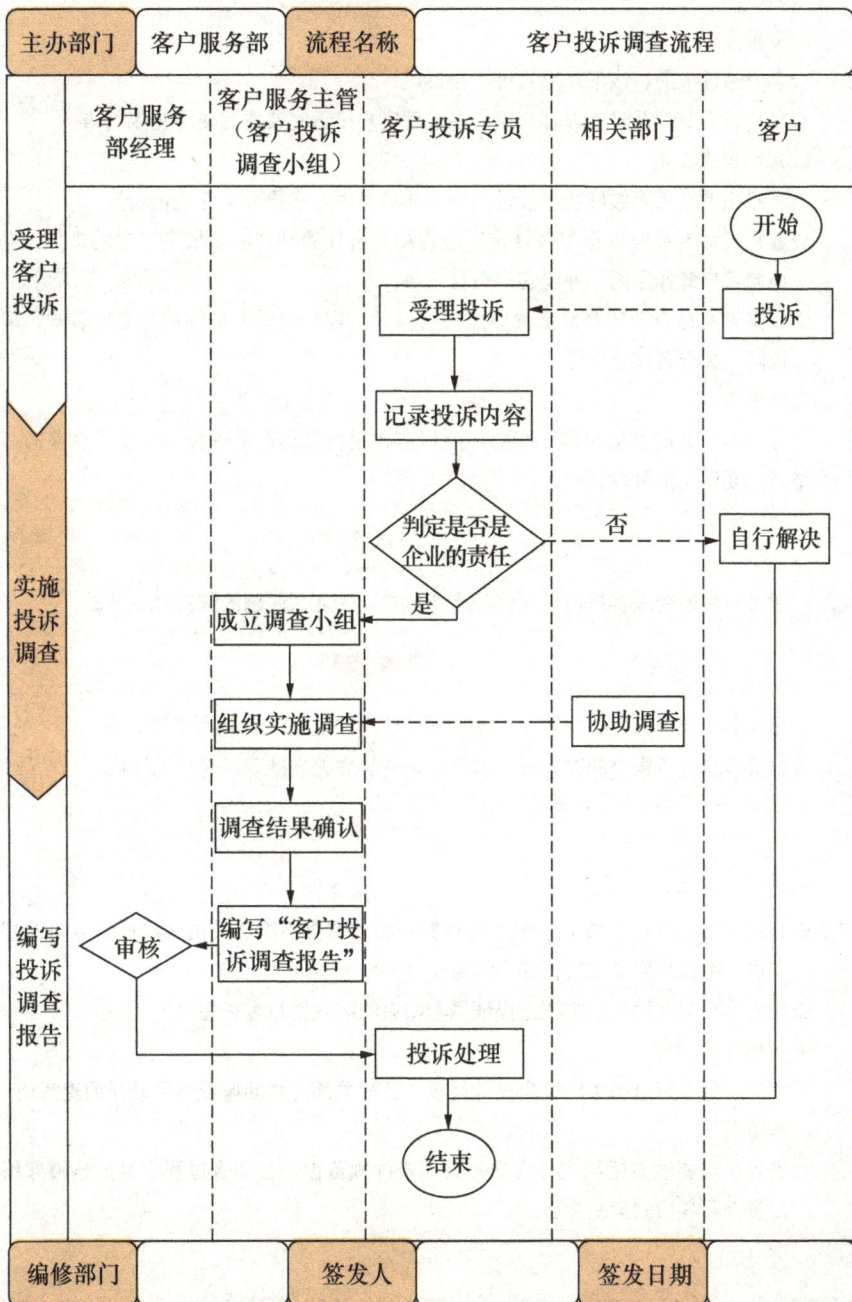

主办部门	客户服务部	流程名称	客户投诉调查流程

客户服务部经理　客户服务主管（客户投诉调查小组）　客户投诉专员　相关部门　客户

受理客户投诉

开始 → 投诉 → 受理投诉 → 记录投诉内容 → 判定是否是企业的责任

否 → 自行解决

是

实施投诉调查

成立调查小组 → 组织实施调查 ← 协助调查 → 调查结果确认

编写投诉调查报告

审核 ← 编写"客户投诉调查报告"

投诉处理 → 结束

编修部门		签发人		签发日期	

4.2.3.2　客户投诉调查的执行程序、工作标准、考核指标、执行规范

任务名称	执行程序、工作标准与考核指标
受理客户投诉	**执 行 程 序** **1. 受理投诉** ☆客户通过线上、线下等形式进行投诉。 ☆客户投诉专员及时受理客户投诉，受理客户投诉时要注意使用礼貌用语。 **2. 记录投诉内容** ☆客户投诉专员要做好客户投诉记录，并填写"客户投诉案件登记表"。 ☆客户投诉专员应依据相关规定，进行相关责任的判定，如果是客户的责任，则应耐心地向客户解释原因，并请客户自行解决。 ☆如果确实是企业的产品质量或服务有问题，客户投诉专员则应先安慰客户，取得客户谅解，并准备调查原因。 **工作重点** 　因为客户此时情绪可能不稳定，所以客户投诉专员在受理投诉时要迅速及时，绝不能拖延，要避免推脱性话语。
	工 作 标 准 通过及时地受理客户投诉，消除客户敌意，为之后问题的解决打下基础。
	考 核 指 标 ☆记录客户投诉内容的完整性："客户投诉案件登记表"的填写详细、有条理、完整。 ☆记录客户投诉内容的准确性：客户投诉内容完整、准确，客户无异议。
实施投诉调查	**执 行 程 序** **1. 成立调查小组** ☆客户服务主管组织成立客户投诉调查小组，调查小组成员由客户投诉专员及相关人员组成，由客户服务主管担任小组组长。 ☆调查小组成立的目的主要是保证调查结果的高效性与客观性。 **2. 组织实施调查** 　客户服务主管组织实施客户投诉调查，各相关部门协助调查小组展开调查活动。 **工作重点** 　调查小组要注意组织实施客户投诉调查的规范性，在调查过程中要严格遵守国家法律法规及企业各项规章制度。
	工 作 标 准 ☆参照标准：企业之前处理类似投诉事件的措施。 ☆质量标准：调查小组调查公正，调查结果客观，客户无异议。

任务名称	执行程序、工作标准与考核指标
实施投诉调查	**考核指标** 组织实施客户投诉调查的高效性：在对客户承诺的期限内完成调查任务。
编写投诉调查报告	**执 行 程 序** **1. 调查结果确认** ☆调查小组判定客户投诉案件的性质后，应就调查结果与投诉方和责任方进行确认，并请其在客户投诉调查结果确认单上签字。 ☆若投诉方和责任方中有任何一方不认可调查结果，其可以在接到客户投诉调查结果确认单一周内向客户服务部经理提出申诉。 **2. 编写"客户投诉调查报告"** ☆调查小组组长编写"客户投诉调查报告"，并提交客户服务部经理审核。 ☆调查小组组长在编写"客户投诉调查报告"时要注意格式规范、内容完整，并在报告中提出处理客户投诉的建议。 **工作重点** 确认调查结果要及时，通常要规定截止日期，不能无休止地调查下去。 **工 作 标 准** 客户对投诉处理较为满意，投诉调查报告符合规范，能为后续工作提供借鉴。 **考 核 指 标** 编写"客户投诉调查报告"的客观性：对调查报告的分析有理有据，投诉处理建议较为合理。

执 行 规 范

"客户投诉调查管理制度""客户投诉调查报告""客户投诉案件登记表"。

第 4 章　优质客户服务体验的实现过程

4.2.4 客户现场投诉处理的流程设计与工作执行

4.2.4.1 客户现场投诉处理流程设计

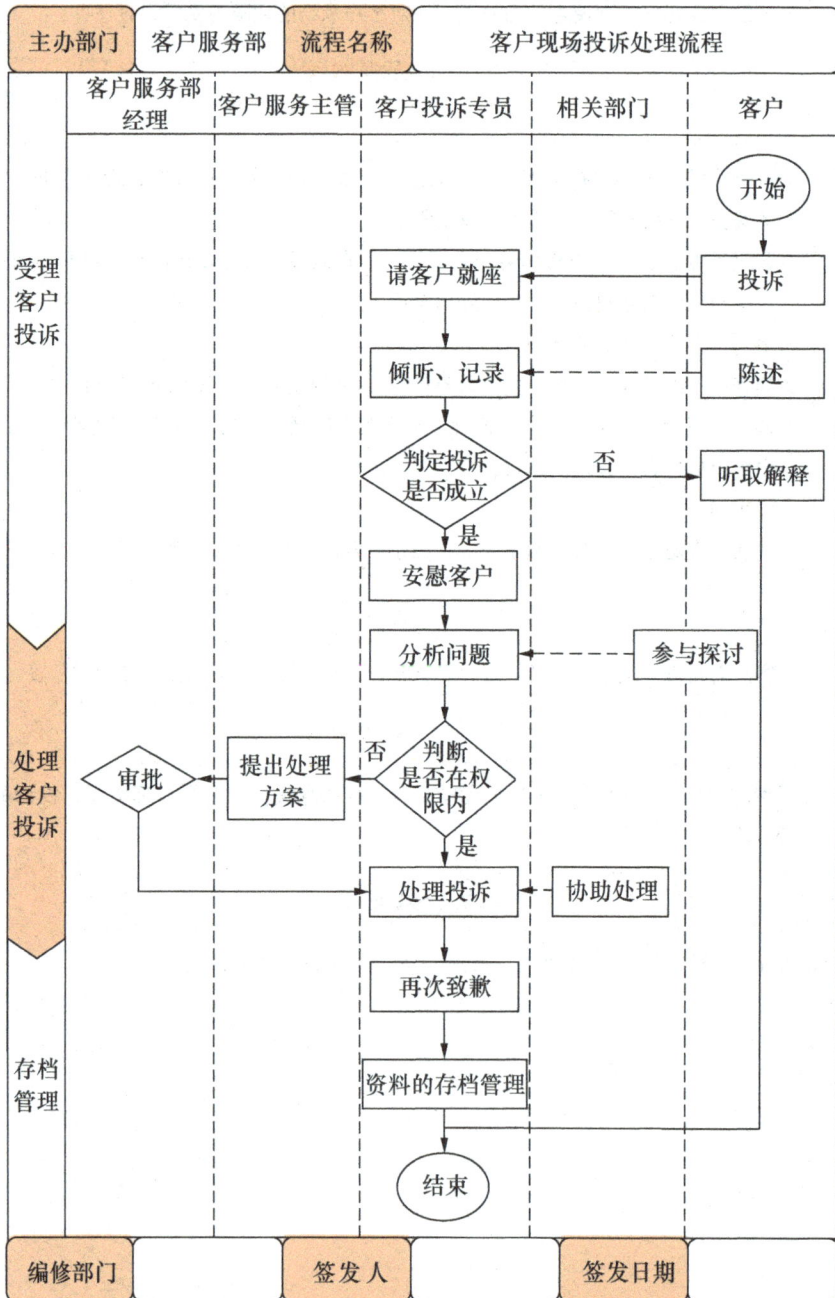

主办部门	客户服务部	流程名称		客户现场投诉处理流程	

	客户服务部经理	客户服务主管	客户投诉专员	相关部门	客户
受理客户投诉			请客户就座 倾听、记录 判定投诉是否成立 安慰客户 分析问题	否 → 听取解释 参与探讨	开始 投诉 陈述 听取解释
处理客户投诉	审批	提出处理方案	判断是否在权限内（否→/是↓） 处理投诉 再次致歉	协助处理	
存档管理			资料的存档管理 结束		

编修部门		签发人		签发日期	

4.2.4.2 客户现场投诉处理的执行程序、工作标准、考核指标、执行规范

任务名称	执行程序、工作标准与考核指标
受理客户 投诉	**执 行 程 序** **1. 请客户就座** 　　如果客户到现场投诉,那么客户投诉专员应立即安排客户就座或将其请至会客室,认真听取客户投诉,尽快稳定客户的情绪。 **2. 倾听、记录** ☆客户投诉专员认真倾听客户陈述。 ☆客户投诉专员应依据相关规定,判定客户投诉是否成立,如果客户的投诉不合理,就 　耐心地向客户解释,并礼貌地请客户自行解决。 ☆如果客户的投诉合理,客户投诉专员就应指导客户填写"客户投诉案件登记表",并做 　好客户投诉记录,为客户所投诉问题的解决提供依据。 **3. 安慰客户** ☆客户投诉专员应对客户表示理解,并对相关问题予以解释,以帮助客户理清问题。 ☆客户投诉专员应对客户表示歉意,并安抚客户的情绪。 **工作重点** 　　现场投诉能够实现与客户"面对面"的沟通和交流,客户投诉专员要注意察言观色,及时了解客户的情绪状态,引导客户在理智的状态下说清问题。 **工 作 标 准** 　　通过及时地受理投诉,消除客户敌意,为之后问题的解决打下基础。 **考 核 指 标** 　　客户投诉内容记录的规范性:对客户投诉内容的记录符合企业规定,准确无误且客户无异议。
处理客户 投诉	**执 行 程 序** **1. 分析问题** ☆客户投诉专员应对客户投诉的问题进行反复确认。 ☆客户投诉专员与客户友好协商,询问客户的解决意向,对于解决办法进行沟通。 ☆对权限内的投诉问题,客户投诉专员应及时解决,并尽量满足客户需求;对权限外的 　不能立即解决的投诉问题,客户投诉专员应填写客户投诉处理表,承诺问题解决的期 　限并请客户等候通知。 **2. 提出处理方案** 　　客户投诉专员将权限以外的不能立即解决的投诉问题报客户服务主管协调处理,客户服务主管提出处理方案,并报客户服务部经理审批。

任务名称	执行程序、工作标准与考核指标
处理客户投诉	**3. 处理投诉** ☆客户投诉专员根据审批通过的处理方案，在相关部门的配合下，与客户对接，处理客户投诉的问题。 ☆客户投诉专员在与客户达成投诉处理协议后，应再次向客户表示歉意。 **工作重点** 　在处理客户投诉时，企业相关部门和客户应该"面对面"地就有关问题进行探讨，确定问题归属。
	工 作 标 准 　通过投诉处理使客户对企业重树信心，从而将"危机"变成"契机"。
	考 核 指 标 　客户投诉处理的合理性：处理对策符合企业投诉处理相关规定，并能最大限度地满足客户需求。
存档管理	**执 行 程 序** **资料的存档管理** ☆客户投诉专员对投诉案件相关资料进行存档管理。 ☆客户投诉专员对现场投诉处理工作进行总结，以改进工作。 **工作重点** 　资料存档管理要注意细节，保证存档信息完整，合理有序，便于检索。
	工 作 标 准 　通过及时存档和总结，为后续客户服务工作提供借鉴。
	执 行 规 范 "客户现场投诉解决办法""客户现场投诉处理报告""客户投诉案件登记表"。

4.2.5 客户电话投诉处理的流程设计与工作执行

4.2.5.1 客户电话投诉处理流程设计

主办部门	客户服务部	流程名称	客户电话投诉处理流程

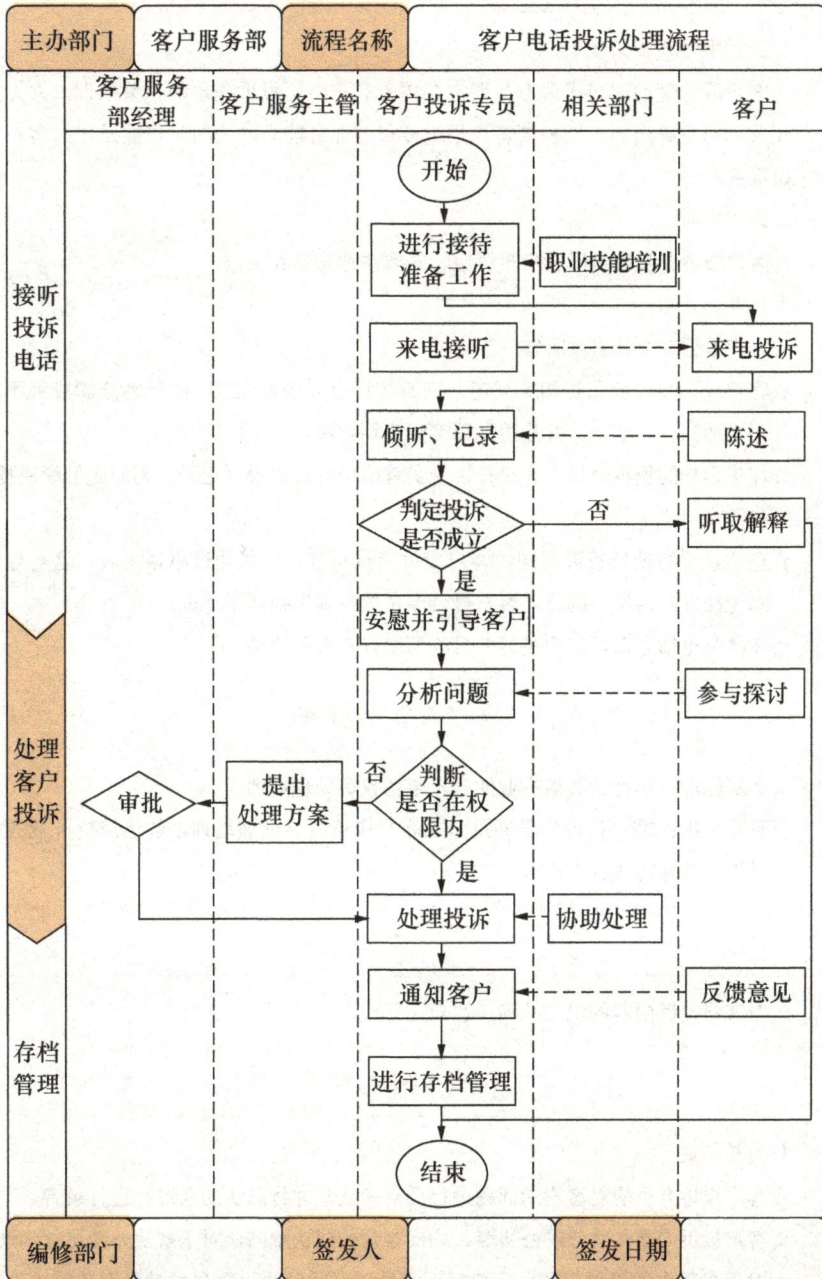

编修部门		签发人		签发日期	

4.2.5.2　客户电话投诉处理的执行程序、工作标准、考核指标、执行规范

任务名称	执行程序、工作标准与考核指标
接听投诉 电话	**执 行 程 序** **1. 进行接待准备工作** 　　客户服务部的客户投诉专员要定期接受客户电话投诉处理的相关培训，人力资源部等相关部门主导培训，以提高客户投诉专员的业务能力，为随时可能发生的客户投诉情况做准备。 **2. 来电接听** 　　客户投诉专员在接听客户投诉电话时要注意态度和用语。 **3. 倾听、记录** ☆客户投诉专员认真倾听客户陈述。 ☆客户投诉专员应依据相关规定，判断客户投诉是否成立，如果客户的投诉不合理，就　耐心地向客户解释，并礼貌地请客户自行解决。 ☆如果客户的投诉合理，客户投诉专员就应做好客户投诉记录，为问题的解决提供依据。 **工作重点** ☆电话投诉与现场投诉不同，客户投诉专员与客户只能通过电话沟通，这会导致某些信　息无法及时传递，因此对客户投诉专员的培训工作非常重要。 ☆在接听电话之前，客户投诉专员要调整好心态和情绪。 **工 作 标 准** ☆参照标准：同行业其他企业的客户电话投诉处理培训。 ☆目标标准：客户投诉专员通过参加客户电话投诉处理培训，能迅速提升业务能力，及　时地受理并解决客户投诉。 **考 核 指 标** 对客户投诉内容的记录准确，客户无异议。
处理客户 投诉	**执 行 程 序** **1. 分析问题** ☆客户投诉专员应对客户的问题进行反复确认，并将确认的全过程进行录音。 ☆客户投诉专员与客户友好协商，询问客户的解决意向，对于解决办法进行沟通。 ☆对于权限内的投诉问题，客户投诉专员应及时解决，并尽量满足客户需求；对于权限　外的不能立即解决的投诉问题，客户投诉专员应填写客户投诉处理表，承诺解决问题　的期限并请客户等候通知。

任务名称	执行程序、工作标准与考核指标
处理客户投诉	**2. 提出处理方案** 　　客户投诉专员将权限以外的不能立即解决的投诉问题报客户服务主管协调处理，客户服务主管提出处理方案，并报客户服务部经理审批。 **3. 处理投诉** ☆客户投诉专员根据审批通过后的处理方案，在相关部门的配合下，与客户对接，处理客户投诉的问题。 ☆客户投诉专员在与客户达成投诉处理协议后，应再次对客户表示歉意。 **工作重点** ☆分析、解决问题时，客户投诉专员要主动为客户提供"选择"，而不是一味地提出自己的观点、意见，否则很容易影响客户的情绪，让客户产生反感。 ☆当客户意见与企业制度发生矛盾时，客户投诉专员应尽量避免与客户争论。 ☆有些客户会提出各种各样的问题，此时客户投诉专员要注意把握重点，有针对性地回答对方的问题。 **工 作 标 准** ☆质量标准：客户投诉专员在投诉处理过程中立场明确，态度良好，能够对客户进行情绪引导，解决问题富有技巧性和建设性。 ☆目标标准：通过投诉处理使客户对企业重树信心，从而将"危机"变成"契机"。 **考 核 指 标** 　　客户投诉处理的合理性：处理对策符合企业投诉处理相关规定，并能最大限度地满足客户需求。
存档管理	**执 行 程 序** **1. 通知客户** ☆客户投诉专员在对客户承诺的时间内，将具体的投诉处理结果通知客户。 ☆客户投诉专员应记录和收集客户对处理结果的反馈信息。 **2. 进行存档管理** ☆客户投诉专员对投诉案件相关资料进行存档管理。 ☆客户投诉专员对客户电话投诉处理工作进行总结，以改进工作。 **工作重点** 　　客户电话投诉处理工作总结的撰写符合规范，内容全面、结构清晰，无重大纰漏。

任务名称	执行程序、工作标准与考核指标
存档管理	**工作标准**
	客户对投诉处理较为满意，"客户电话投诉处理报告"的撰写符合规范，能为后续工作提供借鉴。
	考核指标
	存档信息完整，合理有序，便于检索。
	执行规范
	"客户电话投诉解决办法""客户电话投诉处理报告""客户电话投诉处理培训方案"。

4.2.6 客户网络投诉处理的流程设计与工作执行

4.2.6.1 客户网络投诉处理流程设计

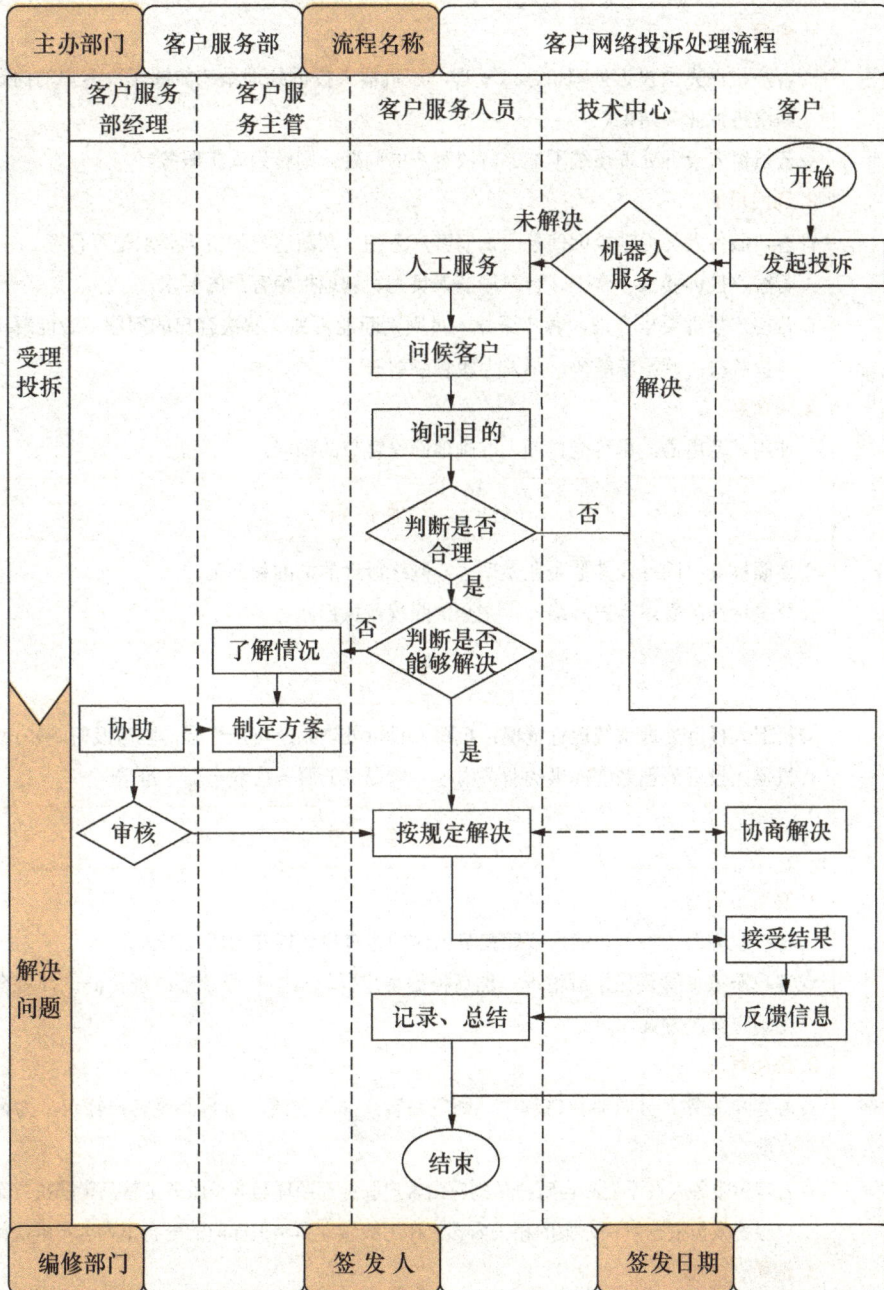

主办部门	客户服务部	流程名称	客户网络投诉处理流程

受理投拆

解决问题

开始
发起投诉
机器人服务
未解决 → 人工服务
解决 → 问候客户
询问目的
判断是否合理 → 否
是
判断是否能够解决 → 否
了解情况
协助
制定方案
是
审核 → 按规定解决 ← 协商解决
接受结果
记录、总结 ← 反馈信息
结束

编修部门		签 发 人		签 发 日 期	

4.2.6.2 客户网络投诉处理的执行程序、工作标准、考核指标、执行规范

任务名称	执行程序、工作标准与考核指标
受理投诉	**执 行 程 序** **1. 机器人服务** ☆客户投诉先由投诉处理机器人受理，若机器人投诉处理系统能够解决客户的问题，则网络投诉业务结束。 ☆若机器人投诉处理系统不能够解决客户的问题，则转为人工服务。 **2. 询问目的** ☆客户服务人员受理投诉信息，询问客户意图，判断客户的投诉要求是否合理。 ☆若客户投诉要求不合理，客户服务人员则礼貌地拒绝客户的要求。 ☆若客户投诉要求合理，客户服务人员则判断能否独立解决客户的问题：若能解决，则尽快解决；若不能解决，则请上级领导解决。 **工作重点** 使用规范用语，尽可能详细、准确地回答客户的询问。 **工 作 标 准** ☆参照标准：同行业其他企业受理客户网络投诉的标准和规范。 ☆质量标准：受理客户网络投诉完全按照规范执行。 **考 核 指 标** ☆机器人投诉处理系统运行情况：机器人投诉处理系统可控性强，响应及时、快速。 ☆机器人投诉处理系统提供的服务内容：所提供的服务内容全面、准确。
解决问题	**执 行 程 序** **1. 制定方案** ☆客户服务人员将不在能力或职权范围内的客户投诉转交上级定夺。 ☆客户服务主管要先了解情况，然后根据客户要求与客户服务部经理协商，针对客户意图制定解决方案。 **2. 协商解决** ☆若客户服务人员能够独自解决，则应与客户深入交流，尽量满足客户需求，为客户答疑解惑。 ☆若客户服务人员不能独自解决，则应由客户服务部经理与客户服务主管商定解决方案，客户服务人员根据解决方案的相关内容，在上级领导和相关部门的配合下为客户解决问题。 **3. 记录、总结** 客户的问题得到解决后，客户服务人员记录客户反馈的相关信息，回顾问题解决全过程，并进行总结。

任务名称	执行程序、工作标准与考核指标
解决问题	**工作重点** ☆在协商解决方案时，客户服务人员要有效地掌握通话的主动权。例如，客户服务人员可以通过发问的方式引导客户，通过总结、澄清的技巧将话题始终固定在核心问题上，以节约时间，提升客户满意度。 ☆在与客户沟通时，客户服务人员要表示诚意，要将谈话重点始终放在如何解决问题上。
	工 作 标 准
	☆参照标准：同行业其他企业解决客户网络投诉问题的经验和教训。 ☆目标标准：及时解决客户的问题，提升客户的满意度。
	考 核 指 标
	☆制定解决方案的期限：应在____天之内完成。 ☆客户满意度：请客户接受投诉处理满意度调查。
	执 行 规 范
	"客户网络投诉解决办法"。

4.2.7 客户索赔处理的流程设计与工作执行

4.2.7.1 客户索赔处理流程设计

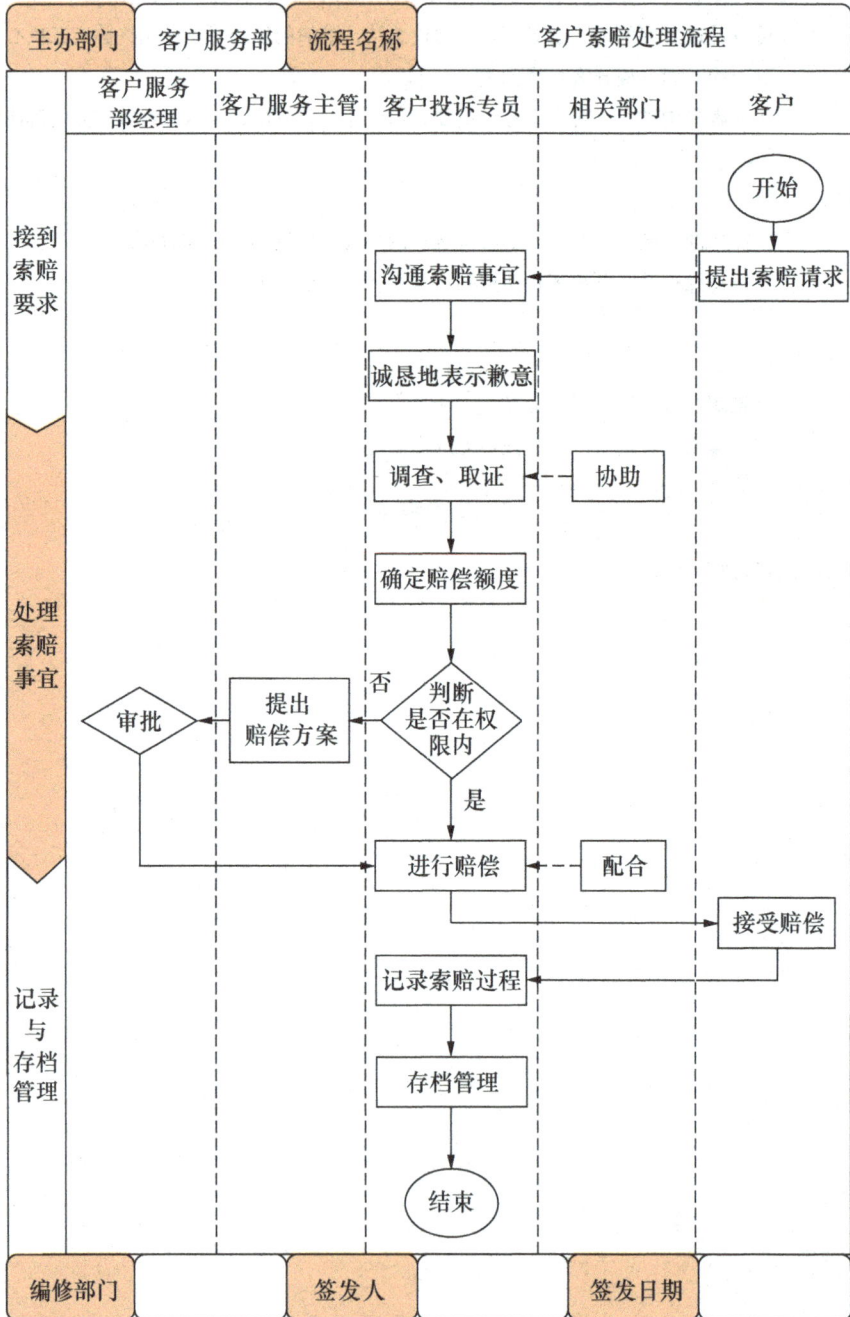

主办部门	客户服务部	流程名称	客户索赔处理流程

客户服务部经理	客户服务主管	客户投诉专员	相关部门	客户

接到索赔要求

客户：开始 → 提出索赔请求
客户投诉专员：沟通索赔事宜 ← 提出索赔请求

处理索赔事宜

客户投诉专员：诚恳地表示歉意

客户投诉专员：调查、取证 ← 协助（相关部门）

客户投诉专员：确定赔偿额度

客户投诉专员：判断是否在权限内
- 否 → 客户服务主管：提出赔偿方案 → 客户服务部经理：审批
- 是 → 进行赔偿 ← 配合（相关部门）

客户：接受赔偿

记录与存档管理

客户投诉专员：记录索赔过程

客户投诉专员：存档管理 → 结束

编修部门		签发人		签发日期	

客户服务全过程管理 流程设计与工作标准

/ 162 /

4.2.7.2　客户索赔处理的执行程序、工作标准、考核指标、执行规范

任务名称	执行程序、工作标准与考核指标
接到索赔要求	**执 行 程 序** **1. 沟通索赔事宜** 　客户投诉专员接到索赔要求后，与客户沟通。在沟通过程中，客户投诉专员要保持亲切、友善的态度。 **2. 诚恳地表示歉意** ☆不管是否属于本企业的问题，客户投诉专员都应诚恳地向客户表示歉意，并尽快进行处理。 ☆如不能确定原因，客户投诉专员则应迅速追查。 **工作重点** 　接到客户索赔要求后，客户投诉专员要迅速与客户沟通，协商处理措施。企业最好能建立 24 小时反应机制，对应该做的事情做出规范。 **工 作 标 准** 安抚客户情绪，初步了解事情经过，为后续问题的解决打下基础。 **考 核 指 标** 详细、完整地填写客户索赔案件登记表。
处理索赔事宜	**执 行 程 序** **1. 调查、取证** 　客户投诉专员就客户提出的索赔事宜，对相关细节进行调查、取证，确定事件的真实性和责任归属，相关部门应给予协助。 **2. 确定赔偿额度** ☆客户投诉专员根据调查、取证的结果，确定是否应赔偿及赔偿的额度。 ☆若索赔额度不高，客户投诉专员则应尽量满足客户要求，将问题尽快解决。 ☆若索赔额度较高，客户投诉专员则应通知客户服务主管处理。客户服务主管了解情况之后，按照企业相关规定提出赔偿方案，并交客户服务部经理审批。 **3. 进行赔偿** ☆客户投诉专员按照赔偿方案的有关内容，对客户进行赔偿。 ☆相关部门要配合客户投诉专员做好赔偿工作。 **工作重点** 　要注意避免与客户争论，客户投诉专员的目的是调查事实真相，与客户沟通协商，并最终达成双方都能接受的解决方案。

任务名称	执行程序、工作标准与考核指标
处理索赔事宜	**工作标准** 通过索赔处理使客户对企业重树信心，从而将"危机"变成"契机"。 **考核指标** 赔偿额度的合理性：目标赔偿额度符合企业投诉索赔处理相关规定。
记录与存档管理	**执行程序** **1. 记录索赔过程** 　客户投诉专员依照规定，将索赔发生至处理完毕的过程详细地记录下来。 **2. 存档管理** ☆客户投诉专员对索赔案件的相关资料进行存档管理。 ☆客户投诉专员对索赔处理工作进行总结，并编制"客户索赔处理总结报告"。 **工作重点** "客户索赔处理总结报告"的编制规范，报告内容全面，结构清晰，无重大纰漏。 **工作标准** 客户对索赔处理较为满意，索赔处理总结报告符合规范，能为后续工作提供借鉴。 **考核指标** 索赔处理文件归档及时，内容无遗漏。
执行规范	
"客户索赔处理解决办法""客户索赔处理总结报告"。	

客户服务全过程管理 流程设计与工作标准

4.3 存量客户再开发管理

4.3.1 存量客户再开发管理的流程设计

4.3.1.1 流程设计的目的

存量客户即企业已有的客户，由于其对企业的产品或服务已经有了一定的了解，和企业已经建立了某种信任关系，所以被再次开发的难度相对于新客户来说要低得多。可以说，存量客户的价值就在于"再开发"。在实践中，设计存量客户再开发管理流程的目的如下。

（1）规范企业存量客户管理，提升企业存量客户的管理水平，进一步挖掘存量客户的利润增长点。

（2）不断完善存量客户再开发的方法与步骤，提升存量客户的满意度，从而为企业的发展提供保障。

4.3.1.2 流程结构设计

存量客户再开发管理流程可细分为三个流程，即存量客户信任提升流程、高潜能客户筛选流程、高潜能客户开发流程，具体结构设计如图 4-3 所示。

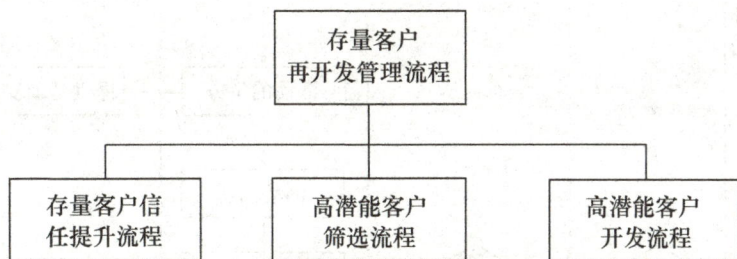

图 4-3　存量客户再开发管理流程结构设计

4.3.2 存量客户信任提升的流程设计与工作执行

4.3.2.1 存量客户信任提升流程设计

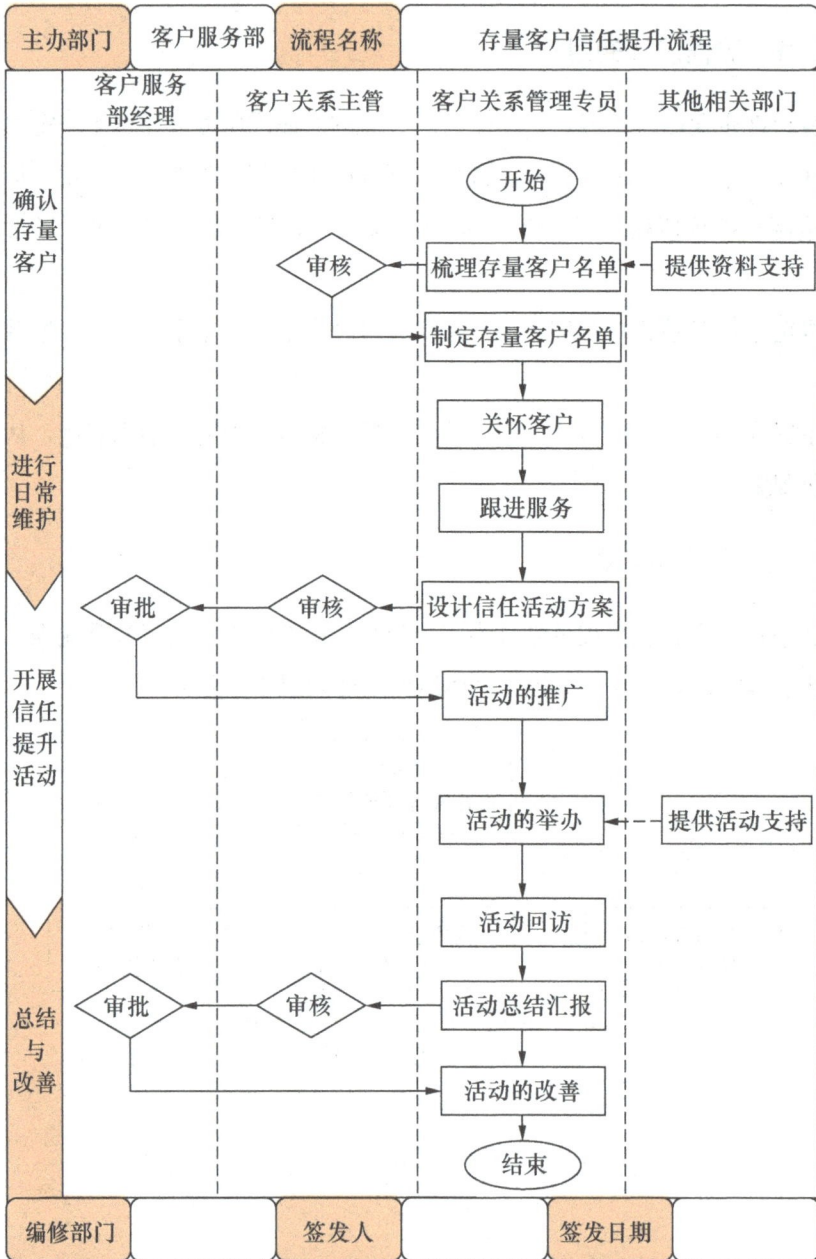

主办部门	客户服务部	流程名称	存量客户信任提升流程

	客户服务部经理	客户关系主管	客户关系管理专员	其他相关部门
确认存量客户		审核	开始 梳理存量客户名单 制定存量客户名单	提供资料支持
进行日常维护			关怀客户 跟进服务	
开展信任提升活动	审批	审核	设计信任活动方案 活动的推广	
			活动的举办 活动回访	提供活动支持
总结与改善	审批	审核	活动总结汇报 活动的改善 结束	

编修部门		签发人		签发日期	

4.3.2.2　存量客户信任提升的执行程序、工作标准、考核指标、执行规范

任务名称	执行程序、工作标准与考核指标
确认存量客户	**执 行 程 序** **1. 梳理存量客户名单** 　客户关系管理专员梳理存量客户名单，核实客户信息。 **2. 制定存量客户名单** 　客户关系管理专员将关键信息进行整理，制定存量客户名单。 **工作重点** 　存量客户名单需要及时更新，以避免因更新不及时导致客户流失。 **工 作 标 准** ☆内容标准：客户的重要信息包括客户的工作单位、生日、客户历史成交记录、客户购买习惯等。 ☆质量标准：客户名单需要完整、准确、有较强的保密性。 **考 核 指 标** ☆名单的准确性。 ☆名单更新的及时性。
进行日常维护	**执 行 程 序** **1. 关怀客户** ☆客户关系管理专员在客户生日、重要纪念日及法定节假日给客户发短信，以表示关心。 ☆客户关系管理专员用各种客户关怀方式与客户建立良好的关系。 **2. 跟进服务** ☆客户关系管理专员在产品售后，定期 / 不定期地对客户进行回访。 ☆客户关系管理专员解决存在的问题，并对客户的疑问进行答复。 **工作重点** ☆对客户的关怀不可停留于表面，需要有创意并切实关注客户需求。 ☆及时沟通，及时处理，及时反馈。 **工 作 标 准** ☆质量标准：获得客户的初步信任，与客户建立良好的关系；跟进服务让客户安心，让客户满意。 ☆效率标准：必须在产品售后的 72 小时内进行首次跟进服务。
开展信任提升活动	**执 行 程 序** **1. 设计信任活动方案** 　客户关系管理专员根据客户情况，设计相应的活动方案并提交上级审批。

任务名称	执行程序、工作标准与考核指标
开展信任提升活动	**2. 活动的推广** 　客户关系管理专员确定活动方案，并做好活动准备后，客户服务部协调其他部门对活动进行推广。
	工作重点 要精心设计活动方案，活动要有创新点、亮点。
	<div align="center">**工 作 标 准**</div>
	加深与客户的关系，同时深度挖掘客户需求。
总结与改善	<div align="center">**执 行 程 序**</div>
	1. 活动回访 　在举行完活动后，客户关系管理专员对参与活动的客户进行回访，了解其对活动的意见和建议。 **2. 活动总结汇报** ☆活动结束后，客户关系管理专员对活动相关数据和效果进行总结分析，并提交总结报告报上级审批。 ☆客户关系管理专员针对活动需要改善的地方，拟订改善措施。 **工作重点** 　活动回访可采用抽样回访或重点回访的方式进行，对回访过程需要进行详细的记录。
	<div align="center">**工 作 标 准**</div>
	☆质量标准：客户回访有设计、有过程、有结果。 ☆效率标准：在活动结束后＿＿＿天内进行客户回访工作。

执 行 规 范

"存量客户名单""存量客户关怀记录表""存量客户信任活动方案""存量客户信任活动回访记录表"。

4.3.3　高潜能客户筛选的流程设计与工作执行

4.3.3.1　高潜能客户筛选流程设计

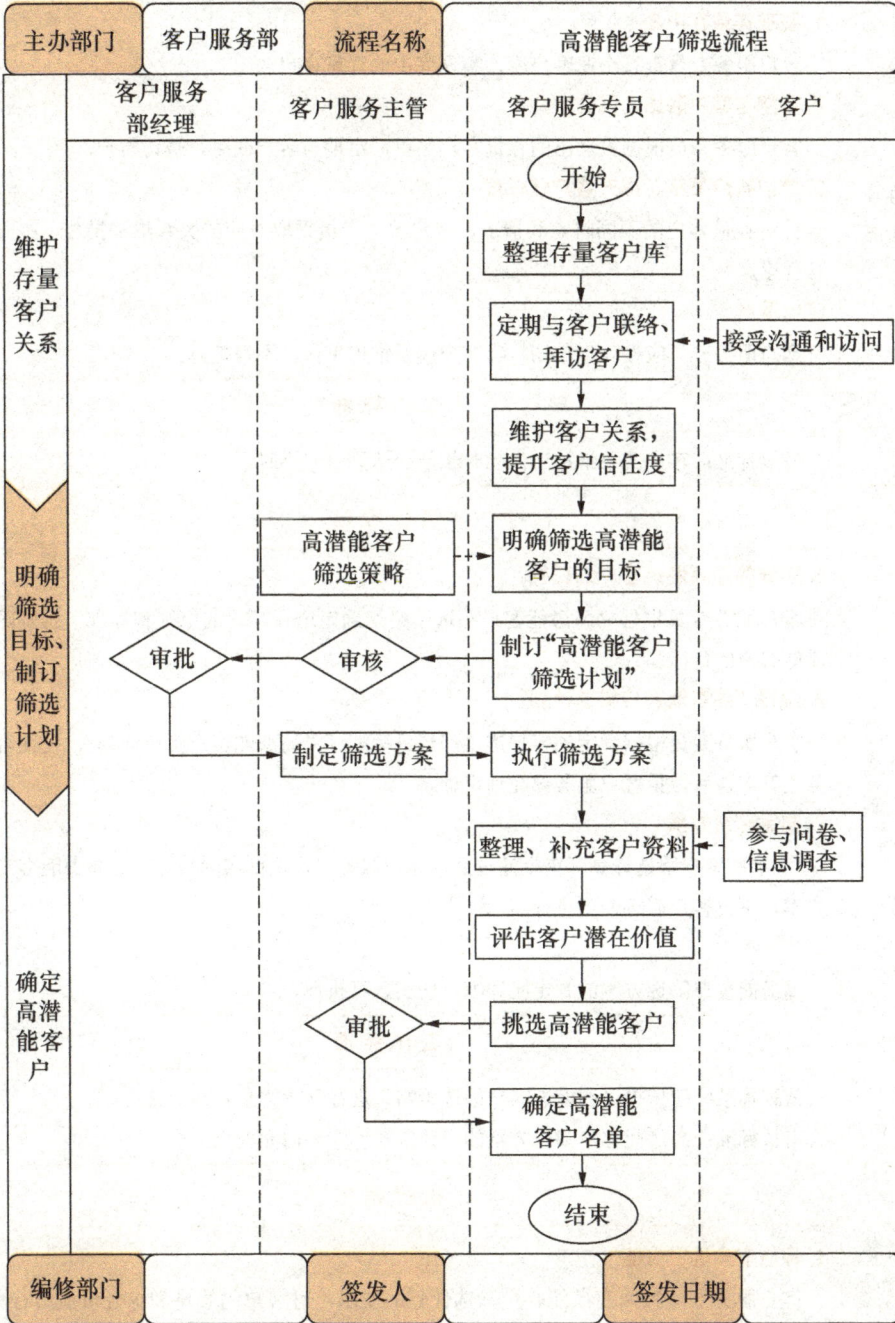

主办部门	客户服务部	流程名称	高潜能客户筛选流程

	客户服务部经理	客户服务主管	客户服务专员	客户
维护存量客户关系			开始	
			整理存量客户库	
			定期与客户联络、拜访客户	接受沟通和访问
			维护客户关系，提升客户信任度	
明确筛选目标、制订筛选计划		高潜能客户筛选策略	明确筛选高潜能客户的目标	
	审批	审核	制订"高潜能客户筛选计划"	
		制定筛选方案	执行筛选方案	
确定高潜能客户			整理、补充客户资料	参与问卷、信息调查
			评估客户潜在价值	
		审批	挑选高潜能客户	
			确定高潜能客户名单	
			结束	

编修部门		签发人		签发日期

4.3.3.2　高潜能客户筛选的执行程序、工作标准、考核指标、执行规范

任务名称	执行程序、工作标准与考核指标
维护存量客户关系	**执 行 程 序** **1. 整理存量客户库** 　客户服务专员查看企业客户库，整理库中的存量客户。 **2. 定期与客户联络、拜访客户** 　客户服务专员根据整理出的存量客户名单，定期与客户联络，拜访客户。 **3. 维护客户关系，提升客户信任度** 　针对存量客户的不同特点和情况，客户服务专员采取对应的关系维护措施，提升客户信任度。 **工作重点** 　客户服务专员应按计划定期执行客户关系维护工作，不得拖延。 **工 作 标 准** 考核标准：客户关系维护工作的时长至少达到____小时。
明确筛选目标、制订筛选计划	**执 行 程 序** **1. 明确筛选高潜能客户的目标** 　客户服务专员根据"高潜能客户筛选策略"确定选择客户的原则和标准，明确筛选高潜能客户的目标。 **2. 制订"高潜能客户筛选计划"** 　客户服务专员根据确定的客户挑选理想目标制订"高潜能客户筛选计划"，提交客户服务主管审核后，报客户服务部经理审批。 **3. 制定筛选方案** 　"高潜能客户筛选计划"审批通过后，客户服务主管根据实际情况制定高潜能客户筛选方案，下发客户服务专员执行。 **工作重点** 　高潜能客户筛选方案的制定应详细、切实、可执行。 **工 作 标 准** ☆依据标准：应依据"高潜能客户筛选策略"进行理想客户目标的挑选。 ☆考核标准：高潜能客户筛选方案的设计应在____天内完成。
确定高潜能客户	**执 行 程 序** **1. 评估客户潜在价值** 　客户服务专员按照高潜能客户筛选计划的要求，对客户的质量和综合价值进行评估，了解客户潜在的价值。

任务名称	执行程序、工作标准与考核指标
确定高潜能客户	**2. 挑选高潜能客户** 　客户服务专员根据客户价值评估结果，按照筛选计划的标准，挑选出高潜能客户，将名单提交客户服务主管审批。 **3. 确定高潜能客户名单** 　高潜能客户名单审批通过后，客户服务专员根据批示意见确定最终客户名单。 **工作重点** ☆客户潜在价值评估要严格按照企业规定的要求，确保真实、客观。 ☆高潜能客户筛选工作务必符合企业的利益要求。
	工 作 标 准
	☆效率标准：客户潜在价值评估工作应在＿＿＿＿天内完成。 ☆依据标准：应依据"高潜能客户筛选计划"进行高潜能客户挑选工作。
	考 核 指 标
	高潜能客户名单首次审批通过率： $$高潜能客户名单首次审批通过率 = \frac{首次审批通过的客户名单数}{审批的客户名单总数} \times 100\%$$
	执 行 规 范
	"高潜能客户筛选策略""高潜能客户筛选计划""企业客户服务战略规划"。

第 4 章　优质客户服务体验的实现过程

4.3.4　高潜能客户开发的流程设计与工作执行

4.3.4.1　高潜能客户开发流程设计

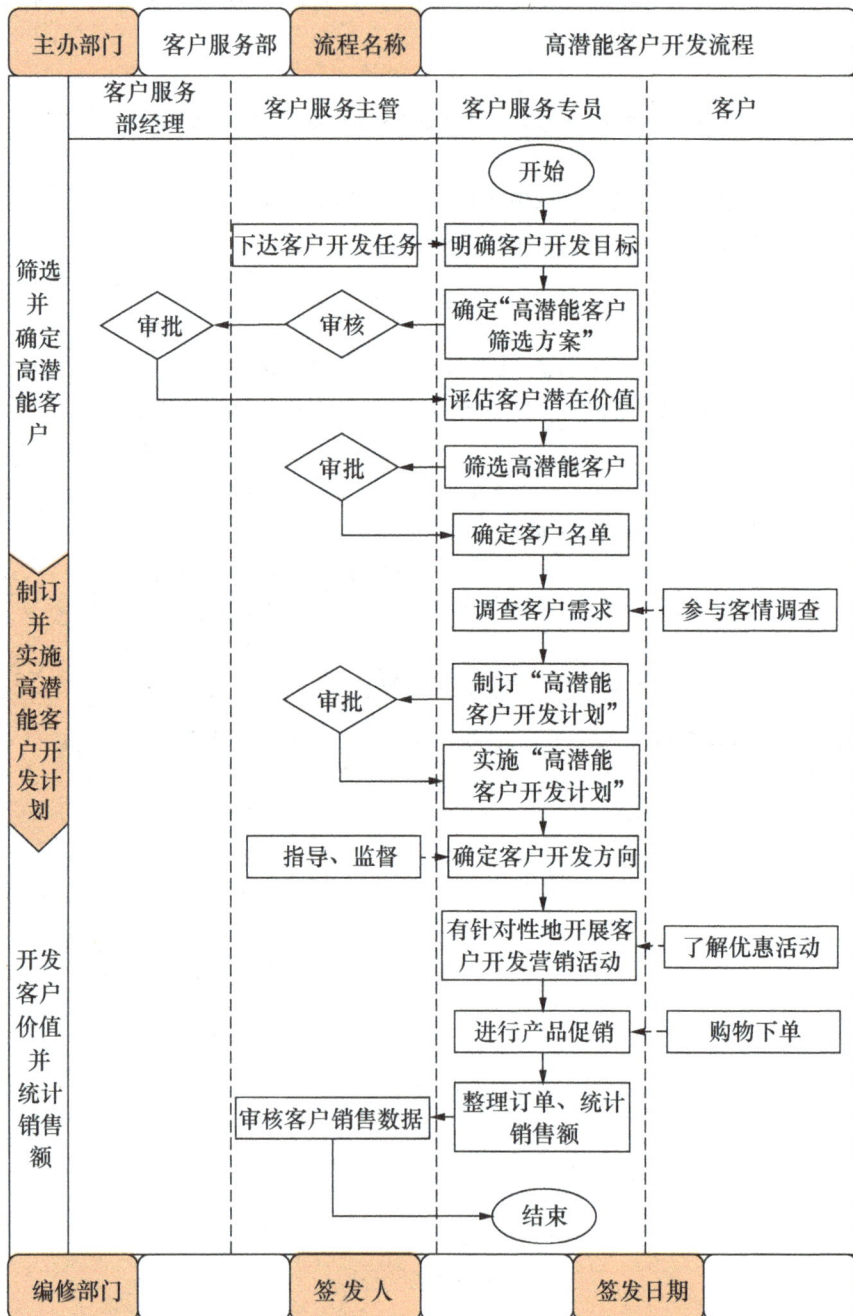

主办部门	客户服务部	流程名称	高潜能客户开发流程

	客户服务部经理	客户服务主管	客户服务专员	客户

筛选并确定高潜能客户

开始 → 明确客户开发目标

下达客户开发任务 → 明确客户开发目标

审批 ← 审核 ← 确定"高潜能客户筛选方案"

评估客户潜在价值

审批 ← 筛选高潜能客户

确定客户名单

制订并实施高潜能客户开发计划

调查客户需求 — 参与客情调查

审批 ← 制订"高潜能客户开发计划"

实施"高潜能客户开发计划"

指导、监督 → 确定客户开发方向

开发客户价值并统计销售额

有针对性地开展客户开发营销活动 — 了解优惠活动

进行产品促销 — 购物下单

审核客户销售数据 ← 整理订单、统计销售额

结束

编修部门		签发人		签发日期	

4.3.4.2 高潜能客户开发的执行程序、工作标准、考核指标、执行规范

任务名称	执行程序、工作标准与考核指标
筛选并确定高潜能客户	**执行程序** **1. 确定"高潜能客户筛选方案"** 客户服务专员根据客户开发任务和目标的要求确定"高潜能客户筛选方案",提交客户服务主管审核后,报客户服务部经理审批。 **2. 筛选高潜能客户** 客户服务专员根据客户价值评估结果,结合企业客户开发标准,筛选高潜能客户,将客户名单提交客户服务主管审批。 **3. 确定客户名单** 高潜能客户筛选名单审批通过,客户服务专员根据批示意见确定正式的待开发客户名单。 **工作重点** ☆"高潜能客户筛选方案"应符合企业客观情况,切实可行。 ☆高潜能客户筛选工作要始终围绕企业发展的需要。 **工作标准** ☆效率标准:应在____天内完成筛选方案的编写。 ☆考核标准:高潜能客户筛选工作符合企业发展要求。
制订并实施高潜能客户开发计划	**执行程序** **1. 调查客户需求** 客户服务专员对待开发客户进行需求调查及分析,判断开发工作的关键点。 **2. 制订"高潜能客户开发计划"** 客户服务专员根据客户需求调查结果和对开发关键点的判定情况制订"高潜能客户开发计划",并提交客户服务主管审批。 **3. 实施"高潜能客户开发计划"** "高潜能客户开发计划"审批通过后,客户服务专员按照计划实施高潜能客户开发工作。 **工作重点** 客户需求调查要注意发掘并判定客户关键消费点。 **工作标准** ☆质量标准:对客户需求的调查内容翔实、全面、客观、真实。 ☆内容标准:"高潜能客户开发计划"内容包括开发的原则、目的、方法、手段、结果预测等。 **考核指标** 客户需求调查项目完成率: $$客户需求调查项目完成率 = \frac{完成的客户需求调查项目数}{客户需求调查项目总数} \times 100\%$$

任务名称	执行程序、工作标准与考核指标
开发客户价值并统计销售额	**执 行 程 序** **1. 有针对性地开展客户开发营销活动** 　　客户服务专员根据客户开发方向的确定情况，针对不同客户的不同关注点有针对性地开展客户开发营销活动。 **2. 进行产品促销** 　　客户服务专员引导客户了解企业的情况、产品或服务，利用营销活动开发客户，推动产品销售。 **3. 整理订单、统计销售额** 　　客户开发营销活动结束后，客户服务专员负责整理销售订单，统计销售情况，将销售数据提交客户服务主管审核。 **工作重点** ☆客户服务专员应多次检查并核实客户开发营销活动，确保活动的正常开展。 ☆客户服务专员应熟练掌握客户开发技能和营销方法，增强产品的促销效果。
	工 作 标 准 ☆质量标准：客户开发营销活动主题鲜明，形式多样，有较强的互动性。 ☆态度标准：客户服务专员热情开朗，积极乐观，能带动客户情绪。
	执 行 规 范

"企业客户服务战略规划""高潜能客户开发计划""高潜能客户筛选方案"。

第**5**章 客户服务质量提升过程

5.1 客户服务质量管理

5.1.1 客户服务质量管理的流程设计

5.1.1.1 流程设计的目的

要想保证高品质的客户服务质量，企业就要制定相应的客户服务质量标准，在服务过程中按照标准对各种服务细节进行控制。在实践中，设计客户服务质量管理流程的目的如下。

（1）确保客户服务质量管理各项工作安排妥当，职责分工明确，井然有序。

（2）提高客户服务质量，提升客户满意度，促进产品销售，确保销售目标的达成。

（3）不断改进并完善客户服务质量管理体系，提高客户服务水平，为企业发展提供保障。

5.1.1.2 流程结构设计

客户服务质量管理流程可细分为七个流程，具体结构设计如图 5-1 所示。

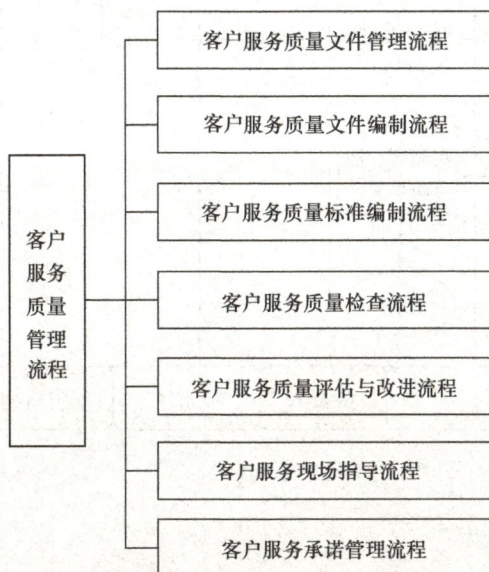

图 5-1 客户服务质量管理流程结构设计

5.1.2 客户服务质量文件管理的流程设计与工作执行

5.1.2.1 客户服务质量文件管理流程设计

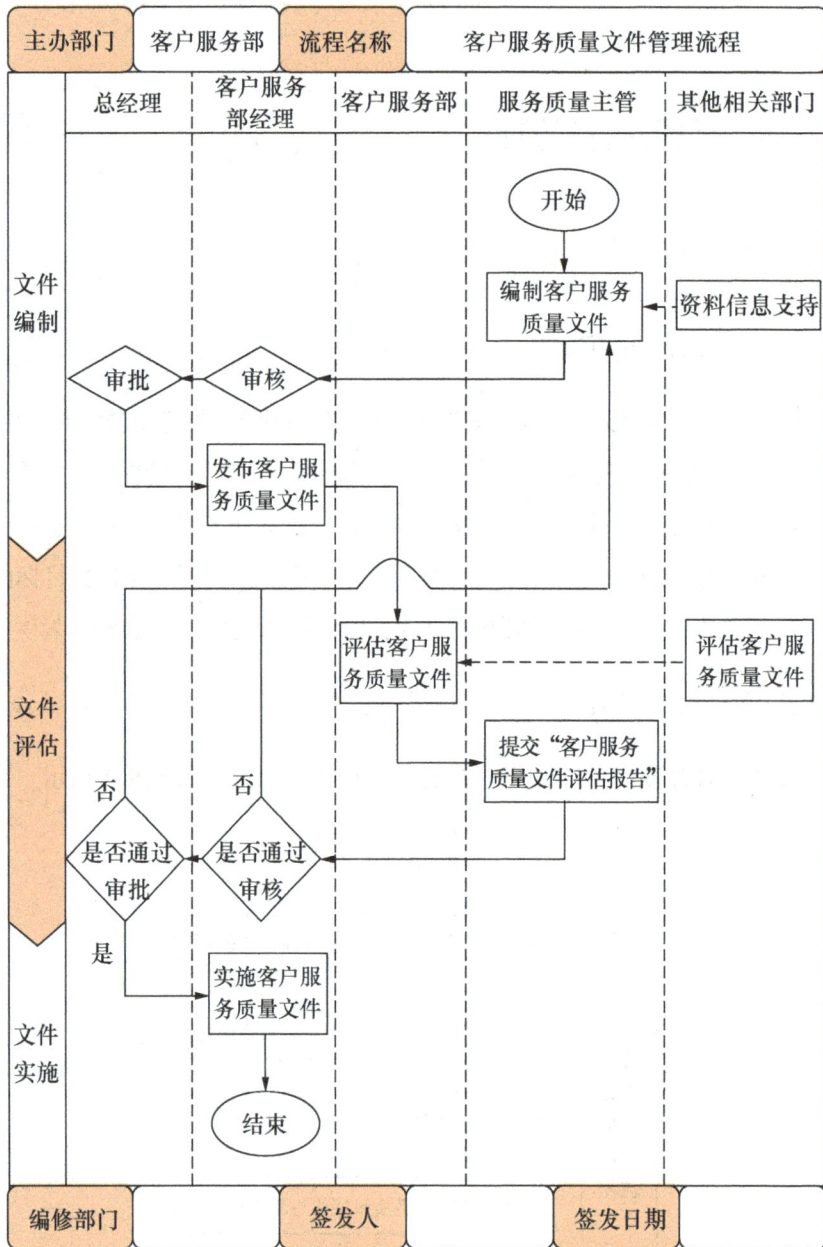

主办部门	客户服务部	流程名称	客户服务质量文件管理流程

	总经理	客户服务部经理	客户服务部	服务质量主管	其他相关部门

文件编制

开始

编制客户服务质量文件 ← 资料信息支持

审批 ← 审核 ←

发布客户服务质量文件

文件评估

评估客户服务质量文件 ⋯ 评估客户服务质量文件

提交"客户服务质量文件评估报告"

否 是否通过审批

否 是否通过审核

是

文件实施

实施客户服务质量文件

结束

编修部门		签发人		签发日期	

5.1.2.2　客户服务质量文件管理的执行程序、工作标准、考核指标、执行规范

任务名称	执行程序、工作标准与考核指标
文件编制	**执 行 程 序** **1. 编制客户服务质量文件** 　　服务质量主管根据企业客户服务工作的特点，参考其他相关部门提交的资料，编制客户服务质量文件，提交客户服务部经理审核后，报总经理审批。 **2. 发布客户服务质量文件** 　　客户服务质量文件审批通过，客户服务部经理根据批示意见修改文件，在完善客户服务质量文件后，向客户服务工作相关部门发布文件。 **工作重点** 　　其他相关部门应对客户服务质量文件的编制提供信息支持。 **工 作 标 准** 　　客户服务质量文件的内容准确，并且具有针对性。
文件评估	**执 行 程 序** **1. 评估客户服务质量文件** ☆客户服务部结合自身的实际工作情况，对客户服务质量文件进行评估。 ☆其他相关部门参与客户服务质量文件评估工作，并提出评估意见。 **2. 提交"客户服务质量文件评估报告"** ☆服务质量主管总结客户服务部和相关部门的评估意见和结果，编写"客户服务质量文件评估报告"，提交客户服务部经理审核后，报总经理审批。 ☆如"客户服务质量文件评估报告"审批不通过，服务质量主管则应进行修正，经评估后再次提交审核，直至合格。 **工作重点** 　　服务质量主管总结客户服务质量文件评估情况，撰写"客户服务质量文件评估报告"。 **工 作 标 准** ☆内容标准：其他相关部门参与客户服务质量文件评估工作。 ☆质量标准：客户服务质量文件的编制符合国家相关规定，符合企业及客户的实际情况，内容完整，无重大纰漏。 **考 核 指 标** "客户服务质量文件评估报告"编写及时，内容完整，无纰漏。

任务名称	执行程序、工作标准与考核指标
文件实施	**执 行 程 序** **实施客户服务质量文件** 　　"客户服务质量文件评估报告"审批通过后，客户服务部经理参考总经理的意见，组织实施客户服务工作。 **工作重点** 　　若"客户服务质量文件评估报告"没有通过审批，则返回编制客户服务质量文件流程，由服务质量主管进行相关内容的修正与完善，直至合格。 **工 作 标 准** 　　客户服务质量文件实施的普遍性和灵活性。

执 行 规 范

"客户服务质量标准""客户服务管理标准""客户服务管理制度""客户服务质量文件评估报告"。

5.1.3 客户服务质量文件编制的流程设计与工作执行

5.1.3.1 客户服务质量文件编制流程设计

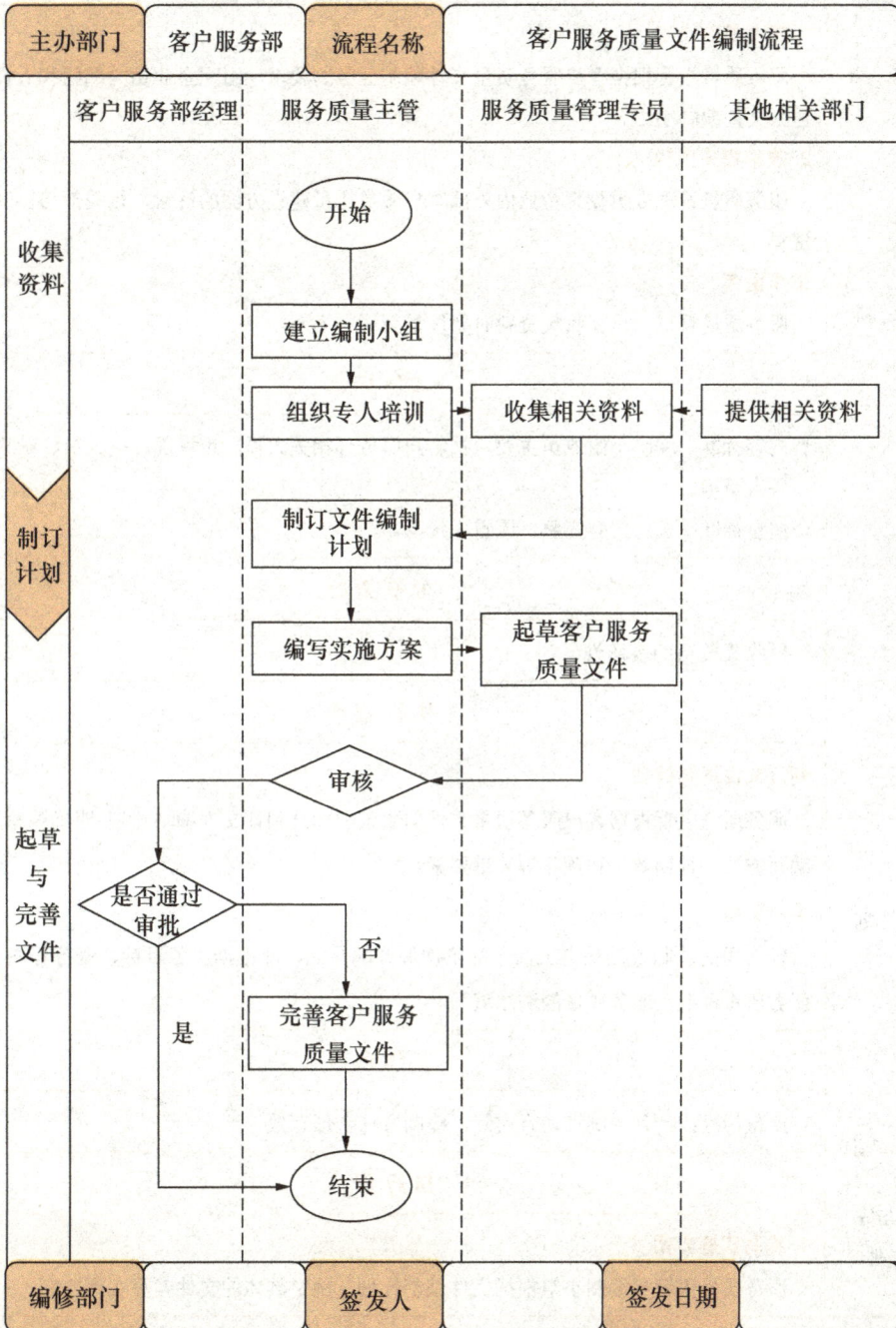

主办部门	客户服务部	流程名称	客户服务质量文件编制流程

客户服务部经理	服务质量主管	服务质量管理专员	其他相关部门

收集资料

开始

建立编制小组

组织专人培训 ← 收集相关资料 ← 提供相关资料

制订计划

制订文件编制计划

编写实施方案 → 起草客户服务质量文件

审核

起草与完善文件

是否通过审批

否

完善客户服务质量文件

是

结束

编修部门		签发人		签发日期	

任务名称	执行程序、工作标准与考核指标
收集资料	**执行程序** **1. 建立编制小组** 　服务质量主管根据客户服务质量文件编制任务的要求，组织企业相关部门和人员共同建立文件编制小组。 **2. 收集相关资料** 　服务质量管理专员收集企业内外部客户服务质量建设方面的资料，相关部门协助提供资料。 **工作重点** 　服务质量管理专员在收集资料时要以最新资料为准。 **工作标准** ☆内容标准：编制小组成员主要包括客户服务部相关人员、市场部相关人员、销售部相关人员等。 ☆质量标准：资料内容完整，无重大纰漏。 **考核指标** 　所收集资料的准确性。
制订计划	**执行程序** **制订文件编制计划** 　服务质量主管根据客户服务质量文件的要求和标准制订文件编制计划，明确编写原则、编写方法、预期效果和预算等关键要素。 **工作重点** 　较常用的编制方法是自上而下的依次展开编写法，即根据服务目标、服务程序文件、服务质量标准、服务质量的顺序编写。 **工作标准** 　质量标准：计划的制订切合实际，编制方法合理有效。
起草与完善文件	**执行程序** **1. 编写实施方案** 　服务质量主管和编制小组根据文件编制计划，制定具体的文件编写实施方案。

任务名称	执行程序、工作标准与考核指标
起草与完善文件	**2. 起草客户服务质量文件** 　　服务质量管理专员根据收集的资料和信息起草客户服务质量文件，提交服务质量主管审核并签署意见后，上报客户服务部经理审批。 **3. 完善客户服务质量文件** 　　如草拟的客户服务质量文件审批不通过，服务质量主管则对文件进行修改和完善，直至客户服务质量文件审批通过。 **工作重点** 　　客户服务质量文件的内容全面。
	工作标准
	客户服务质量文件的编制切合实际。
	执行规范
	"客户服务质量文件编制计划"。

第 5 章 客户服务质量提升过程

5.1.4 客户服务质量标准编制的流程设计与工作执行

5.1.4.1 客户服务质量标准编制流程设计

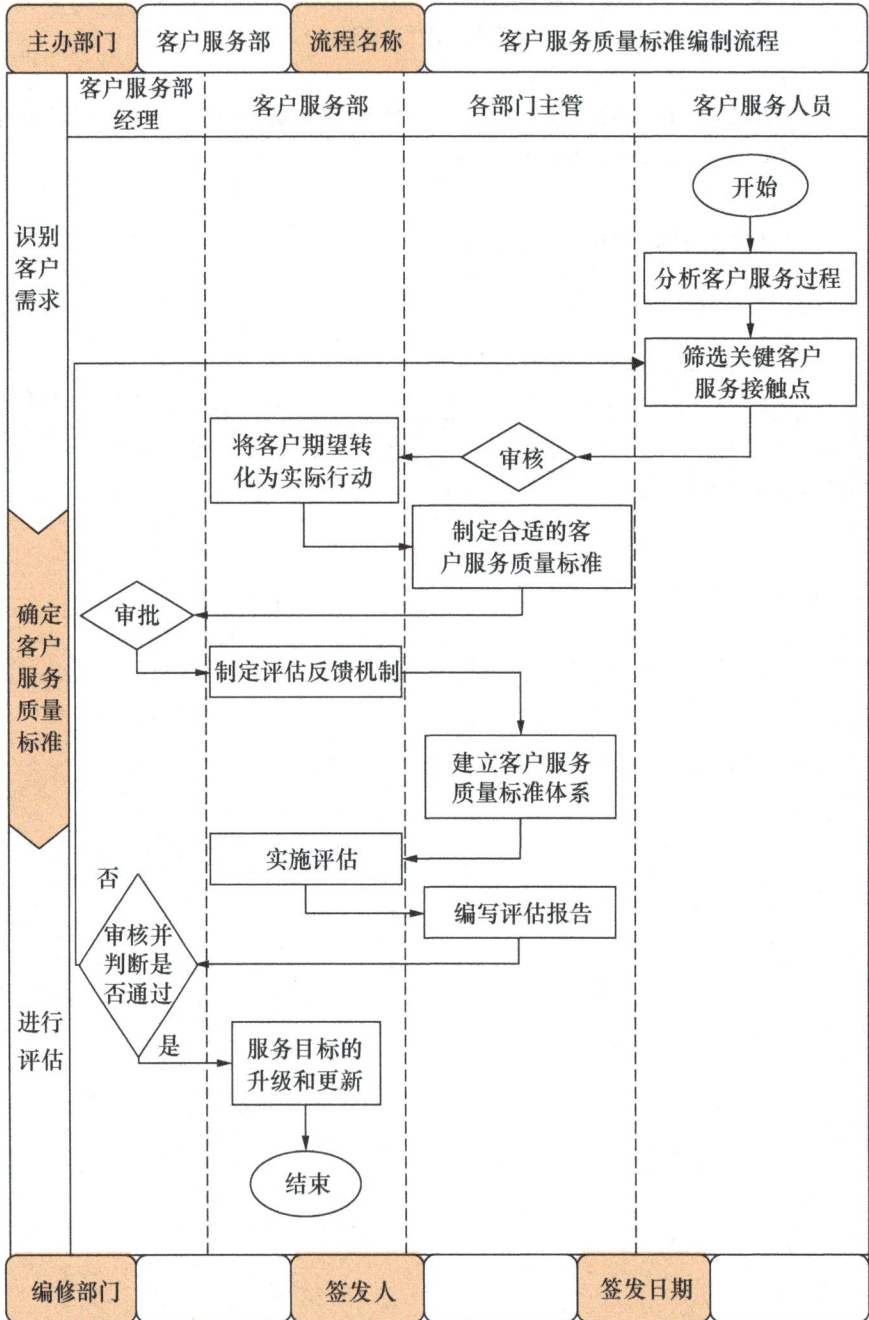

主办部门	客户服务部	流程名称	客户服务质量标准编制流程

	客户服务部经理	客户服务部	各部门主管	客户服务人员
识别客户需求				开始 → 分析客户服务过程 → 筛选关键客户服务接触点
确定客户服务质量标准	审批	将客户期望转化为实际行动 / 制定评估反馈机制	审核 / 制定合适的客户服务质量标准 / 建立客户服务质量标准体系	
进行评估	否 / 审核并判断是否通过 / 是 → 服务目标的升级和更新 → 结束	实施评估	编写评估报告	

编修部门		签发人		签发日期

5.1.4.2　客户服务质量标准编制的执行程序、工作标准、考核指标、执行规范

任务名称	执行程序、工作标准与考核指标
识别客户需求	**执行程序** **1. 分析客户服务过程** 　客户服务人员针对企业客户服务的特点及客户的消费偏好等关键因素，对客户服务过程进行分析。 **2. 筛选关键客户服务接触点** 　客户服务人员根据对客户服务过程的分析情况，筛选关键客户服务接触点，提交相关部门主管审核。 **3. 将客户期望转化为实际行动** 　客户服务部构想客户期望，并将客户期望转化为实际行动。 **工作重点** 　对客户服务过程的分析要尽可能深入和全面。 **工作标准** 　方法标准：客户服务人员可以通过多种洽谈方法，将客户期望转化为成实际行动。
确定客户服务质量标准	**执行程序** **1. 制定合适的客户服务质量标准** 　各部门主管制定切合实际的客户服务质量标准，提交客户服务部经理审批。 **2. 制定评估反馈机制** 　各部门的客户服务质量标准审批通过后，客户服务部结合实际情况制定评估反馈机制，并通知相关部门。 **3. 建立客户服务质量标准体系** 　各部门主管制定具体的客户服务质量标准的考核指标和工作目标，建立本部门的客户服务质量标准体系。 **工作重点** ☆各部门主管要制定合适的客户服务质量标准。 ☆确保从客户的角度，而不是从企业的角度控制服务过程。 **工作标准** ☆依据标准：客户服务质量标准的制定可参考国家标准、同业水准及客户需求等。 ☆质量标准：客户服务质量标准的制定要切合实际，以客户预期为出发点。

第 5 章　客户服务质量提升过程

任务名称	执行程序、工作标准与考核指标
进行评估	**执 行 程 序** **1. 实施评估** 客户服务部对相关部门进行客户服务质量标准的评估工作。 **2. 编写评估报告** ☆各部门主管根据评估的结果和实际情况，编写"客户服务质量标准评估报告"，提交客户服务部经理审核。 ☆若"客户服务质量标准评估报告"审核不通过，客户服务人员要重新筛选关键客户服务接触点，各部门主管修改并完善报告，直至合格。 **3. 服务目标的升级和更新** "客户服务质量标准评估报告"审核通过后，客户服务部参照评估报告改进并完善客户服务工作，提高客户服务质量标准，更新并升级客户服务目标。 **工作重点** 客户服务部应使客户服务质量标准能够持续地反映客户需求，从而提高客户满意度。 **工 作 标 准** 各项客户服务质量标准应随着服务环境、同业标准、服务流程、客户需求等因素的改变而发生变化，不断被修订。 **考 核 指 标** "客户服务质量标准评估报告"的客观性：评估结果合理、客观。

执 行 规 范
"客户服务流程表""客户服务质量标准及检验规范修订表""客户服务质量标准评估报告"。

客户服务全过程管理 流程设计与工作标准

5.1.5 客户服务质量检查的流程设计与工作执行

5.1.5.1 客户服务质量检查流程设计

主办部门	客户服务部	流程名称	客户服务质量检查流程		

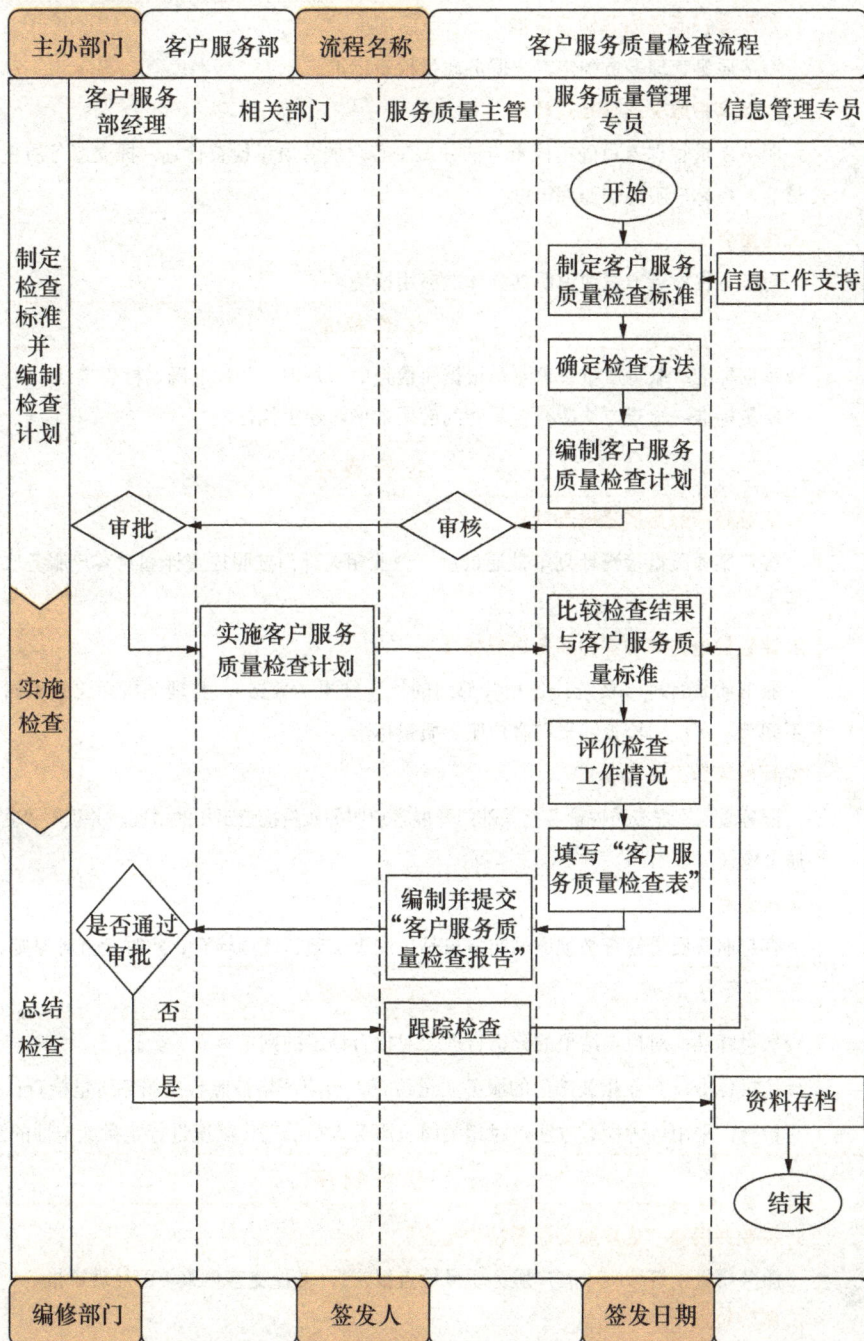

编修部门		签发人		签发日期	

5.1.5.2　客户服务质量检查的执行程序、工作标准、考核指标、执行规范

任务名称	执行程序、工作标准与考核指标
制定检查标准并编制检查计划	**执 行 程 序** **1. 制定客户服务质量检查标准** 　服务质量管理专员制定客户服务质量检查标准。 **2. 编制客户服务质量检查计划** 　服务质量管理专员确定检查方法并编制客户服务质量检查计划，提交服务质量主管审核后，报客户服务部经理审批。 **工作重点** 　对于每种检查方法要说明其具体的应用情境。 **工 作 标 准** ☆依据标准：服务质量管理专员根据所检查的项目内容和标准确定检查方法。 ☆质量标准：检查方法应符合具体的应用情境，便于执行。
实施检查	**执 行 程 序** **1. 实施客户服务质量检查计划** 　客户服务质量检查计划审批通过后，企业相关部门按照检查计划对客户服务质量进行检查。 **2. 比较检查结果与客户服务质量标准** 　服务质量管理专员统计各相关部门的检查结果（数据），整理分析后比较不同部门和不同服务岗位的检查结果和客户服务质量标准。 **3. 评价检查工作情况** 　服务质量管理专员评价各相关部门开展客户服务质量检查工作的情况，并填写"客户服务质量检查表"。 **工作重点** 　客户服务质量检查必须遵循实事求是、注重实效、逐项检查、实时检查等原则。 **工 作 标 准** ☆质量标准：对检查结果的分析合理，对检查结果的判定客观、公正。 ☆依据标准：企业相关部门的服务质量检查人员应严格按照客户服务质量检查计划实施检查，采用各种检查方法，对相关岗位服务人员的工作状况进行定量或定性的测评。
总结检查	**执 行 程 序** **1. 编制并提交"客户服务质量检查报告"** 　服务质量主管编制"客户服务质量检查报告"，并提交客户服务部经理审批。 **2. 跟踪检查** 　若"客户服务质量检查报告"审批未通过，服务质量主管则应组织人员对相关部门进行跟踪检查，督促客户服务工作。

任务名称	执行程序、工作标准与考核指标
总结检查	**3. 资料存档** "客户服务质量检查报告"审批通过后，信息管理专员收集整理相关资料，并进行存档。 **工作重点** 服务质量主管应严格按照"客户服务质量检查表"的内容编制"客户服务质量检查报告"。

工 作 标 准

报告内容完整，无重大纰漏。

考 核 指 标

"客户服务质量检查报告"通过率：

$$\text{"客户服务质量检查报告"通过率} = \frac{\text{通过的报告数}}{\text{提交的报告总数}} \times 100\%$$

执 行 规 范

"客户服务工作制度""客户服务质量检查表""客户服务质量检查报告"。

5.1.6　客户服务质量评估与改进的流程设计与工作执行

5.1.6.1　客户服务质量评估与改进流程设计

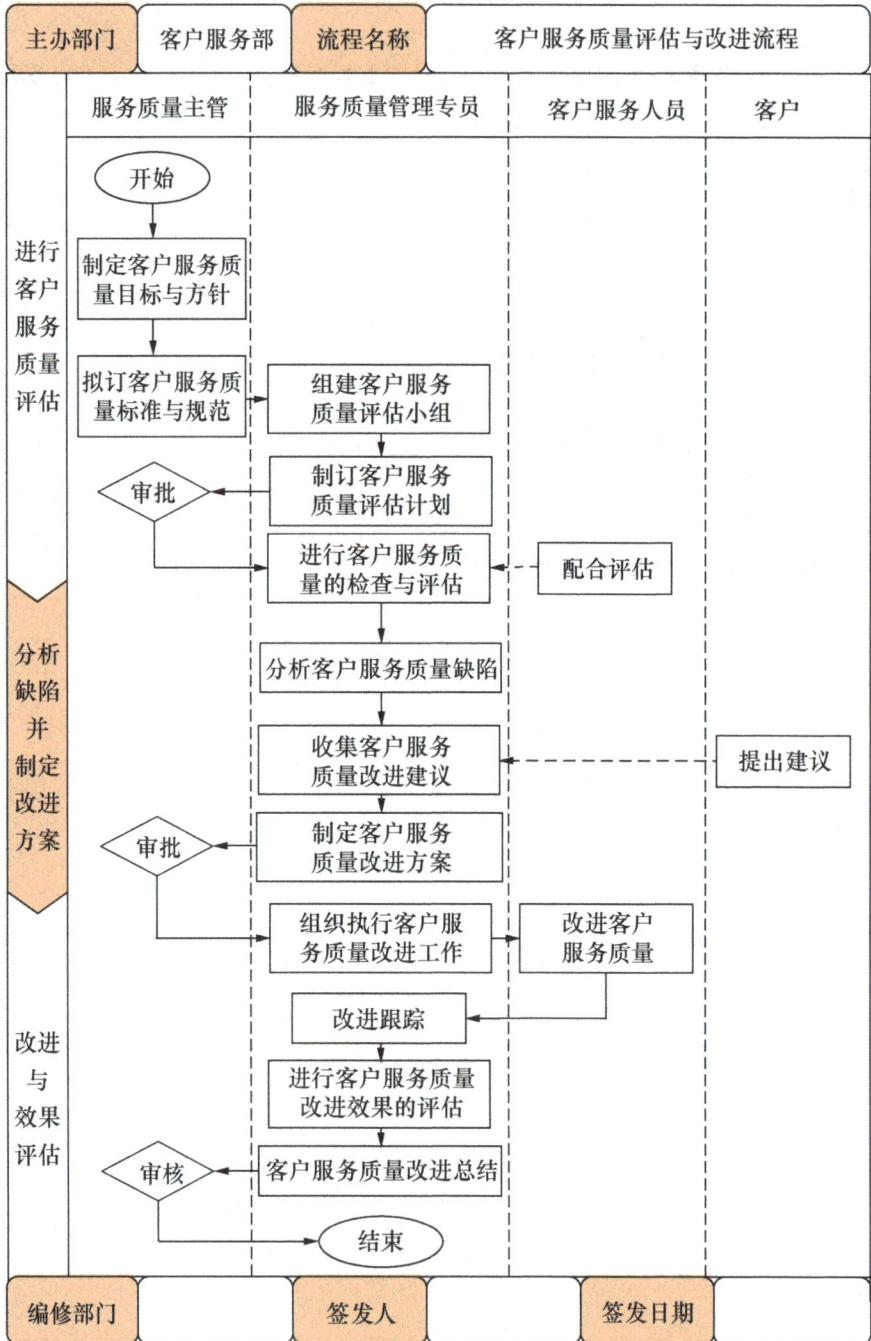

主办部门	客户服务部	流程名称	客户服务质量评估与改进流程

	服务质量主管	服务质量管理专员	客户服务人员	客户

进行客户服务质量评估

开始 → 制定客户服务质量目标与方针 → 拟订客户服务质量标准与规范 → 审批 ← 组建客户服务质量评估小组 → 制订客户服务质量评估计划 → 进行客户服务质量的检查与评估 ← 配合评估

分析缺陷并制定改进方案

分析客户服务质量缺陷 → 收集客户服务质量改进建议 ← 提出建议 → 制定客户服务质量改进方案 → 审批 ← 组织执行客户服务质量改进工作 → 改进客户服务质量

改进与效果评估

改进跟踪 → 进行客户服务质量改进效果的评估 → 审核 ← 客户服务质量改进总结 → 结束

编修部门		签发人		签发日期	

5.1.6.2　客户服务质量评估与改进的执行程序、工作标准、考核指标、执行规范

任务名称	执行程序、工作标准与考核指标
进行客户 服务质量 评估	**执 行 程 序** **1. 拟订客户服务质量标准与规范** 　　服务质量主管结合客户的需求和特点制定企业客户服务质量的目标与方针，并拟订客户服务质量标准与规范。 **2. 组建客户服务质量评估小组** 　　服务质量管理专员组建客户服务质量评估小组，对企业相关部门的客户服务工作进行检查与评估。 **3. 制订客户服务质量评估计划** 　　服务质量管理专员根据企业客户服务工作的实际情况制订客户服务质量评估计划，提交服务质量主管审批。 **4. 进行客户服务质量的检查与评估** 　　客户服务质量评估计划审批通过，服务质量管理专员根据批示意见执行客户服务质量评估任务，检查客户服务人员的工作。 **工作重点** 　　服务质量管理专员要随时进行现场监督检查、电话监听等各项工作。 **工 作 标 准** ☆组成标准：客户服务质量评估小组成员包括组长、副组长和评估人员。 ☆评估标准：执行能力、常规性工作及责任目标落实情况等。
分析缺陷 并制定改 进方案	**执 行 程 序** **1. 分析客户服务质量缺陷** 　　服务质量管理专员根据客户服务质量评估结果，分析企业客户服务工作中的问题。 **2. 收集客户服务质量改进建议** 　　服务质量管理专员收集客户提供的改进建议。 **3. 制定客户服务质量改进方案** 　　服务质量管理专员汇总客户的建议，分析并筛选有效意见，结合企业的实际情况制定客户服务质量改进方案，提交服务质量主管审批。 **工作重点** 　　凡与客户服务质量改进工作有关的建议均应收集，具体包括服务态度、服务种类、服务时间等各方面的建议。

任务名称	执行程序、工作标准与考核指标
分析缺陷并制定改进方案	**工作标准** 服务质量管理专员应依据客户服务质量评估结果进行客户服务质量缺陷分析，并参考客户提出的建议，以及行业内其他企业的客户服务质量标准，制定本企业的客户服务质量改进方案。 **考核指标** 客户服务质量改进方案的可行性：客户服务质量改进方案要符合企业的实际情况，可操作性强。
改进与效果评估	**执行程序** **1. 组织执行客户服务质量改进工作** 客户服务质量改进方案审批通过后，服务质量管理专员按照方案组织执行客户服务质量改进工作，并将具体任务和实施流程下发给客户服务人员。 **2. 进行客户服务质量改进效果的评估** 服务质量管理专员检查客户服务质量改进方案的执行情况，评估客户服务人员的服务质量改进效果。 **3. 客户服务质量改进总结** 服务质量管理专员撰写客户服务质量改进总结报告，提交服务质量主管审核。 **工作重点** 及时进行客户服务质量改进工作。 **工作标准** 客户服务质量得到明显改善，客户满意度有明显提高。
	执行规范
	"客户服务目标责任书""客户服务质量调查问卷"。

5.1.7 客户服务现场指导的流程设计与工作执行

5.1.7.1 客户服务现场指导流程设计

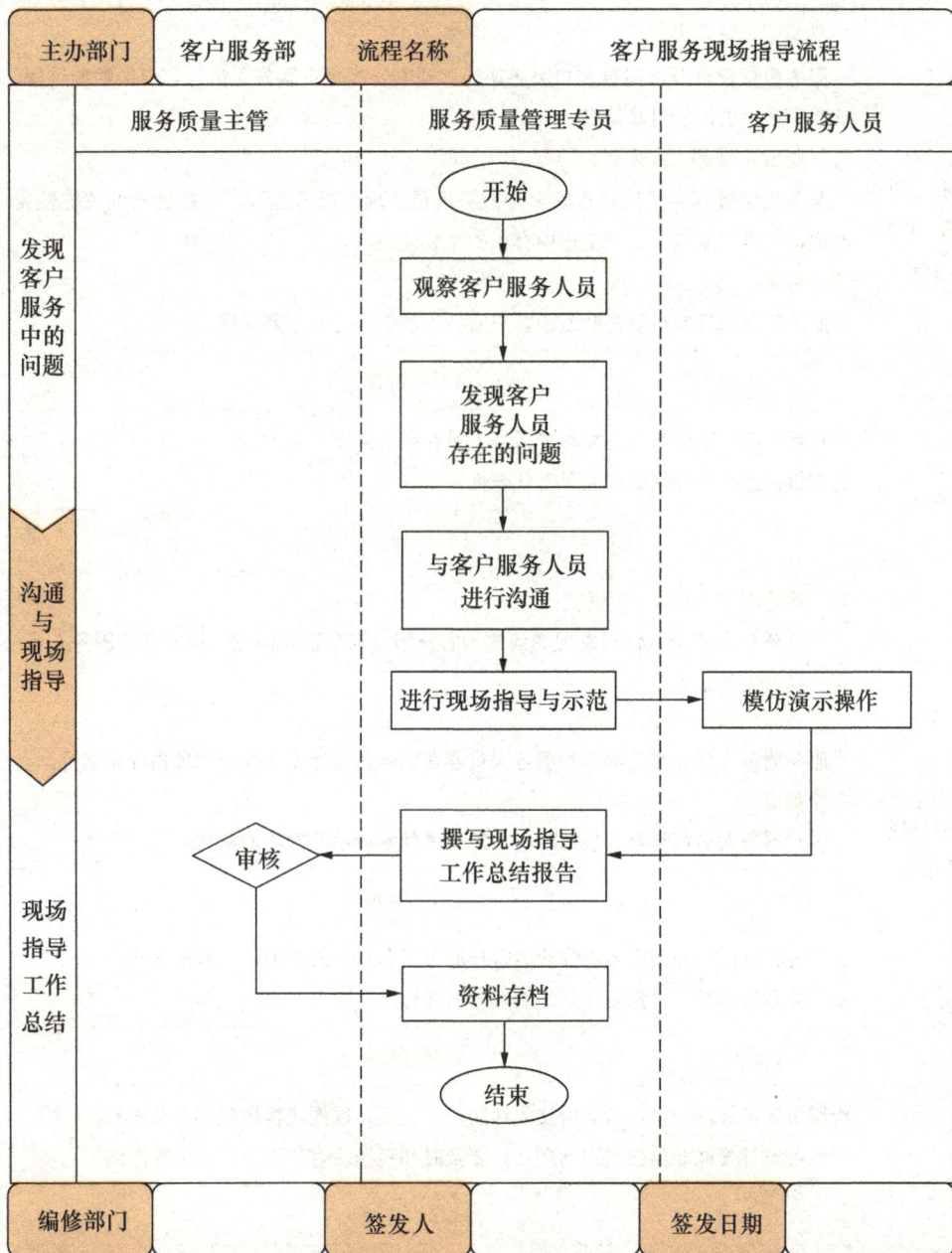

主办部门	客户服务部	流程名称	客户服务现场指导流程

服务质量主管	服务质量管理专员	客户服务人员

发现客户服务中的问题

开始
↓
观察客户服务人员
↓
发现客户服务人员存在的问题

沟通与现场指导

与客户服务人员进行沟通
↓
进行现场指导与示范 → 模仿演示操作

现场指导工作总结

审核 ← 撰写现场指导工作总结报告 ← （模仿演示操作）
↓
资料存档
↓
结束

编修部门		签发人		签发日期	

5.1.7.2 客户服务现场指导的执行程序、工作标准、考核指标、执行规范

任务名称	执行程序、工作标准与考核指标
发现客户服务中的问题	**执 行 程 序**
	1. 观察客户服务人员 　　服务质量管理专员巡查客户服务现场，观察一线客户服务人员与客户接触的过程，了解客户服务工作的日常情况。 **2. 发现客户服务人员存在的问题** 　　服务质量管理专员通过观察客户服务人员的现场服务过程，判断客户的关键性需求，发现现场客户服务人员在工作中存在的主要问题。 **工作重点** 　　服务质量管理专员要及时发现客户服务工作中存在的主要问题。
	工 作 标 准
	☆目标标准：准确找到现场客户服务人员存在的问题。 ☆审核标准：所发现的问题具有代表性。
沟通与现场指导	**执 行 程 序**
	1. 与客户服务人员进行沟通 　　服务质量管理专员针对发现的问题与客户服务人员进行沟通，指导客户服务人员的工作，以提高其服务水平。 **2. 进行现场指导与示范** 　　服务质量管理专员针对客户服务人员存在的问题进行专业性的现场指导和示范。 **工作重点** 　　客户服务人员在学习和模仿时，一定要清楚专业示范操作的原理。
	工 作 标 准
	☆内容标准：沟通的主要内容应为客户服务问题产生的原因及其解决方法。 ☆专业示范标准：达到企业规定的客户服务标准。
	考 核 指 标
	☆服务质量管理专员在沟通时要表达清晰、无误，以便让客户服务人员理解。 ☆服务质量管理专员在发现问题后，要及时和现场的客户服务人员进行沟通。
现场指导工作总结	**执 行 程 序**
	1. 撰写现场指导工作总结报告 　　现场指导工作完成后，服务质量管理专员要定期对客户服务人员的指导工作进行总结，撰写现场指导工作总结报告，并提交服务质量主管审核。

任务名称	执行程序、工作标准与考核指标
现场指导工作总结	**2. 资料存档** 　　现场指导工作总结报告审核通过后，服务质量管理专员收集相关资料，并将重要资料存档。 **工作重点** 　　服务质量管理专员将相关资料存档，以作为日后工作的参考。
	<div align="center">**工 作 标 准**</div>
	现场指导工作总结报告内容全面、详细；现场指导工作总结报告所提出的客户服务工作改进意见合理、可行。
	<div align="center">**执 行 规 范**</div>
	"客户服务质量报告""客户服务现场指导工作总结报告"。

第 5 章　客户服务质量提升过程

5.1.8 客户服务承诺管理的流程设计与工作执行

5.1.8.1 客户服务承诺管理流程设计

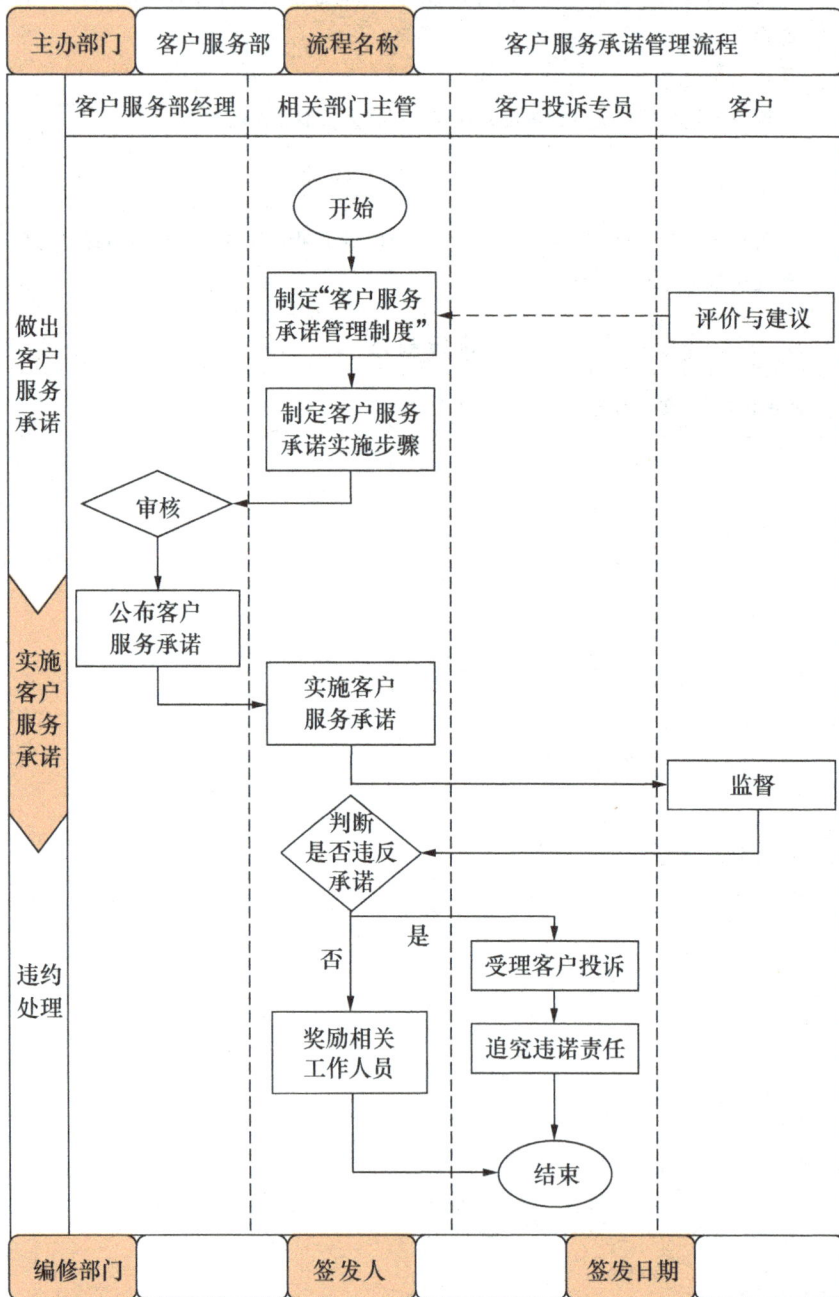

主办部门	客户服务部	流程名称	客户服务承诺管理流程

	客户服务部经理	相关部门主管	客户投诉专员	客户

做出客户服务承诺

开始

制定"客户服务承诺管理制度" ⟶ 评价与建议

制定客户服务承诺实施步骤

审核

实施客户服务承诺

公布客户服务承诺

实施客户服务承诺

监督

判断是否违反承诺

否 / 是

奖励相关工作人员

受理客户投诉

追究违诺责任

结束

编修部门		签发人		签发日期	

5.1.8.2　客户服务承诺管理的执行程序、工作标准、考核指标、执行规范

任务名称	执行程序、工作标准与考核指标
做出客户服务承诺	**执 行 程 序** **1. 制定"客户服务承诺管理制度"** 　　客户服务工作相关部门主管根据企业客户服务的具体情况进行讨论并制定"客户服务承诺管理制度"。 **2. 制定客户服务承诺实施步骤** 　　相关部门主管结合实际的客户服务工作进行讨论，制定切实、可行的客户服务承诺实施步骤，并提交客户服务部经理审核。 **工作重点** 　　客户服务承诺实施步骤要合理、可行。 **工 作 标 准** ☆依据标准："客户服务承诺管理制度"的制定要参考客户的建议。 ☆质量标准："客户服务承诺管理制度"的制定要客观、具体。 **考 核 指 标** "客户服务承诺管理制度"的内容完整，各项规范明确、具体，可操作性强。
实施客户服务承诺	**执 行 程 序** **1. 公布客户服务承诺** 　　客户服务承诺实施步骤审核通过后，客户服务部经理对外公布客户服务承诺。 **2. 实施客户服务承诺** 　　相关部门主管按步骤实施客户服务承诺，维护企业信誉，同时接受客户的监督。 **工作重点** 　　与客户保持良好的关系，接受客户的监督与批评。 **工 作 标 准** ☆审核标准：客户服务承诺的实施工作以让客户满意为最高标准。 ☆质量标准：各部门严格执行"客户服务承诺管理制度"，没有重大偏差，客户服务人员工作认真，遵守服务承诺，达到客户的要求。
违约处理	**执 行 程 序** **1. 受理客户投诉** 　　发生违诺事件后，客户投诉专员要及时受理客户投诉，安抚客户情绪，并将处理情况上报。

任务名称	执行程序、工作标准与考核指标
违约处理	**2. 追究违诺责任** 　　客户投诉专员根据客户投诉内容调查违诺情况，明确事件原委，追究相关人员的责任，同时结合实际情况给予客户补偿。 **3. 奖励相关工作人员** 　　如未发生违诺事件，相关部门主管则应按照"客户服务承诺管理制度"奖励工作表现好的员工。 **工作重点** 　　客户投诉专员要认真处理客户投诉，提高客户满意度，以弥补其他部门工作的不足。
执行规范	
"客户服务承诺管理制度"。	

5.2 客户满意度与忠诚度管理

5.2.1 客户满意度与忠诚度管理的流程设计

5.2.1.1 流程设计的目的

客户的满意度与忠诚度是衡量企业客户服务管理工作的重要指标，是改善客户服务工作、提升客户服务质量的着眼点。在实践中，企业设计客户满意度与忠诚度管理流程的目的如下。

（1）规范客户满意度与忠诚度管理工作的执行步骤，避免在实际工作中发生盲目、无序工作的情况。

（2）明确客户满意度与忠诚度管理过程中各岗位的职责，提高各部门、各岗位之间的合作效率，确保相关工作的顺利开展。

5.2.1.2 流程结构设计

客户满意度与忠诚度管理流程可细分为四个流程，即客户流失分析处理流程、客户满意度调查与提升流程、客户忠诚度调查与提升流程和客户提案管理流程，具体结构设计如图 5-2 所示。

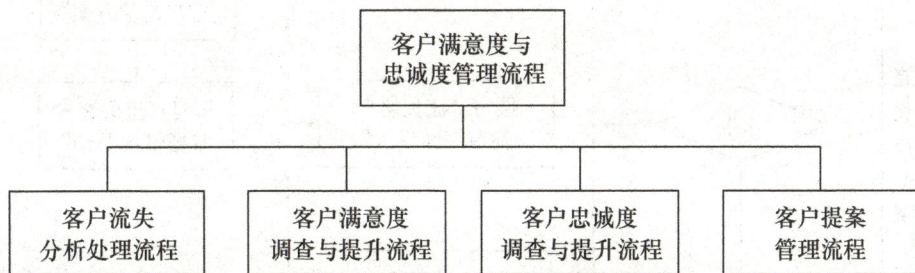

```
                客户满意度与
                忠诚度管理流程
        ┌──────────┬──────────┬──────────┐
    客户流失      客户满意度    客户忠诚度    客户提案
    分析处理流程   调查与提升流程  调查与提升流程  管理流程
```

图 5-2 客户满意度与忠诚度管理流程结构设计

第 5 章 客户服务质量提升过程

5.2.2 客户流失分析处理的流程设计与工作执行

5.2.2.1 客户流失分析处理流程设计

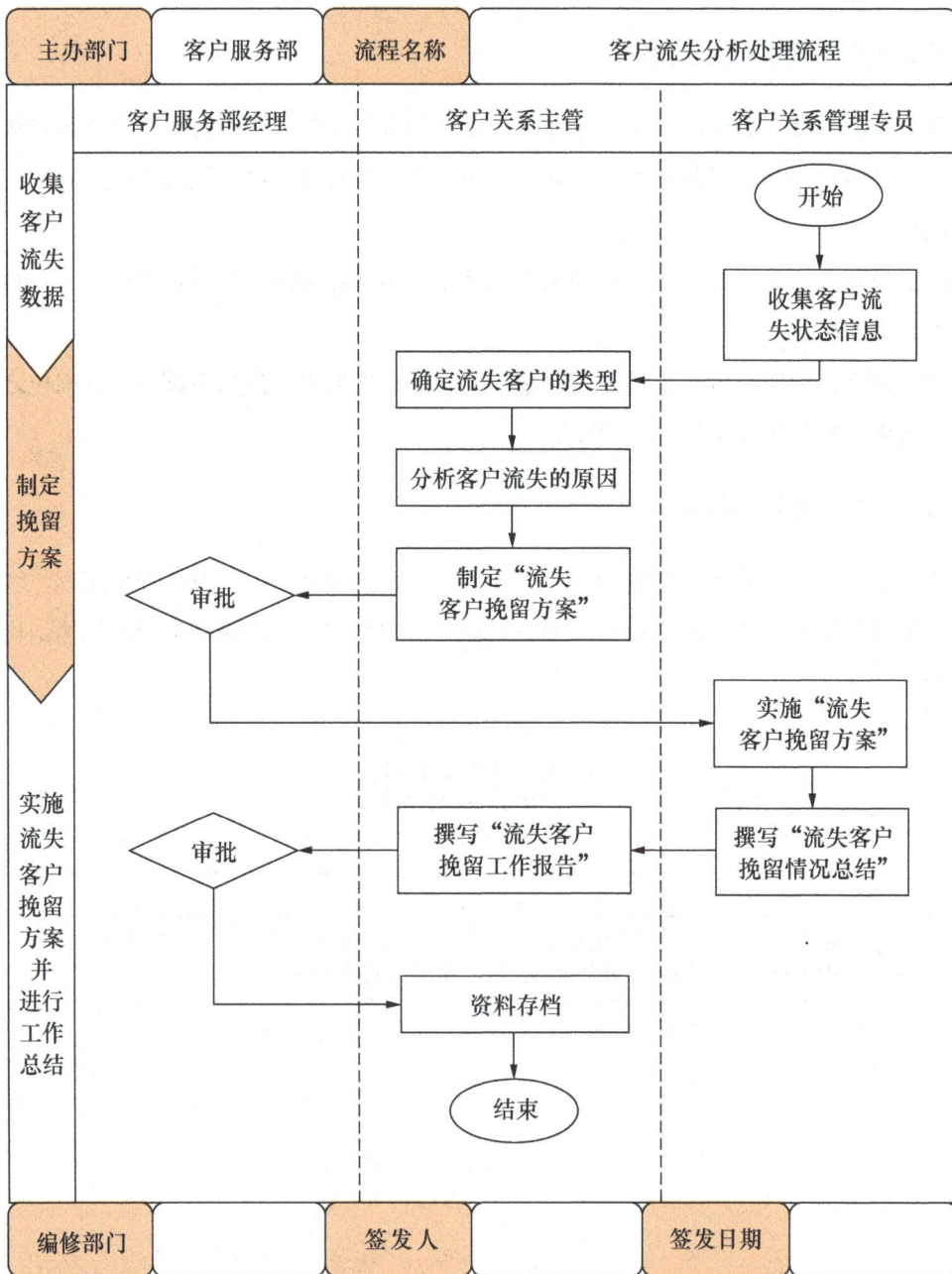

主办部门	客户服务部	流程名称	客户流失分析处理流程

	客户服务部经理	客户关系主管	客户关系管理专员
收集客户流失数据			开始 → 收集客户流失状态信息
制定挽留方案	审批	确定流失客户的类型 ← / 分析客户流失的原因 / 制定"流失客户挽留方案"	
实施流失客户挽留方案并进行工作总结	审批	撰写"流失客户挽留工作报告"	实施"流失客户挽留方案" / 撰写"流失客户挽留情况总结"
		资料存档 → 结束	

编修部门		签发人		签发日期	

5.2.2.2　客户流失分析处理的执行程序、工作标准、考核指标、执行规范

任务名称	执行程序、工作标准与考核指标
收集客户流失数据	**执 行 程 序** **1. 收集客户流失状态信息** ☆客户关系管理专员收集某一段时间内的相关客户流失状态信息。客户状态分为保持状态、有流失倾向和已流失状态三种。 ☆客户关系管理专员收集的客户流失状态信息主要包括客户性别、年龄、职业、婚姻状况、文化程度等，收集完毕后，填写客户流失状态信息表。 **2. 确定流失客户的类型** ☆客户关系主管结合客户档案，确定流失客户的类型。企业的流失客户类型主要分为两种，即重要客户和普通客户。 ☆确定流失客户类型的主要目的是根据不同的客户类型制定不同的挽留方案。 **工作重点** 发现有流失倾向的客户所发出的预警信号是客户流失管理的核心。 **工 作 标 准** 定期收集客户流失数据，及时制定相应的挽留方案。 **考 核 指 标** 所收集的客户流失状态信息全面、详细、真实。
制定挽留方案	**执 行 程 序** **1. 分析客户流失的原因** 　客户关系主管负责分析不同类型的客户流失的原因，以便寻找解决对策。 **2. 制定"流失客户挽留方案"** 　客户关系主管根据客户流失的原因制定"流失客户挽留方案"，并提交客户服务部经理审批。 **工作重点** "流失客户挽留方案"要具有可操作性。 **工 作 标 准** 对客户流失原因的分析透彻，流失客户挽留方案具有较强的可操作性。 **考 核 指 标** 客户流失原因分析结果准确。

第 5 章　客户服务质量提升过程

（续）

任务名称	执行程序、工作标准与考核指标
实施流失客户挽留方案并进行工作总结	**执 行 程 序** **1. 实施"流失客户挽留方案"** ☆客户关系管理专员根据客户服务部经理审批通过的"流失客户挽留方案"展开工作。 ☆客户关系管理专员在实施方案的过程中要遵守相关规定，遇到困难要及时向上级汇报并寻求上级或其他部门的帮助。 **2. 撰写"流失客户挽留情况总结"** 客户关系管理专员根据挽留的实际情况撰写"流失客户挽留情况总结"。 **3. 撰写"流失客户挽留工作报告"** 客户关系主管根据客户关系管理专员提交的"流失客户挽留情况总结"撰写"流失客户挽留工作报告"，并提交客户服务部经理审批，审批通过后，将报告存档。 **工作重点** 总结客户流失的关键原因并有针对性地提出挽留建议。
	工 作 标 准
	同行业其他企业挽留流失客户的措施。
	考 核 指 标
	客户挽留目标达成率： $$客户挽留目标达成率 = \frac{实际完成的挽留目标数}{计划完成的挽留目标数} \times 100\%$$

执 行 规 范
"流失客户挽留方案""流失客户挽留工作报告""流失客户挽留情况总结"。

客户服务全过程管理 流程设计与工作标准

5.2.3 客户满意度调查与提升的流程设计与工作执行

5.2.3.1 客户满意度调查与提升流程设计

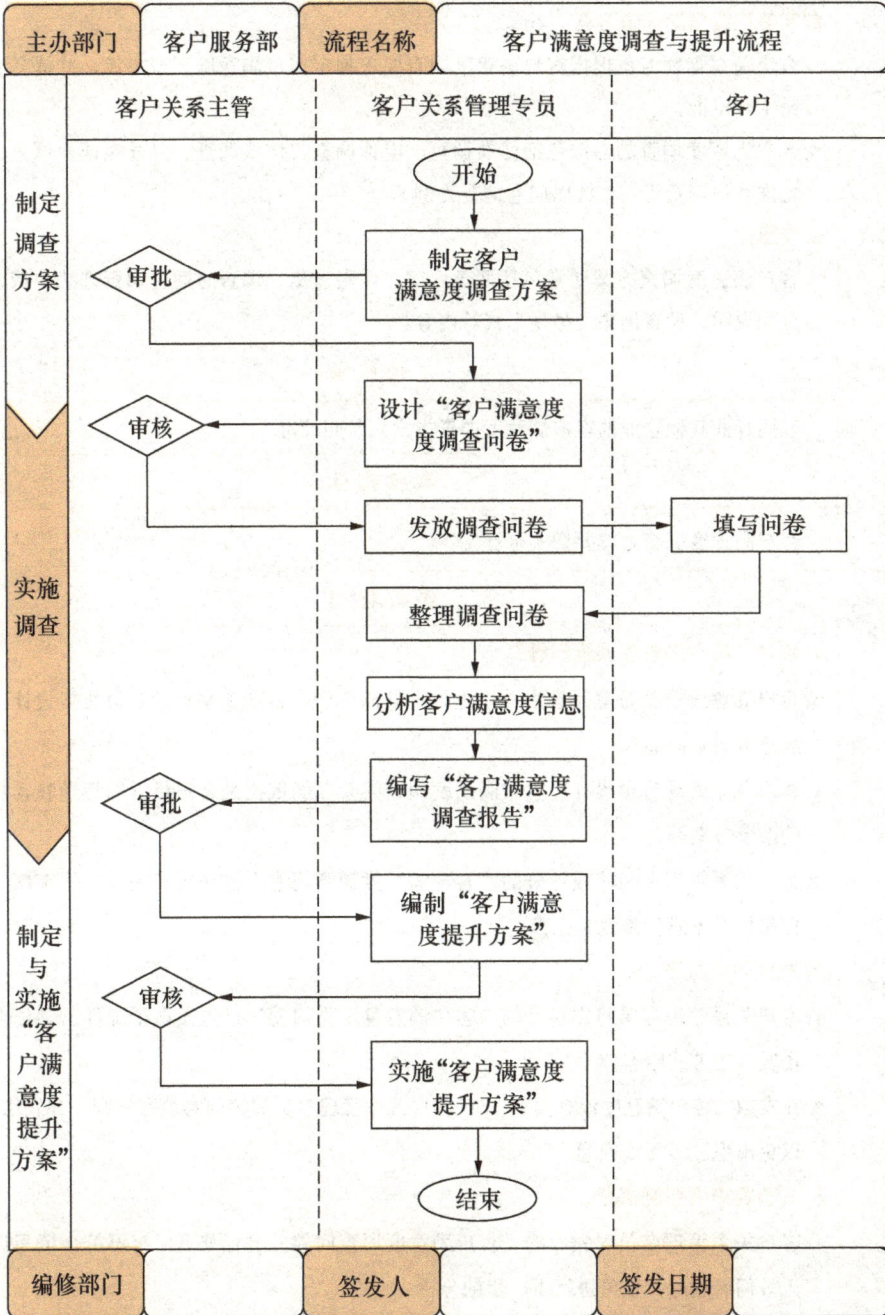

主办部门	客户服务部	流程名称	客户满意度调查与提升流程

	客户关系主管	客户关系管理专员	客户

制定调查方案

实施调查

制定与实施"客户满意度提升方案"

```
                              ┌────────┐
                              │  开始  │
                              └────────┘
                                  │
              ◇审批◀──────── ┌──────────────┐
                             │ 制定客户      │
                             │ 满意度调查方案 │
                             └──────────────┘
                                  │
              ◇审核◀──────── ┌──────────────┐
                             │ 设计"客户满意度│
                             │ 度调查问卷"    │
                             └──────────────┘
                                  │
                             ┌──────────┐      ┌──────────┐
                             │ 发放调查问卷│─────▶│ 填写问卷 │
                             └──────────┘      └──────────┘
                                  │                  │
                             ┌──────────┐◀───────────┘
                             │ 整理调查问卷│
                             └──────────┘
                                  │
                             ┌────────────────┐
                             │ 分析客户满意度信息│
                             └────────────────┘
                                  │
              ◇审批◀──────── ┌──────────────┐
                             │ 编写"客户满意度│
                             │ 调查报告"      │
                             └──────────────┘
                                  │
                             ┌──────────────┐
                             │ 编制"客户满意  │
                             │ 度提升方案"    │
                             └──────────────┘
                                  │
              ◇审核◀──────── ┌──────────────┐
                             │ 实施"客户满意度│
                             │ 提升方案"      │
                             └──────────────┘
                                  │
                              ┌────────┐
                              │  结束  │
                              └────────┘
```

编修部门		签发人		签发日期	

5.2.3.2 客户满意度调查与提升的执行程序、工作标准、考核指标、执行规范

任务名称	执行程序、工作标准与考核指标
制定调查方案	**执行程序** **制定客户满意度调查方案** ☆客户关系管理专员根据客户满意度调查要求制定客户满意度调查方案，并提交客户关系主管审批。 ☆客户满意度调查的方法包括问卷调查、电话调查、访谈调查、召开座谈会调查、利用特殊客户调查等（在此以问卷调查为例）。 **工作重点** 　客户满意度调查方案通常包括调查内容、调查对象、调查时间、调查方法、调查任务及分配说明、调查结果及呈现形式等内容。 **工作标准** 以同行业其他企业的客户满意度调查方案为参照标准。 **考核指标** 客户满意度调查方案要切实可行。
实施调查	**执行程序** **1. 设计"客户满意度调查问卷"** ☆客户满意度调查方案经客户关系主管审批通过后，客户关系管理专员负责设计"客户满意度调查问卷"。 ☆客户关系管理专员设计"客户满意度调查问卷"的依据是客户投诉的问题和客户提出的改善方案等。 ☆客户关系管理专员将设计好的"客户满意度调查问卷"提交客户关系主管审核，并依据审核意见进行修改和完善。 **2. 发放调查问卷** ☆客户关系管理专员将完善后的"客户满意度调查问卷"通过发电子邮件、发传真或现场发放的方式给客户。 ☆在发放"客户满意度调查问卷"时，客户关系管理专员要将问卷填写规则一并发给客户，以免出现过多无效问卷。 **3. 分析客户满意度信息** ☆客户关系管理专员对收回的"客户满意度调查问卷"进行整理，将不符合填写规则的无效问卷剔除，以便进行下一步的分析。 ☆客户关系管理专员对有效问卷中的数据进行分析，以便为编写"客户满意度调查报告"提供依据。

任务名称	执行程序、工作标准与考核指标
实施调查	**4. 编写"客户满意度调查报告"** ☆客户关系管理专员根据问卷调查结果编写"客户满意度调查报告"，包括技术报告、数据报告、分析报告和报告附件四个部分。 ☆客户关系管理专员将编写好的"客户满意度调查报告"交客户关系主管审批，并根据审批意见不断进行修改和完善，直至审批通过。 **工作重点** ☆"客户满意度调查问卷"的文字表述要通俗易懂，以便客户做答。 ☆客户关系管理专员要评估企业的产品和服务在多大程度上满足了客户的需求，与竞争对手相比是否有优势，还要找准影响客户满意度的关键因素。 ☆"客户满意度调查报告"的编写要规范，内容全面、结构清晰，无重大纰漏。 **工 作 标 准** ☆参照标准：企业以往年度的客户满意度调查问卷资料。 ☆目标标准：通过客户满意度调查确定让客户满意的关键因素，进一步提升客户对企业产品和服务的满意度。 **考 核 指 标** 客户关系主管对"客户满意度调查报告"中所提出的改进建议的满意度：以客户关系主管的评分为标准。
制定与实施"客户满意度提升方案"	**执 行 程 序** **1. 编制"客户满意度提升方案"** ☆客户关系管理专员根据调查数据，结合企业实际情况，反思工作方法，编制"客户满意度提升方案"。 ☆客户关系管理专员将拟订的方案报客户关系主管审核，并根据其要求进行修改和完善。 **2. 实施"客户满意度提升方案"** ☆客户关系管理专员组织相关部门及人员，执行"客户满意度提升方案"。 ☆客户关系主管要监督协助方案的执行，并及时提供帮助。 **工作重点** ☆"客户满意度提升方案"的编制要有针对性，要在之前的客户满意度调查工作的基础上，找准影响客户满意度的关键因素。只有围绕这些因素制定有针对性的改善措施，才能"对症下药"，提升客户的满意度。 ☆客户满意度的提升工作贯穿企业生产经营的全过程。实际上，在产品或服务设计之初，企业就要考虑客户的期望，在产品造型、客户体验等方面做出努力。

任务名称	执行程序、工作标准与考核指标
制定与实施"客户满意度提升方案"	**工作标准** ☆完成标准：客户关系管理专员应在相关部门的帮助下，依据"客户满意度提升方案"执行相关措施。 ☆质量标准："客户满意度提升方案"具有较强的针对性和可操作性，执行后能有效提升客户满意度。 **考核指标** 客户满意度提升目标完成率： $$客户满意度提升目标完成率 = \frac{实际完成的目标数}{计划完成的目标数} \times 100\%$$
执行规范	
"客户满意度调查问卷""客户满意度提升方案""客户满意度调查报告"。	

客户服务全过程管理 流程设计与工作标准

5.2.4　客户忠诚度调查与提升的流程设计与工作执行

5.2.4.1　客户忠诚度调查与提升流程设计

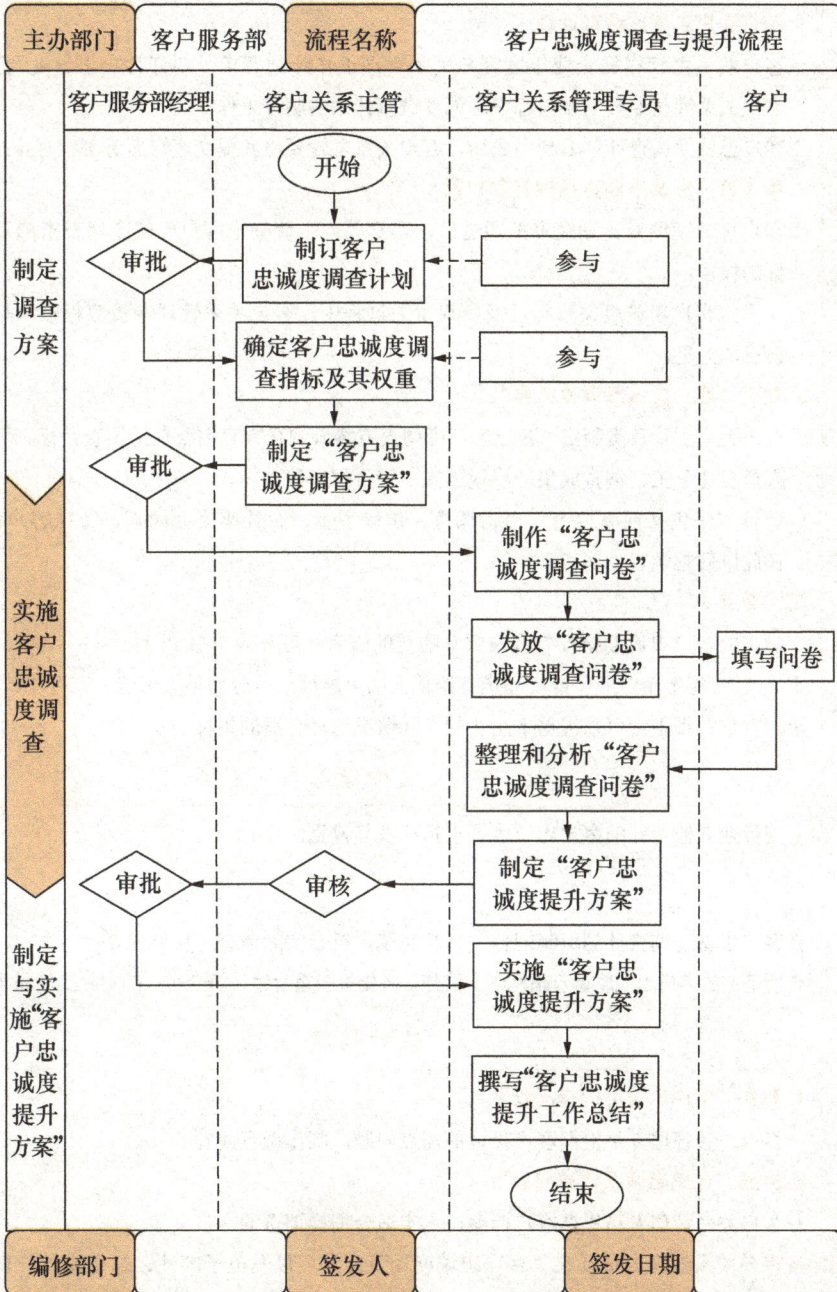

主办部门	客户服务部	流程名称	客户忠诚度调查与提升流程

	客户服务部经理	客户关系主管	客户关系管理专员	客户

```
                    开始
                     │
                     ▼
制定      审批 ◄── 制订客户      ◄---  参与
调查            忠诚度调查计划
方案             │
        └──────►确定客户忠诚度调   ◄---  参与
                 查指标及其权重
                     │
        审批 ◄── 制定"客户忠
                诚度调查方案"
                     │
                     └──────► 制作"客户忠
                              诚度调查问卷"
实施                              │
客户                              ▼
忠            发放"客户忠 ──────► 填写问卷
诚            诚度调查问卷"
度                                │
调                                ▼
查            整理和分析"客户 ◄──────┘
             忠诚度调查问卷"
                     │
制定与   审批 ◄── 审核 ◄── 制定"客户忠
实施"客                    诚度提升方案"
户忠                          │
诚度      └──────► 实施"客户忠
提升                诚度提升方案"
方案"                         │
                              ▼
                         撰写"客户忠诚度
                         提升工作总结"
                              │
                              ▼
                            结束
```

编修部门		签发人		签发日期	

5.2.4.2　客户忠诚度调查与提升的执行程序、工作标准、考核指标、执行规范

任务名称	执行程序、工作标准与考核指标
制定调查方案	**执 行 程 序** **1. 制订客户忠诚度调查计划** ☆客户关系主管根据企业年度客户关系管理工作计划要求，制订客户忠诚度调查计划。客户关系管理专员应参与客户忠诚度调查计划的制订工作。 ☆客户忠诚度调查计划编制完成后，客户关系主管要将其提交客户服务部经理审批。 **2. 确定客户忠诚度调查指标及其权重** ☆客户忠诚度调查计划经审批通过后，客户关系主管确定客户忠诚度调查指标及各个指标的权重。 ☆在确定客户忠诚度调查指标及其权重的过程中，客户关系管理专员应积极参与，提出自己的意见。 **3. 制定"客户忠诚度调查方案"** ☆客户关系主管负责制定"客户忠诚度调查方案"，调查方案主要包括调查目标、调查方法、人员责任分工、调查成果的展现形式、调查程序等内容。 ☆调查方法包括问卷调查、电话调查、访谈调查、召开座谈会调查、特殊客户调查等，在此以问卷调查为例。 **工作重点** 常见的客户忠诚度指标有客户重复购买的概率（可分为70%以上、30%~70%、30%以下）、客户将本企业服务或产品推荐给他人的可能性（可分为很大可能、有可能、不可能）等，客户关系主管可以根据本企业的实际情况选择合适的指标。 **工 作 标 准** 同行业其他企业的客户忠诚度调查指标及其权重。 **考 核 指 标** ☆客户忠诚度调查计划编制规范、内容完整，符合实际调查工作要求。 ☆所确定的客户忠诚度调查指标含义清楚，各指标权重合适，符合企业的实际工作需要。
实施客户忠诚度调查	**执 行 程 序** **1. 制作"客户忠诚度调查问卷"** 客户关系管理专员根据客户投诉的焦点问题，制作调查问卷。 **2. 发放"客户忠诚度调查问卷"** ☆客户关系管理专员根据客户档案，选定适合抽样调查的客户群体。 ☆客户关系管理专员要将"客户忠诚度调查问卷"以发电子邮件、邮寄或发传真等形式发送给所选定的调查对象。 ☆客户关系管理专员在发送"客户忠诚度调查问卷"时，要随附问卷的填写说明、问卷填写时间限制和奖励说明，以提高调查问卷的回收率。

任务名称	执行程序、工作标准与考核指标
实施客户忠诚度调查	**3. 整理和分析"客户忠诚度调查问卷"** ☆客户关系管理专员对收集到的"客户忠诚度调查问卷"进行整理与分析。 ☆客户关系管理专员整理调查问卷的主要目的是剔除不符合填写要求的无效问卷，以得到更有效的调查结果。 ☆客户关系管理专员将整理好的调查问卷按照服务类别和客户类别分别进行统计和分析。 **工作重点** "客户忠诚度调查问卷"的文字表述要通俗易懂，以方便客户回答。 **工 作 标 准** 企业以往年度的"客户忠诚度调查问卷"及同行业其他企业的"客户忠诚度调查问卷"。 **考 核 指 标** "客户忠诚度调查问卷"发放出错率： $$\text{"客户忠诚度调查问卷"发放出错率} = \frac{\text{调查问卷发放出错次数}}{\text{调查问卷发放总次数}} \times 100\%$$
制定与实施"客户忠诚度提升方案"	**执 行 程 序** **1. 制定"客户忠诚度提升方案"** ☆客户关系管理专员根据调查数据，结合企业实际情况，反思工作方法，制定"客户忠诚度提升方案"。 ☆客户关系管理专员将方案报客户关系主管审核，并根据其要求进行修改和完善，之后再报客户服务部经理审批。 **2. 实施"客户忠诚度提升方案"** ☆客户关系管理专员根据方案有关内容，组织相关部门人员执行"客户忠诚度提升方案"。 ☆在实施过程中，客户关系管理专员要做好各部门的沟通协调工作，以避免出现因人员配合失误而发生令客户不满意的现象。 **3. 撰写"客户忠诚度提升工作总结"** 在执行"客户忠诚度提升方案"后，客户关系管理专员要撰写"客户忠诚度提升工作总结"。 **工作重点** "客户忠诚度提升方案"要具有较高的可操作性，具体操作计划要切实可行。 **工 作 标 准** ☆完成标准：客户关系管理专员在相关部门的帮助下，依据相关措施执行"客户忠诚度提升方案"。

第 5 章 客户服务质量提升过程

任务名称	执行程序、工作标准与考核指标
制定与实施"客户忠诚度提升方案"	☆质量标准："客户忠诚度提升方案"具有较高的针对性和可操作性，执行后能有效提升客户忠诚度。
	考核指标
	客户忠诚度提升目标完成率： 客户忠诚度提升目标完成率 $= \dfrac{\text{实际完成的目标数}}{\text{计划完成的目标数}} \times 100\%$

执行规范
"客户忠诚度提升方案""客户忠诚度调查问卷""客户忠诚度调查报告""客户忠诚度调查方案""客户忠诚度提升工作总结"。

客户服务全过程管理 流程设计与工作标准

5.2.5 客户提案管理的流程设计与工作执行

5.2.5.1 客户提案管理流程设计

主办部门	客户服务部	流程名称	客户提案管理流程

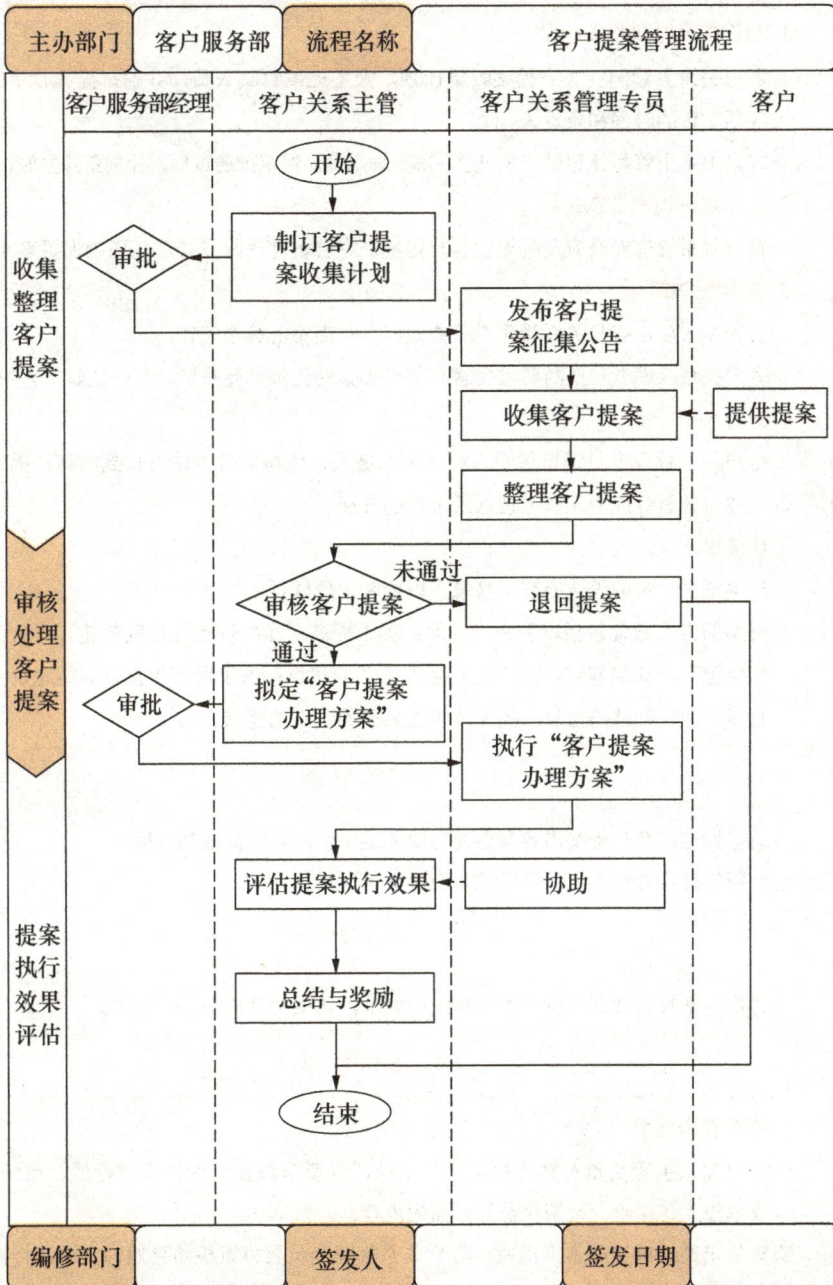

5.2.5.2　客户提案管理的执行程序、工作标准、考核指标、执行规范

任务名称	执行程序、工作标准与考核指标
收集整理客户提案	**执 行 程 序** **1. 制订客户提案收集计划** ☆客户关系主管制订客户提案收集计划，配备提案收集人员，并安排提案收集、审核等各项工作的时间和负责人。 ☆客户关系主管将计划提交客户服务部经理审批，经审批通过后，计划正式生效。 **2. 发布客户提案征集公告** 客户关系管理专员应及时编制客户提案征集公告并进行发布，从而确保更多人知悉。 **3. 收集客户提案** ☆公告发布后，客户关系管理专员要做好客户提案的收集工作。 ☆客户关系管理专员要随时接受客户关于提案的咨询，要热情、友好地解答客户的疑问。 **4. 整理客户提案** 客户关系管理专员每日按照企业规定的格式、资料编号方法对收到的客户提案进行整理，并将其装订成册，以方便后续工作的开展。 **工作重点** ☆提案征集公告的表述要通俗易懂，以便客户理解。 ☆提案的内容通常包括以下六个方面：关于提高产品的标准化程度的建议；关于改善销售渠道与方式的建议；关于提高生产工艺的建议；关于提高质检效率的建议；提供新材料、新零部件的信息；关于改善售后服务工作的建议。 **工 作 标 准** ☆质量标准：客户提案内容与企业当前的现实情况有较高的契合度。 ☆参照标准：同行业其他企业的客户提案管理规范。 **考 核 指 标** 客户提案收集计划要符合企业规定的要求，切实可行。
审核处理客户提案	**执 行 程 序** **1. 审核客户提案** ☆客户关系主管负责对客户提案进行审核，主要审核提案的技术可行性、市场可行性、成本投入、风险、预期收益等方面的内容。 ☆对于未通过审核的客户提案，客户关系管理专员要将审核结果通知客户，将提案原件退还客户，说明原因并表示感谢。 ☆对于通过审核的提案，客户关系管理专员要与客户进行沟通，并为后续事宜做好准备。

（续）

任务名称	执行程序、工作标准与考核指标
审核处理客户提案	**2. 拟订"客户提案办理方案"** ☆针对审核通过的提案，客户关系主管拟订"客户提案办理方案"，根据企业的相关规定与客户签订"客户提案成果分配协议"，并明确成果共享的比例和年限。 ☆客户关系主管将拟订的"客户提案办理方案"报客户服务部经理审批，审批通过后，方案才可执行。 **3. 执行"客户提案办理方案"** 客户关系管理专员负责组织相关部门实施"客户提案办理方案"，相关部门在具体执行的过程中，需要根据实际情况对方案进行不断修改。 **工作重点** ☆企业要规定审批处理客户提案的截止时间（通常为10至15天，最多不超过20天，重要提案和复杂提案的审批处理期限可延长至30天）。 ☆客户提案处理的结果包括采用、暂时保留和不予采用，客户关系管理专员在向客户反馈提案处理结果时，需要将处理原因告知客户。 **工 作 标 准** ☆参照标准：企业以往处理客户提案的原则和方法。 ☆目标标准：通过及时处理客户提案，进一步维护与客户的关系，提升其满意度和忠诚度。 **考 核 指 标** 客户提案审批标准明确、统一，审批过程客观、公正，客户对审批结果无异议。
提案执行效果评估	**执 行 程 序** **1. 评估提案执行效果** ☆客户关系主管组织相关人员对客户提案执行效果进行评估。 ☆评估完成后，客户关系主管要编写"客户提案执行效果评估报告"。 ☆客户关系主管要将评估结果及时告知客户。 **2. 总结与奖励** ☆客户关系主管根据"客户提案成果分配协议"分配取得的成果。 ☆客户关系主管对在客户提案收集、执行过程中表现突出的员工进行奖励。 ☆客户关系主管总结客户提案管理工作全流程，发现问题、反思失误、总结经验、形成报告，并将报告存档以供后续工作参考。 **工作重点** ☆在进行奖励时，要注意以物质奖励为主，以精神奖励为辅。

第 5 章 客户服务质量提升过程

任务名称	执行程序、工作标准与考核指标
提案执行效果评估	☆制定具体的奖励办法时，不要忽略未被采纳和暂时保留的提案，可酌情设置鼓励奖：对于一年内累计提出三次以上，但未被采纳的提案，发放 300 元的鼓励奖金；对于一年内累计提出两次以上，但暂时保留的提案，发放 300 元的鼓励奖金；无论是否采纳客户提案都要写感谢信。
	工作标准
	☆参照标准：同行业其他企业的客户提案奖励办法。 ☆目标标准：通过及时评估、总结方案执行效果，奖励相关人员，进一步提升企业的客户提案管理水平和相关人员的积极性。
	考核指标
	☆客户提案奖金的发放要严格按照"客户提案奖励办法"及"客户提案成果分配协议"执行。 ☆及时推进客户提案奖金的发放工作。
	执行规范

"客户提案管理制度""客户提案奖励办法""客户提案管理总结报告""客户提案成果分配协议""客户提案办理方案""客户提案执行效果评估报告"。

第 6 章　网络客户获取与个性化服务实施过程

6.1　网络客户获取管理

6.1.1　网络客户获取管理的流程设计

6.1.1.1　流程设计的目的

随着电子商务的深入发展，获取客户越来越依赖于网络。如何获取更好的网络流量，如何尽量将网络流量转化为客户，成为企业的痛点。在此背景下，设计网络客户获取管理流程的目的如下。

（1）保证企业网络客户获取的各项工作分工明确，重点突出。

（2）提高企业网络流量转化效率，提高客户购买频次。

6.1.1.2　流程结构设计

网络客户获取管理流程可细分为三个流程，即网络服务平台构建流程、客户流量获取流程、客户流量转化流程，具体结构设计如图 6-1 所示。

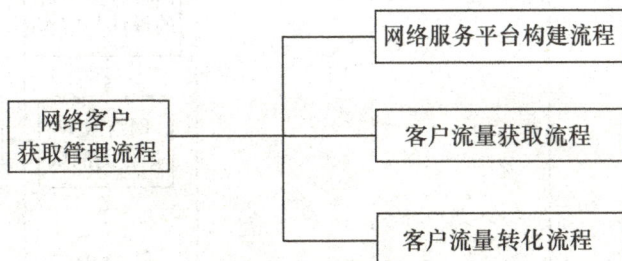

图 6-1　网络客户获取管理流程结构设计

6.1.2 网络服务平台构建的流程设计与工作执行

6.1.2.1 网络服务平台构建流程设计

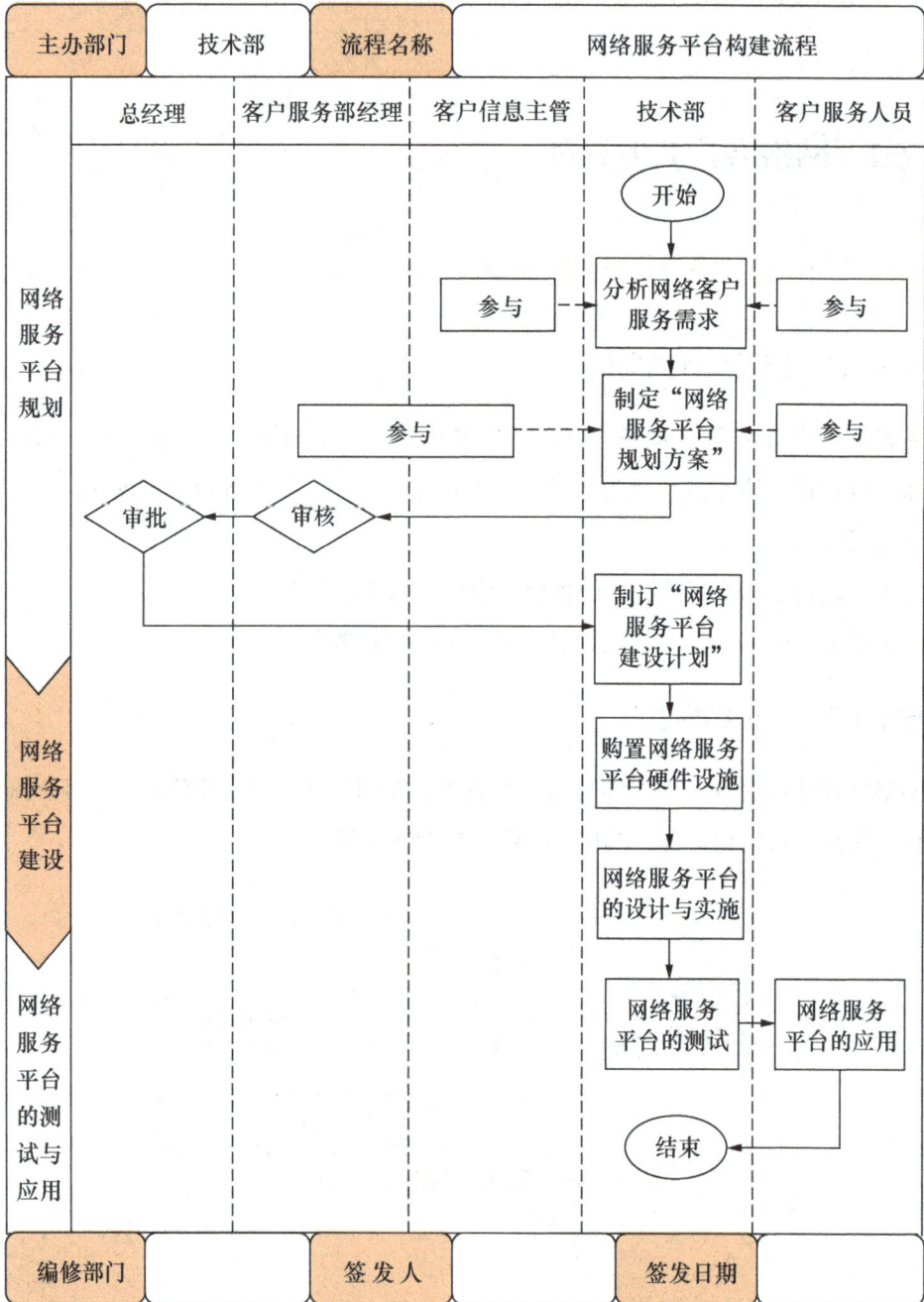

主办部门	技术部		流程名称	网络服务平台构建流程		
	总经理	客户服务部经理	客户信息主管	技术部	客户服务人员	

网络服务平台规划

```
                                              开始
                                               │
                                               ▼
              参与  ─ ─ ─ ─ ─ ─ ─ ─ ─ →  分析网络客户  ← ─ ─   参与
                                          服务需求
                                               │
                                               ▼
                      参与  ─ ─ ─ ─ ─ ─ →  制定"网络   ← ─ ─   参与
                                          服务平台
                                          规划方案"
                                               │
         审批  ←  审核  ← ─ ─ ─ ─ ─ ─ ─ ─ ─ ─ ─┘
          │
          │
          └ ─ ─ ─ ─ ─ ─ ─ ─ ─ ─ ─ ─ ─ ─ →  制订"网络
                                          服务平台
                                          建设计划"
                                               │
                                               ▼
                                          购置网络服务
                                          平台硬件设施
                                               │
                                               ▼
                                          网络服务平台
                                          的设计与实施
                                               │
                                               ▼
                                          网络服务     →   网络服务
                                          平台的测试        平台的应用
                                               │                │
                                               ▼                │
                                              结束  ← ─ ─ ─ ─ ─ ─┘
```

网络服务平台建设

网络服务平台的测试与应用

编修部门		签发人		签发日期		

6.1.2.2 网络服务平台构建的执行程序、工作标准、考核指标、执行规范

任务名称	执行程序、工作标准与考核指标
网络服务 平台规划	**执 行 程 序** **1. 分析网络客户服务需求** 　技术部平台构建人员对各种网络客户服务方式的优劣性进行分析，了解各种方式的适用条件。 **2. 制定"网络服务平台规划方案"** 　技术部平台构建人员应对网络服务平台的搭建工作进行规划，并制定"网络服务平台规划方案"，提交客户服务部经理审核、总经理审批。 **3. 制订"网络服务平台建设计划"** 　技术部平台构建管理人员应将各项工作分类，并预估工时；按照工作的难易程度以及所耗工时，进行人员安排，并制订"网络服务平台建设计划"。 **工作重点** 　在分析网络客户服务需求时，客户信息主管和相关客户服务人员要积极参与，协助企业技术部人员工作，以获得准确的需求信息。 **工 作 标 准** ☆内容标准："网络服务平台规划方案"包括网络服务方式的选择、网络服务平台硬件的选择、网络布局规划、网络服务平台的架构规划等内容。 ☆依据标准：技术部平台构建管理人员需要根据工作分配结果及工作事项的先后顺序制订"网络服务平台建设计划"。 **考 核 指 标** ☆"网络服务平台规划方案"通过率： $$\text{"网络服务平台规划方案"通过率} = \frac{\text{通过的方案数}}{\text{提交的方案总数}} \times 100\%$$ ☆"网络服务平台规划方案"内容合理、有可行性，符合企业的实际情况。
网络服务 平台建设	**执 行 程 序** **1. 购置网络服务平台硬件设施** 　技术部平台构建人员要先做好硬件的购置及装配工作。 **2. 网络服务平台的设计与实施** 　技术部平台构建人员应根据不同的网络服务方式，分别进行细项设计。 **工作重点** 　在平台设计与实施过程中，技术部平台构建人员要将构建过程中的所有信息都登记到"网络服务平台构建记录表"上。 **工 作 标 准** 细项设计包括用户界面设计、代码设计、网页设计。

任务名称	执行程序、工作标准与考核指标
网络服务平台的测试与应用	**执 行 程 序** **1. 网络服务平台的测试** 　技术部平台构建人员进行平台系统的各种组装测试和确认测试。 **2. 网络服务平台的应用** 　系统测试确认无误后，网络服务平台方可运行。 **工作重点** 　在整个网络服务平台测试过程中，技术部平台构建人员应将所有的测试信息登记到"网络服务平台测试检查表"上。
	工 作 标 准 　在应用过程中，客户服务人员要积极向技术部网络平台构建人员提出改进意见，从而不断完善网络平台建设。
执 行 规 范	

"网络服务平台规划方案""网络服务平台建设计划""网络服务平台构建记录表""网络服务平台测试检查表"。

客户服务全过程管理：流程设计与工作标准

6.1.3 客户流量获取的流程设计与工作执行

6.1.3.1 客户流量获取流程设计

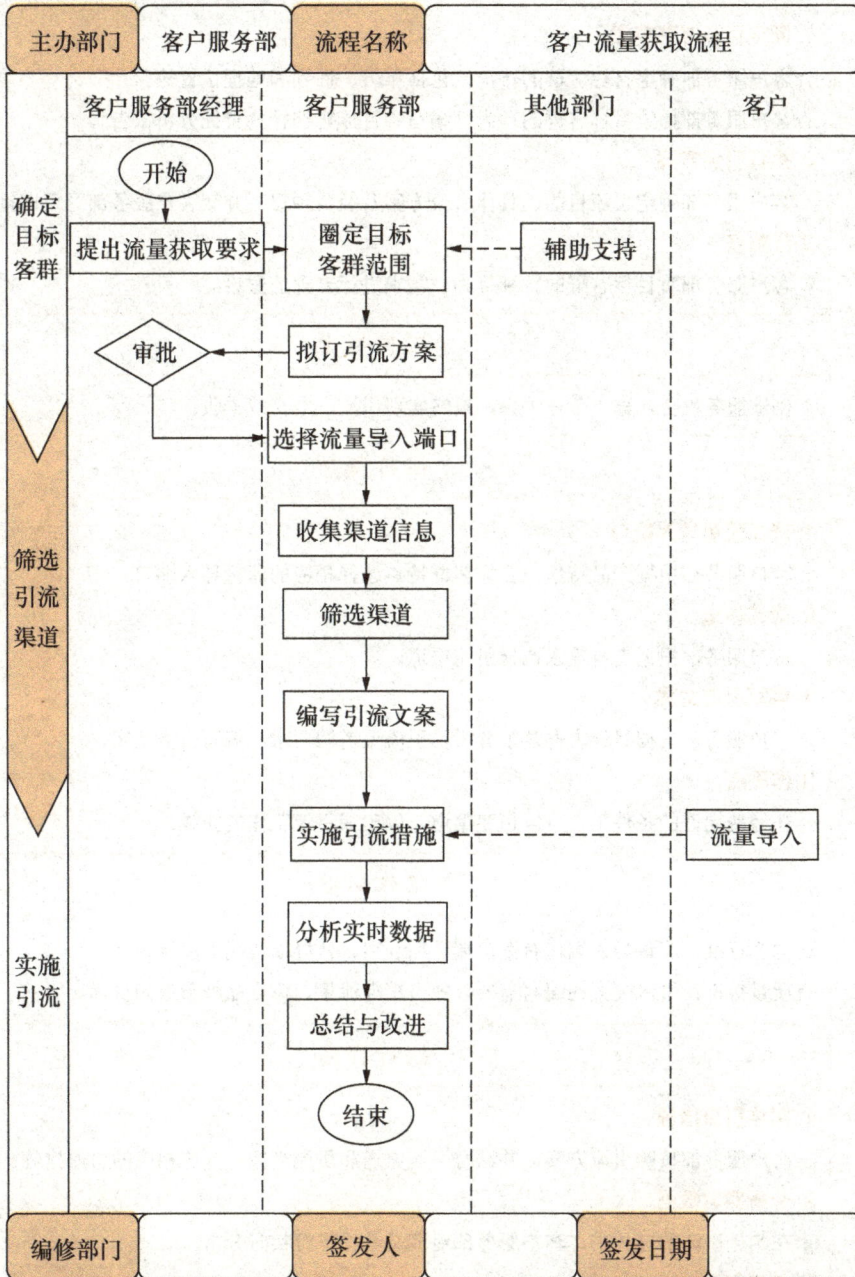

主办部门	客户服务部	流程名称	客户流量获取流程

客户服务部经理	客户服务部	其他部门	客户

确定目标客群

开始 → 提出流量获取要求 → 圈定目标客群范围 ← 辅助支持

拟订引流方案 → 审批

审批 → 选择流量导入端口

筛选引流渠道

收集渠道信息

筛选渠道

编写引流文案

实施引流

实施引流措施 ← 流量导入

分析实时数据

总结与改进

结束

编修部门		签发人		签发日期	

6.1.3.2　客户流量获取的执行程序、工作标准、考核指标、执行规范

任务名称	执行程序、工作标准与考核指标
确定目标客群	**执 行 程 序** **1. 圈定目标客群范围** ☆客户服务部确定目标客群的特征，包括年龄、性别和地理位置等。 ☆客户服务部描绘目标客群的行为，编写"目标客群行为特征分析报告"。 **2. 拟订引流方案** 　客户服务部确定引流目的、具体引流方案及经费预算，并交客户服务部经理审批。 **工作重点** 　客户服务部对目标客群的各种行为、需求进行合理的假设。 **工 作 标 准** 创造服务机会，建立信任关系，最终实现引流、成交双丰收。
筛选引流渠道	**执 行 程 序** **1. 选择流量导入端口** 　客户服务部根据产品特性、目标客群特点选择相应的流量导入端口。 **2. 筛选渠道** 　客户服务部根据自身需求选择引流渠道。 **3. 编写引流文案** 　客户服务部根据目标客群需求分析、引流渠道的要求，编写引流文案。 **工作重点** 　在经费允许的条件下，可以拓宽渠道，以确保引流工作的完成。 **工 作 标 准** ☆内容标准：流量导入端口有微信端、App 端、社群端、线下端等。 ☆质量标准：引流文案的编写需要以吸引精准流量、树立品牌形象为目标。
实施引流	**执 行 程 序** **1. 实施引流措施** 　客户服务部按照引流方案，并结合引流渠道和引流文案，实施相应的引流措施。 **2. 分析实时数据** 　在实施引流的过程中，客户服务部对流量数据进行实时分析。 **3. 总结与改进** 　客户服务部根据流量分析情况，对于引流渠道及引流文案进行相应的改进，并对此阶段的引流行为进行必要的总结。

（续）

任务名称	执行程序、工作标准与考核指标
实施引流	**工作重点** 客户服务部应尽量选择与具有数据自动分析功能的引流渠道合作。
	工 作 标 准
	☆质量标准：数据分流分层，减少蒸发量，增加用户留量。 ☆方法标准：数据分析方法包括网页分析、路径分析、坑位流量分析等。
	考 核 指 标
	流量监控准确、及时。
执 行 规 范	
"流量获取方案""流量监控记录表""目标客群行为特征分析报告"。	

6.1.4 客户流量转化的流程设计与工作执行

6.1.4.1 客户流量转化流程设计

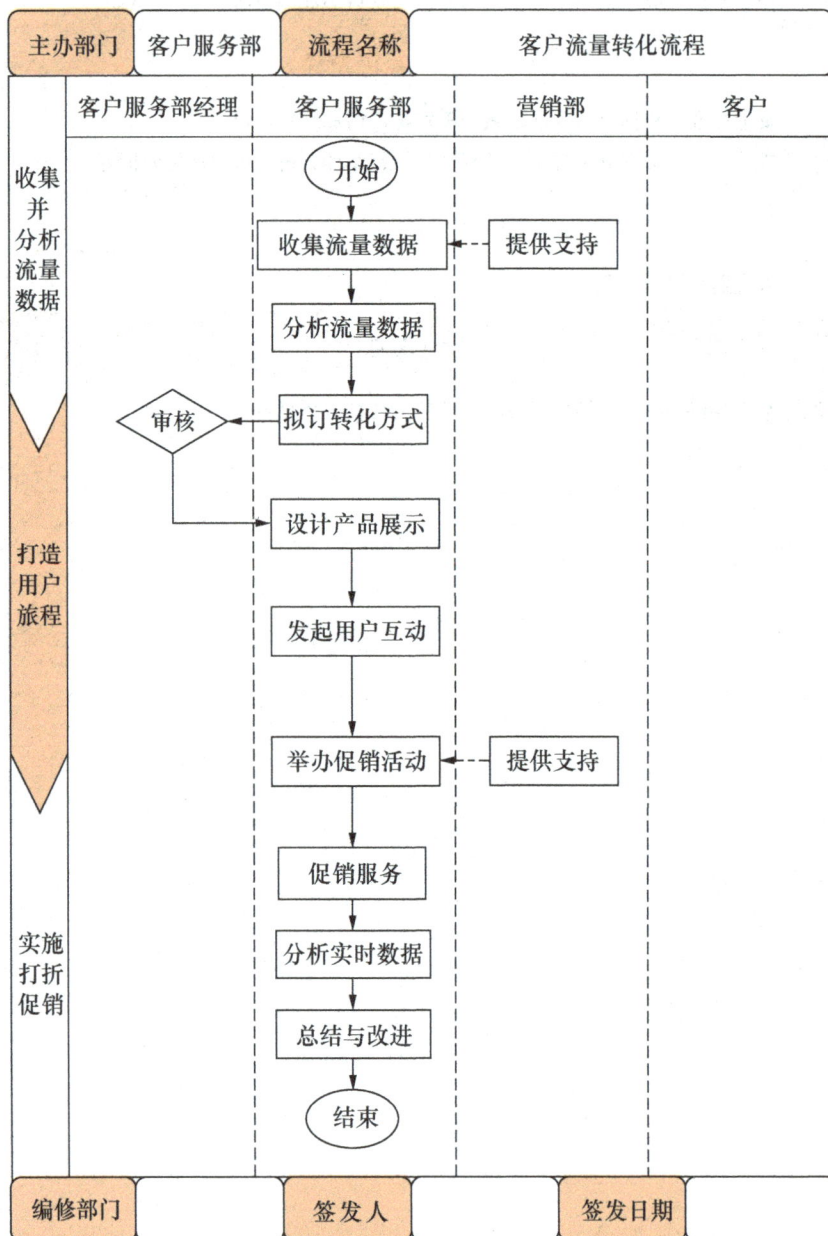

主办部门	客户服务部	流程名称	客户流量转化流程

	客户服务部经理	客户服务部	营销部	客户
收集并分析流量数据		开始		
		收集流量数据 ← 提供支持		
		分析流量数据		
打造用户旅程	审核 ← 拟订转化方式			
		设计产品展示		
		发起用户互动		
		举办促销活动 ← 提供支持		
实施打折促销		促销服务		
		分析实时数据		
		总结与改进		
		结束		

编修部门		签发人		签发日期	

6.1.4.2 客户流量转化的执行程序、工作标准、考核指标、执行规范

任务名称	执行程序、工作标准与考核指标
收集并分析流量数据	**执 行 程 序** **分析流量数据** 　客户服务部收集流量数据并进行实时分析，监测每个网页的流量 PV、UV、浏览时长、跳出率，以及站点的受访页面、来路页面，进而分析导入流量的精准性。 **工作重点** 　精准客户占所触达人群的比例越高，获得的流量就越有效。 **工 作 标 准** ☆内容标准：精准流量包含个人公众号、微信群等；泛流量包含公众号、App、小程序等。 ☆质量要求：数据准确，分析导向具有方向性、目的性，可协助达成流量转化任务。
打造用户旅程	**执 行 程 序** **1. 拟订转化方式** 　客户服务部拟订流量转化方式，报客户服务部经理审核。 **2. 设计产品展示** 　审核通过后，客户服务部根据产品内容进行产品展示的设计工作。 **3. 发起用户互动** 　客户服务部主动了解提供的产品或服务是否符合用户的期待，发起用户互动，引导客户购买。 **工作重点** 　没有互动和交流，就没有认可和信任，客户服务部应积极发起用户互动。 **工 作 标 准** ☆内容标准：用户旅程由营销的内容、精准的推荐、加入购物车后的转化、促销信息的触达率、"满减"的设计及使用效率等多个环节组成。 ☆质量标准：发起用户互动，通过对用户情绪的捕捉和洞察，使用户旅程和品牌体验更完美。 **考 核 指 标** 主要以客户的满意度为考核指标。
实施打折促销	**执 行 程 序** **1. 举办促销活动** 客户服务部联合营销部设计并举办促销活动，吸引客户购买。 **2. 分析实时数据** 客户服务部分析实时销售数据，得出流量转化的具体量化结果。

（续）

任务名称	执行程序、工作标准与考核指标
实施打折促销	**工作重点** 在促销过程中客户服务部应做好销售服务工作，积极应对客户咨询。
	工作标准
	客户服务部应了解用户访问网站的高峰时间段，从而有针对性地调整更新内容的时间；挖掘用户喜欢的页面和内容类型，以调整相同层级的页面倾斜；挖掘用户的来源渠道和潜在需求；分析数据，提高转化率。

执行规范
"产品促销活动方案""产品展示设计方案"。

6.2 网络客户个性化服务管理

6.2.1 网络客户个性化服务管理的流程设计

6.2.1.1 流程设计的目的

成功开发网络客户的关键在于提供个性化服务和开展多元化促销活动。在实践中，设计网络客户个性化服务管理流程的目的如下。

（1）保证网络客户个性化服务管理各项工作安排妥当，分工明确。

（2）规范网络客户服务程序，提高企业网络客户服务的质量。

（3）掌握网络客户的消费信息和资料，维护客户关系，推动网络市场营销的顺利进行。

6.2.1.2 流程结构设计

网络客户个性化服务管理流程可细分为两个流程，即网络客户个性化服务流程、网络客户维护流程，具体结构设计如图 6-2 所示。

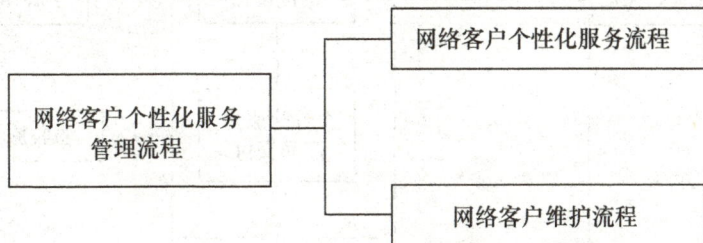

图 6-2 网络客户个性化服务管理流程结构设计

6.2.2 网络客户个性化服务的流程设计与工作执行

6.2.2.1 网络客户个性化服务流程设计

主办部门	客户服务部	流程名称	网络客户个性化服务流程

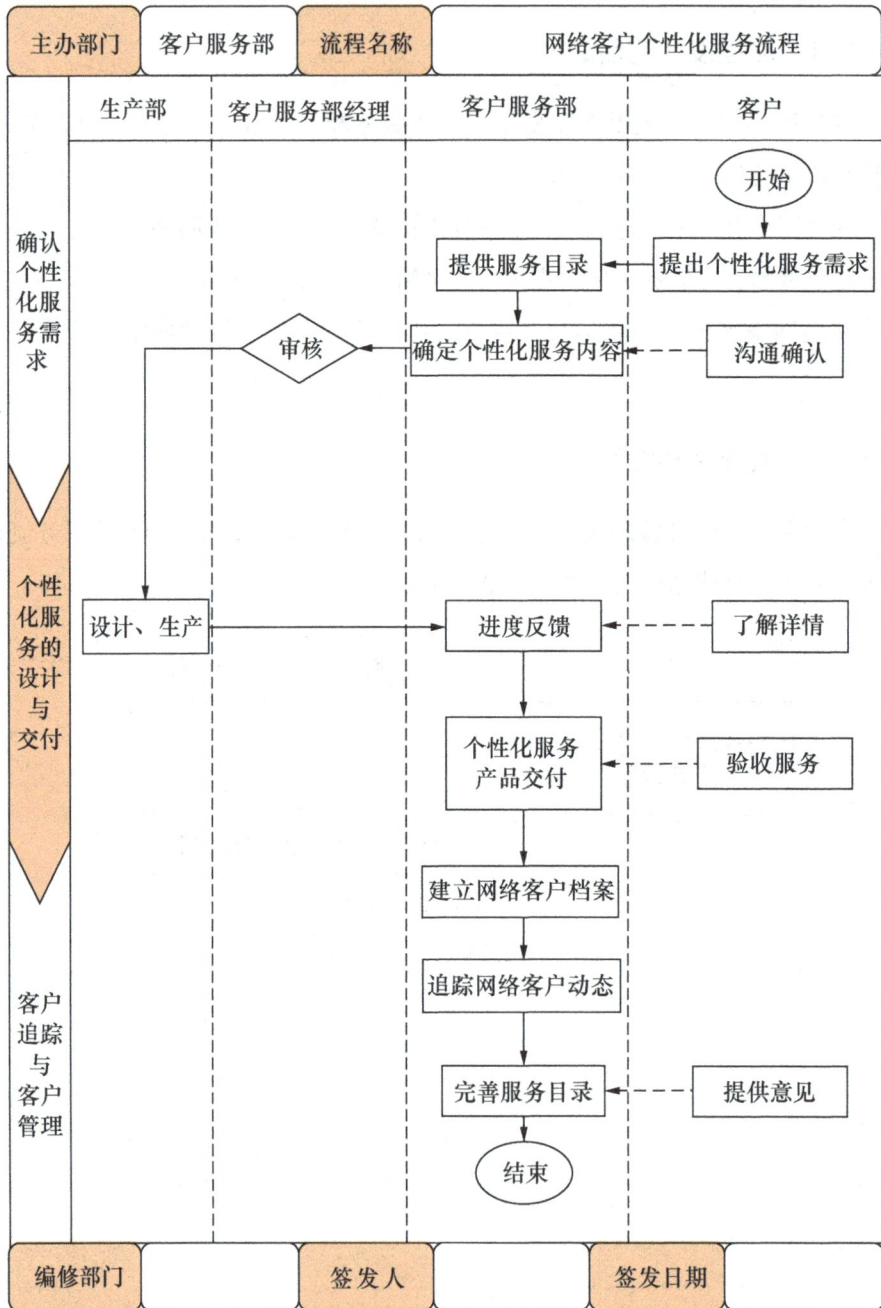

生产部	客户服务部经理	客户服务部	客户

确认个性化服务需求

开始 → 提出个性化服务需求 → 提供服务目录 → 审核 ← 确定个性化服务内容 ← 沟通确认

个性化服务的设计与交付

设计、生产 → 进度反馈 ← 了解详情

个性化服务产品交付 ← 验收服务

客户追踪与客户管理

建立网络客户档案 → 追踪网络客户动态 → 完善服务目录 ← 提供意见 → 结束

编修部门		签发人		签发日期	

6.2.2.2　网络客户个性化服务的执行程序、工作标准、考核指标、执行规范

任务名称	执行程序、工作标准与考核指标
确认个性化服务需求	**执 行 程 序** **1. 提供服务目录** ☆网络客户根据个人的情况提出个性化服务需求。 ☆客户服务部提供服务目录和搜索引擎工具，协助网络客户快速查询所需要的服务类型。 **2. 确定个性化服务内容** 　客户服务部与网络客户确认个性化服务的具体内容，并报客户服务部经理审核。 **工作重点** ☆企业要及时了解网络客户需求的变化，更新服务配置，尽可能满足客户的要求。 ☆企业需要对服务目录进行适时的更新。 **工 作 标 准** ☆质量标准：客户服务部要以多样化的文本、图片等形式，向网络客户直观地、全方位地展示服务的基本信息和特点。 ☆效率标准：客户服务部应在网络客户提出服务需求后的＿＿小时内，与其进行沟通。
个性化服务的设计与交付	**执 行 程 序** **1. 设计、生产** 　个性化服务订单经确认后，生产部根据订单信息，进行有针对性的设计和生产。 **2. 进度反馈** ☆客户服务部定时反馈个性化服务设计、加工的进度。 ☆客户服务部收集网络客户反馈信息，并将信息传递给生产部。 **3. 个性化服务产品交付** 　客户服务部及时交付个性化服务产品，并协助客户进行验收。 **工作重点** 　企业可设置通用服务模块和特殊服务模块，并将服务产品按照不同的元素划分为不同模块，再以此来配置网络客户所需的服务。 **工 作 标 准** ☆质量标准：企业在服务过程中应时刻站在客户的角度，针对不同客户的不同需求灵活运用各种服务技巧，同时企业需要在实现客户满意度和控制经营成本之间寻求平衡。 ☆内容标准：个性服务订单信息应包括客户资料、订单预交付日期、产品信息等。

任务名称	执行程序、工作标准与考核指标
个性化服务的设计与交付	**考核指标** ☆交付完成率： $$交付完成率 = \frac{交付完成的服务产品数}{需要交付的服务产品总数} \times 100\%$$ ☆客户的满意度。
客户追踪与客户管理	**执行程序** **1. 建立网络客户档案** 客户服务部按照网络客户需求与客户网站浏览数据将网络客户分类并建立网络客户档案。 **2. 追踪网络客户动态** 客户服务部跟踪记录网络客户在网站留下的消费动态，对客户进行动态管理。 **3. 完善服务目录** 客户服务部根据网络客户动态，分析网络客户喜好，主动提供更有针对性的服务目录，以满足网络客户的个性化需求。 **工作重点** 根据网络客户以往的购买习惯，判断网络客户属于哪类人，并分析这类人喜欢的是哪一类产品和赠品，从而对其进行标签化。 **工作标准** 客户服务部应以最快的速度了解网络客户需求，最大限度地满足客户需求，彻底消除客户的顾虑，高效解决售后问题。

执行规范
"网络客户个性化服务目录""网络客户个性化服务合同""网络客户个性化服务需求表单"。

客户服务全过程管理 流程设计与工作标准

6.2.3 网络客户维护的流程设计与工作执行

6.2.3.1 网络客户维护流程设计

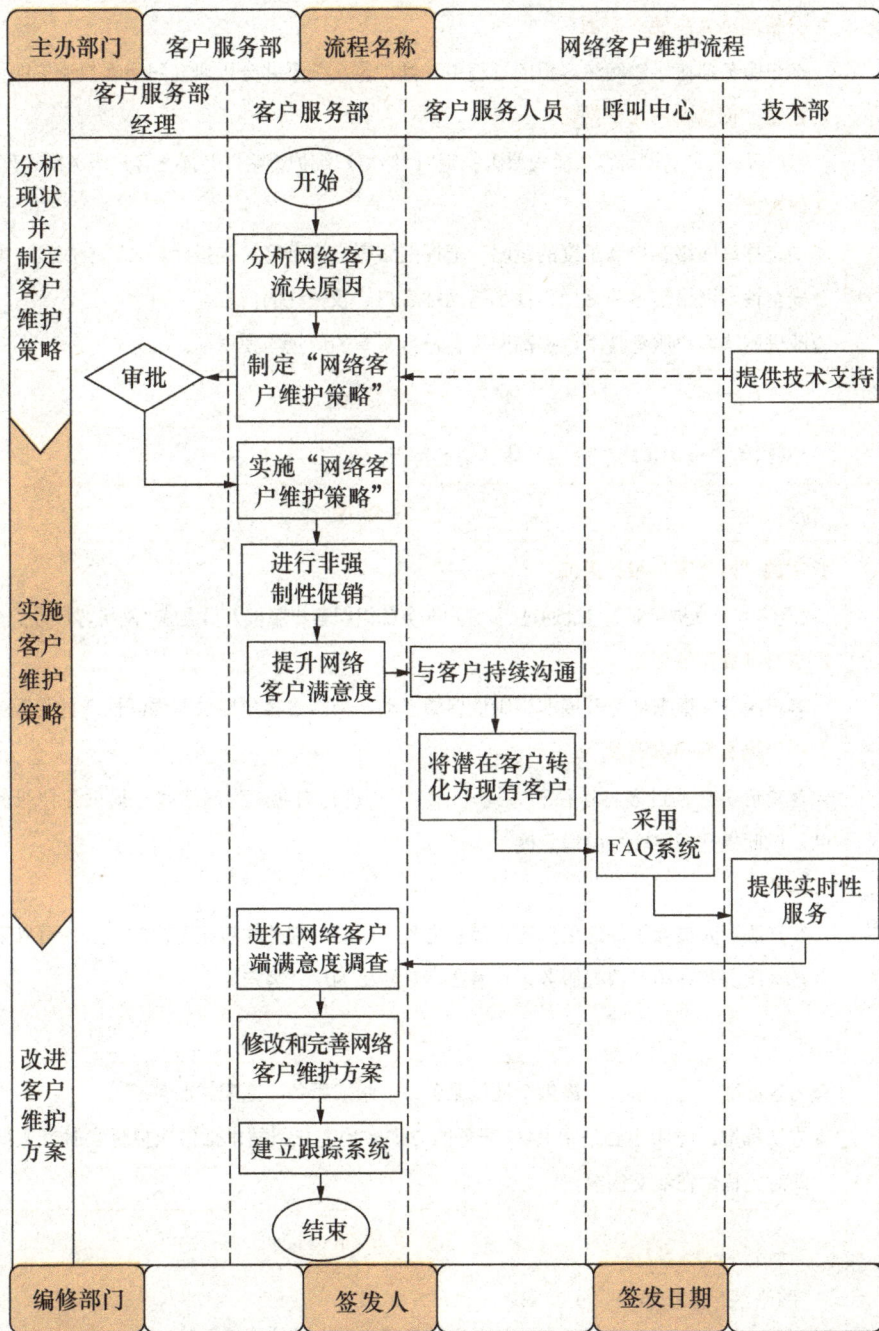

主办部门	客户服务部	流程名称	网络客户维护流程		
	客户服务部经理	客户服务部	客户服务人员	呼叫中心	技术部

分析现状并制定客户维护策略

开始 → 分析网络客户流失原因 → 制定"网络客户维护策略" → 审批

制定"网络客户维护策略" ← 提供技术支持

实施客户维护策略

实施"网络客户维护策略" → 进行非强制性促销 → 提升网络客户满意度 → 与客户持续沟通 → 将潜在客户转化为现有客户 → 采用FAQ系统 → 提供实时性服务

改进客户维护方案

进行网络客户端满意度调查 → 修改和完善网络客户维护方案 → 建立跟踪系统 → 结束

编修部门		签发人		签发日期	

6.2.3.2 网络客户维护的执行程序、工作标准、考核指标、执行规范

任务名称	执行程序、工作标准与考核指标
分析现状并制定客户维护策略	**执 行 程 序** **1. 分析网络客户流失原因** 　客户服务部在接触网络客户的过程中，维护客户关系并分析研究网络客户流失的原因。 **2. 制定"网络客户维护策略"** 　客户服务部针对网络客户流失原因制定"网络客户维护策略"，并提交客户服务部经理审批。 **工作重点** ☆制定提高网络客户满意度的策略，把握网络客户满意度关键指标。及时响应度、网络的安全性、网络信息的易操作性都是网络客户比较关注的内容。 ☆改进网络客户服务技术，提高网络客户数据库的质量与使用率。 **工 作 标 准** "网络客户维护策略"内容具体、切实可行。
实施客户维护策略	**执 行 程 序** **1. 实施"网络客户维护策略"** 　"网络客户维护策略"审批通过后，客户服务部组织客户服务人员实施"网络客户维护策略"。 **2. 进行非强制性促销** 　客户服务部根据许可开展非强制性促销活动，为网络客户提供非强制性选择式服务。 **3. 提升网络客户满意度** 　客户服务部通过多种途径和方式与网络客户进行沟通，为网络客户提供各种服务和帮助，以此提升网络客户的满意度。 **工作重点** 　客户服务人员除了保证现有客户满意之外，还应时刻关注潜在客户的需求，可以采用公共社区服务和介绍邀请式服务来将潜在客户转化为现有客户。 **工 作 标 准** ☆内容标准：为网络客户提供个性化服务、一站式服务、匹配式服务等。 ☆方法标准：呼叫中心采用 FAQ 服务的方式维护客户，技术部门应提供实时性服务，如即时通信、在线交谈等。 **考 核 指 标** "网络客户维护策略"实施率： $$\text{"网络客户维护策略"实施率} = \frac{\text{实施的"网络客户维护策略"数}}{\text{"网络客户维护策略"总数}} \times 100\%$$

任务名称	执行程序、工作标准与考核指标
改进客户维护方案	**执 行 程 序** **1. 进行网络客户满意度调查** 　客户服务部定期进行网络客户满意度调查，了解网络客户对企业客户服务工作的意见和建议。 **2. 修改和完善网络客户维护方案** 　客户服务部根据网络客户满意度调查和网络客户评价信息，对现有的网络客户维护方案进行修改和完善。 **3. 建立跟踪系统** 　客户服务部建立网络客户满意度跟踪系统，定期跟踪调查网络客户，有针对性地指导网络客户维护工作，以降低网络客户流失率。 **工作重点** 　客户服务人员应做好进行网络客户满意度调查的准备，明确目标客户群、竞争对手、影响客户行为的因素、所使用的系统是否支持进行多种渠道的网络客户满意度调查等。 **工 作 标 准** ☆依据标准：客户服务部应根据网络客户提出的影响满意度的因素，对"网络客户维护策略"进行相应的调整，针对不同的影响因素，提出相应的策略。 ☆方法标准：在网络客户满意度评价工作中，客户服务部应确定合适的评价内容，选择恰当的评价方式，这对改善客户关系有一定的指导意义。 **执 行 规 范** "网络建设策略""网络客户维护策略""客户满意度调查问卷"。

第 6 章 网络客户获取与个性化服务实施过程

7.1　呼叫中心运营与规划管理

7.1.1　呼叫中心运营与规划管理的流程设计

7.1.1.1　流程设计的目的

呼叫中心是指在一个相对集中的场所，由一批服务人员组成的服务机构。呼叫中心通常利用计算机通信技术处理客户的电话咨询。呼叫中心尤其具备同时处理大量来电的能力，可将来电自动分配给具备相应技能的人员，并能记录和储存所有来电信息。正因如此，呼叫中心的运营与规划工作非常重要，在实践中，企业设立呼叫中心运营与规划管理流程的目的如下。

（1）规范呼叫中心的运营过程，确保呼叫中心内部工作高效，与各部门配合默契，各项工作顺利开展，提高客户服务质量。

（2）规范呼叫中心的规划过程，确保呼叫中心的工作目标不脱离企业的整体目标，始终为客户提供卓越的服务。

7.1.1.2　流程结构设计

呼叫中心运营与规划管理流程可细分为两个流程，即呼叫中心运营管理流程和呼叫中心规划管理流程，具体结构设计如图 7-1 所示。

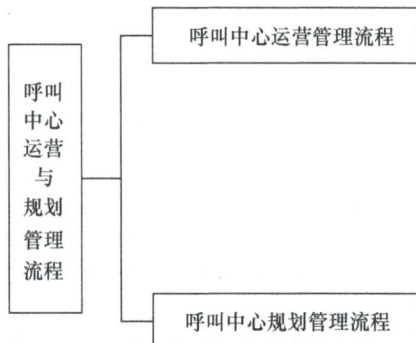

图 7-1　呼叫中心运营与规划管理流程结构设计

7.1.2 呼叫中心运营管理的流程设计与工作执行

7.1.2.1 呼叫中心运营管理流程设计

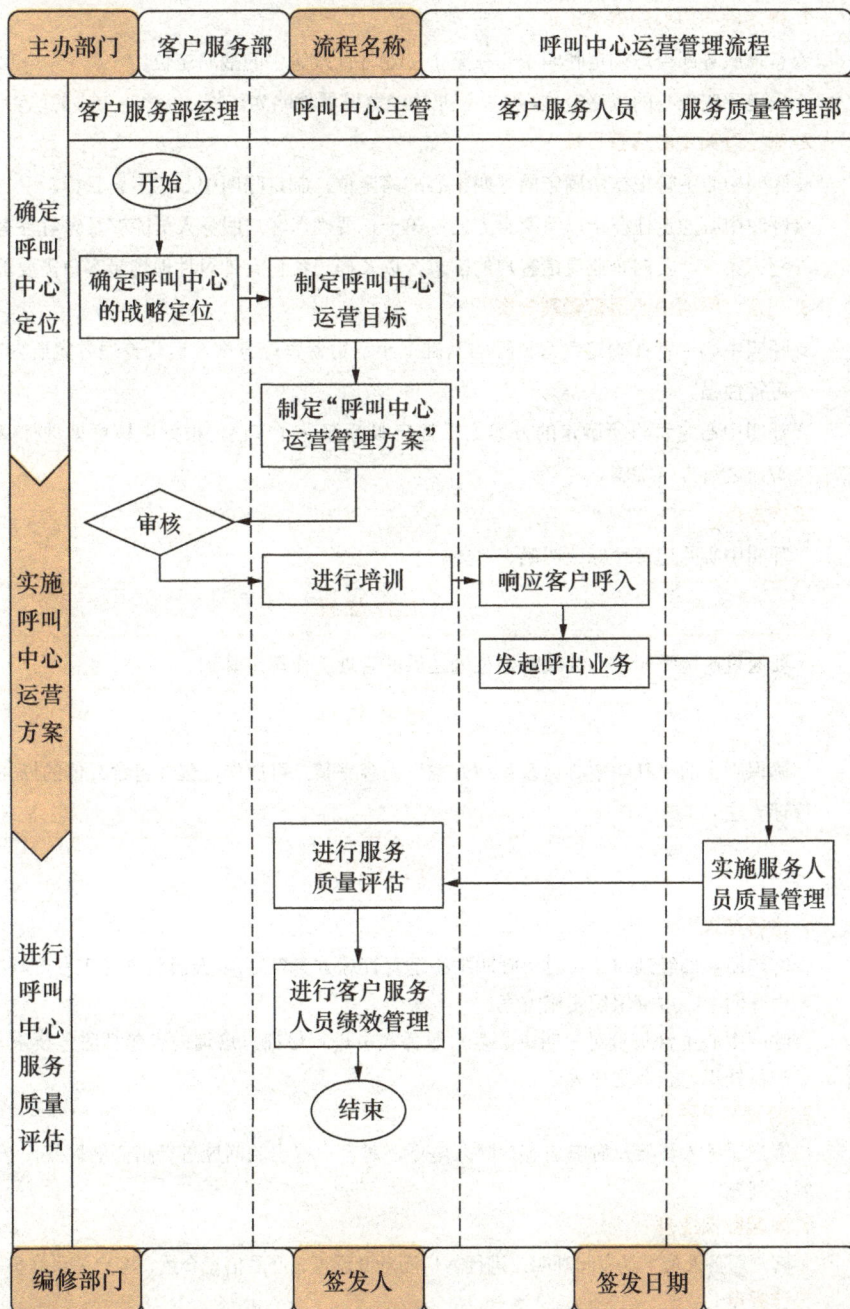

主办部门	客户服务部	流程名称	呼叫中心运营管理流程

	客户服务部经理	呼叫中心主管	客户服务人员	服务质量管理部

确定呼叫中心定位
- 开始
- 确定呼叫中心的战略定位
- 制定呼叫中心运营目标
- 制定"呼叫中心运营管理方案"

实施呼叫中心运营方案
- 审核
- 进行培训
- 响应客户呼入
- 发起呼出业务

进行呼叫中心服务质量评估
- 进行服务质量评估
- 实施服务人员质量管理
- 进行客户服务人员绩效管理
- 结束

编修部门		签发人		签发日期	

7.1.2.2　呼叫中心运营管理的执行程序、工作标准、考核指标、执行规范

任务名称	执行程序、工作标准与考核指标
确定呼叫中心定位	**执 行 程 序** **1. 确定呼叫中心的战略定位** ☆客户服务部经理确定呼叫中心在整个企业方针政策中的战略定位。 ☆确定呼叫中心的战略定位，要以企业的经营发展战略为依据，以呼叫中心的职责为基础。 **2. 制定呼叫中心运营目标** ☆呼叫中心主管根据所确定的呼叫中心战略定位，制定呼叫中心的运营目标。 ☆呼叫中心的责任在于以下两个方面：第一，要确保客户服务人员能够及时解答客户的问题；第二，要向企业反馈客户的需求，以及提出如何有针对性地满足客户需要的建议。 **3. 制定"呼叫中心运营管理方案"** ☆呼叫中心主管在确定运营目标的基础上制定运营管理方案，运营管理方案要内容全面，可行性强。 ☆呼叫中心主管将所确定的方案上报客户服务部经理审核，根据审核意见进行修改和完善，之后方可实施。 **工作重点** 呼叫中心的运营目标应明确、具体。 **工 作 标 准** 要通过确定呼叫中心的战略定位为之后的管理工作奠定基础。 **考 核 指 标** 确保制定的"呼叫中心运营管理方案"内容完整，可操作性强（包含具体的操作程序和管理方法）。
实施呼叫中心运营方案	**执 行 程 序** **1. 进行培训** ☆客户服务部经理审核通过"呼叫中心运营管理方案"后，要及时将文件下发到呼叫中心，由呼叫中心主管组织实施方案。 ☆呼叫中心主管负责对呼叫中心客户服务人员进行培训。培训内容包括服务要求与规范、产品知识、企业文化等。 **2. 响应客户呼入** 客户服务人员要及时响应客户呼入电话，对客户提出的问题进行耐心的解答，帮助客户解决问题。 **3. 发起呼出业务** 客户服务人员主动发起呼叫，进行客户满意度调查、产品信息介绍、客户关系维护等工作。 **工作重点** ☆呼叫中心的培训工作非常重要，要加强培训内容的实用性，使其对客户服务人员的工作发挥指导作用。

任务名称	执行程序、工作标准与考核指标
实施呼叫中心运营方案	☆客户服务人员向目标客户推销产品与服务时，要采取合适的推销技巧，工作完成后要及时总结，并提交总结报告。 **工 作 标 准** 参照同行业其他企业的服务培训标准及方法。 **考 核 指 标** 培训计划完成率： $$培训计划完成率 = \frac{实际完成的培训项目}{计划完成的培训项目} \times 100\%$$
进行呼叫中心服务质量评估	**执 行 程 序** **1. 进行服务质量评估** 呼叫中心主管定期对服务质量进行评估，并进行相关项目的改进与完善。 **2. 进行客户服务人员绩效管理** 呼叫中心主管定期对客户服务人员进行绩效管理与评估，调动其工作积极性和主动性。 **工作重点** ☆对呼叫中心的服务质量要有明确的核查要求，企业要针对客户需求设计相关的服务质量指标并进行定期或不定期的核查，以提升服务的质量。 ☆在对客户服务人员进行绩效考核的工作中，要特别重视对服务态度的考核，因为服务人员的态度直接影响客户的体验。 **工 作 标 准** ☆参照标准：同行业其他企业的客户服务人员服务质量标准及绩效考核方案。 ☆目标标准：通过对呼叫中心服务质量的评估提升客户服务水平及相关客户服务人员的积极性和主动性。 **考 核 指 标** ☆客户满意度：要按照企业规定的客户服务质量标准和服务流程进行客户回访，评估客户对产品和服务的满意度。 ☆改进意见采纳率： $$改进意见采纳率 = \frac{被采纳的改进意见数}{提出的改进意见总数} \times 100\%$$

执 行 规 范

"呼叫中心运营管理方案""呼叫中心培训管理办法""呼叫中心人员培训方案"。

第 7 章 呼叫中心运营与客户互动实施过程

7.1.3 呼叫中心规划管理的流程设计与工作执行

7.1.3.1 呼叫中心规划管理流程设计

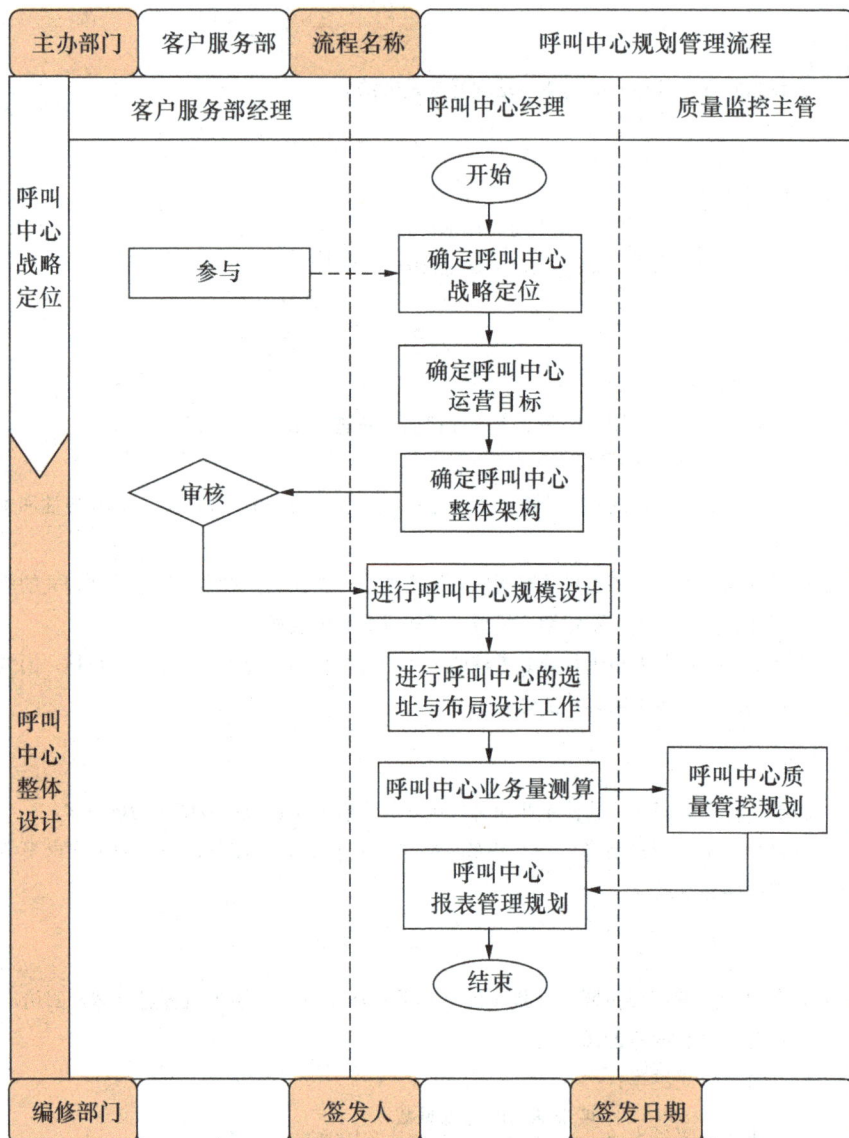

主办部门	客户服务部	流程名称	呼叫中心规划管理流程

	客户服务部经理	呼叫中心经理	质量监控主管

呼叫中心战略定位

开始

↓

参与 ┄┄> 确定呼叫中心战略定位

↓

确定呼叫中心运营目标

↓

确定呼叫中心整体架构 → 审核

呼叫中心整体设计

审核 → 进行呼叫中心规模设计

↓

进行呼叫中心的选址与布局设计工作

↓

呼叫中心业务量测算 → 呼叫中心质量管控规划

↓

呼叫中心报表管理规划

↓

结束

编修部门		签发人		签发日期	

7.1.3.2　呼叫中心规划管理的执行程序、工作标准、考核指标、执行规范

任务名称	执行程序、工作标准与考核指标
呼叫中心 战略定位	**执 行 程 序** **1. 确定呼叫中心战略定位** ☆呼叫中心经理参考客户服务部经理提出的意见确定呼叫中心的战略定位。 ☆在确定呼叫中心的战略定位后，呼叫中心经理要编写"呼叫中心战略定位说明书"。 **2. 确定呼叫中心运营目标** ☆呼叫中心经理根据呼叫中心战略定位，确定呼叫中心的运营目标。 ☆呼叫中心的责任在于确保客户的问题能被及时解答和反馈。 **工作重点** 　呼叫中心战略定位清晰、明确，运营目标明确、具体。 **工 作 标 准** 通过确定呼叫中心战略定位为之后的具体规划工作奠定基础。 **考 核 指 标** 呼叫中心战略定位的准确性：要与企业总体战略相符，并符合企业目前的实际情况。
呼叫中心 整体设计	**执 行 程 序** **1. 确定呼叫中心整体架构** ☆呼叫中心经理应在确定运营目标的基础上，确定呼叫中心的整体架构，编制"呼叫中 　心整体架构说明书"，并交客户服务部经理审核。 ☆呼叫中心应该能够将整合在一起的多种技术进行管理，能够了解客户的满意度，从而 　可以最大限度地分析客户行为并挖掘潜在客户。 **2. 进行呼叫中心规模设计** ☆"呼叫中心整体架构说明书"通过审核后，呼叫中心经理进行呼叫中心规模设计。 ☆呼叫中心经理进行规模设计时，需要考虑呼叫量、平均谈话时间、后期工作时间、呼 　叫中心员工数量和办公场所设施/设备要求等因素。 **3. 进行呼叫中心的选址与布局设计工作** ☆呼叫中心经理负责呼叫中心选址，一般情况下，企业在建立呼叫中心时需要考虑通信 　基础设施、人力资源、交通条件、建筑设施、灾难预防等因素。 ☆呼叫中心包括办公区和机房区，在进行呼叫中心工作环境设计时，需要考虑线路安排、 　室内采光、座椅设计等因素。 **4. 呼叫中心业务量测算** ☆呼叫中心经理需要对呼叫中心业务量进行测算，以便提前做好人员排班；对可预知的 　话务量影响因素提前做好准备，从而确保呼叫中心的正常运转。

任务名称	执行程序、工作标准与考核指标
呼叫中心整体设计	☆呼叫中心的业务量预测程序包括历史话务数据分析、剔除异常数据、寻找话务规律、建立并运用话务预测模型、生成下期预测量等。 **5. 呼叫中心质量管控规划** ☆质量监控主管负责对呼叫中心的质量管控工作进行规划。 ☆呼叫中心质量管控主要通过电话监听的方式来实现。 **6. 呼叫中心报表管理规划** ☆呼叫中心经理负责对呼叫中心报表管理工作进行规划，呼叫中心的报表可以划分为不同的类型：如按照载体划分，可分为书面报表、电子报表、公告信息牌；如按照频率划分，可分为历史报表和实时报表；如按照范围划分，可分为系统报表和业务报表。 ☆呼叫中心报表管理的规范贯穿于报表制作、审阅、报送、归档等流程之中。报表管理规范主要包括报表制作规范、报表报送规范和报表存档规范。 **工作重点** 客户服务部要高度重视对呼叫中心服务人员的培训工作，因为呼叫中心最终工作成果都体现在服务人员的服务上。
	工 作 标 准
	呼叫中心整体架构设计合理可行；呼叫中心规模适合企业需要，符合企业的实际需要；空间位置适合，有利于提高呼叫中心运作效率；安排合理，有利于提高员工的工作效率和工作积极性。
	考 核 指 标
	客户服务部经理对呼叫中心整体架构设计的满意度：以客户服务部经理的打分为依据，至少要达到____分。

执 行 规 范
"呼叫中心战略定位说明书""呼叫中心整体架构说明书"。

7.2 呼叫中心客户互动管理

7.2.1 呼叫中心客户互动管理的流程设计

7.2.1.1 流程设计的目的

呼叫中心客户互动业务是呼叫中心的主要业务，它包括客户信息查询、客户咨询、客户投诉等呼入业务，也包括客户回访、客户满意度调查等呼出业务。而且随着时代的发展，它的内涵越来越丰富。在实践中，设计呼叫中心客户互动管理流程的目的如下。

（1）为呼叫中心提供清晰的业务思路，帮助相关部门明确工作方向，理清关键的工作节点。

（2）帮助呼叫中心明确在进行客户服务时各小组、各岗位的工作规范，为呼叫中心工作人员提供合理的工作程序，统一呼叫中心客户服务的管理要求，提高工作效率和工作质量。

（3）加强呼叫中心服务过程的监控，建立与市场竞争环境相适应的激励机制。

7.2.1.2 流程结构设计

呼叫中心客户互动管理流程可细分为四个流程，即呼叫中心呼入业务流程、呼叫中心呼出业务流程、呼叫中心投诉应答业务流程与呼叫中心质量监控业务流程，具体结构设计如图 7-2 所示。

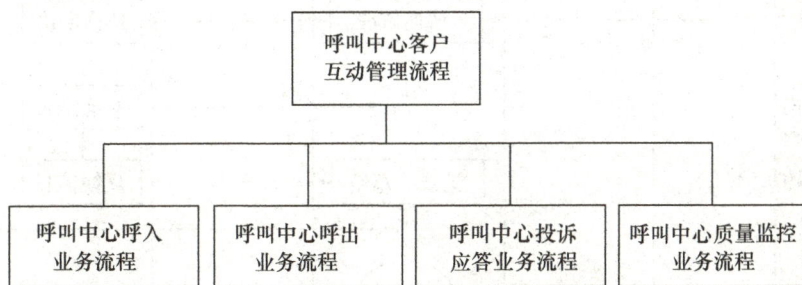

图 7-2　呼叫中心客户互动管理流程结构设计

7.2.2 呼叫中心呼入业务的流程设计与工作执行

7.2.2.1 呼叫中心呼入业务流程设计

主办部门	客户服务部	流程名称		呼叫中心呼入业务流程

	相关部门	客户服务部经理	接线人员	技术中心	客户

受理客户呼入并判断情况

- 开始 → 呼叫
- 自助服务（未解决 → 提供人工服务；解决）
- 提供人工服务 → 问候客户 → 询问目的 → 判断是否合理（否 → ；是 ↓）
- 判断能否解决（否 → 了解情况；是 ↓）
- 了解情况 → 制定方案 ← 协助

解决客户问题

- 协助 协助 → 协商解决 ⇢ 协商解决
- 协商解决 → 接受结果 → 反馈信息
- 记录、总结 ← 反馈信息
- 结束

编修部门		签发人		签发日期	

7.2.2.2　呼叫中心呼入业务的执行程序、工作标准、考核指标、执行规范

任务名称	执行程序、工作标准与考核指标
受理客户呼入并判断情况	**执 行 程 序** **1. 自助服务** ☆技术中心自助服务系统受理客户呼入业务，若自助服务系统能够解决客户的问题，则呼入业务结束。 ☆若自助服务系统不能解决客户的问题，则转为人工服务。 **2. 询问目的** ☆接线人员接听客户来电，礼貌地询问客户的来电意图，并判断客户的要求是否合理，以及是否能够独立解决客户的问题。 ☆若客户的要求不合理，接线人员则应礼貌地拒绝。 ☆若客户的要求合理，接线人员则应判断能否在权限范围内满足客户提出的要求，在权限范围内的，应尽快处理，超出处理权限的，要报客户服务部经理解决。 **工作重点** 　与客户交谈时，接线人员应使用规范用语，简单、明了地回答客户的问题。 **工 作 标 准** ☆参照标准：同行业其他企业受理客户呼入业务的标准和规范。 ☆质量标准：客户呼入业务的受理完全按照规范执行，差错率低。 **考 核 指 标** 　自助服务系统运行情况：自助服务系统可控性强，响应及时、快速，能提供全面的客户服务。
解决客户问题	**执 行 程 序** **1. 制定方案** ☆接线人员将不在能力或职权范围内的客户问题，转交上级解决。 ☆客户服务部经理要先了解情况，然后根据客户要求与相关部门协商，制定解决方案。 **2. 协商解决** ☆接线人员对于能够独自解决的问题，要与客户积极交流，为客户答疑解惑。 ☆接线人员对于不能独自解决的问题，要根据客户服务部经理与相关部门商定的解决方案，在上级领导和相关部门的配合下进行处理。 **3. 记录、总结** 　客户的问题得到解决后，接线人员要记录客户反馈的相关信息，回顾问题解决的全流程，并进行总结。 **工作重点** ☆在协商解决问题时，接线人员要有效地掌握通话的主动权。例如，接线人员可以灵活运用发问的技巧引导客户；可以通过总结、澄清的技巧将话题始终固定在核心问题上，从而节约时间，提升客户满意度。 ☆在与客户沟通时，接线人员要表示愿意帮助其解决问题的诚意，而不是一味地安抚客户的情绪，要将谈话重点始终放在如何解决问题上。

任务名称	执行程序、工作标准与考核指标
解决客户问题	**工 作 标 准**
	☆参照标准：同行业其他企业解决客户问题方面的经验和教训。 ☆目标标准：及时解决客户问题，提升客户的满意度和忠诚度。
	考 核 指 标
	客户满意度：请接受随机调研的客户对呼入中心解决客户问题的业务水平打分，以平均分为标准进行衡量。
执 行 规 范	
"呼叫中心呼入业务管理制度"。	

客户服务全过程管理 流程设计与工作标准

7.2.3 呼叫中心呼出业务的流程设计与工作执行

7.2.3.1 呼叫中心呼出业务流程设计

主办部门	客户服务部	流程名称	呼叫中心呼出业务流程

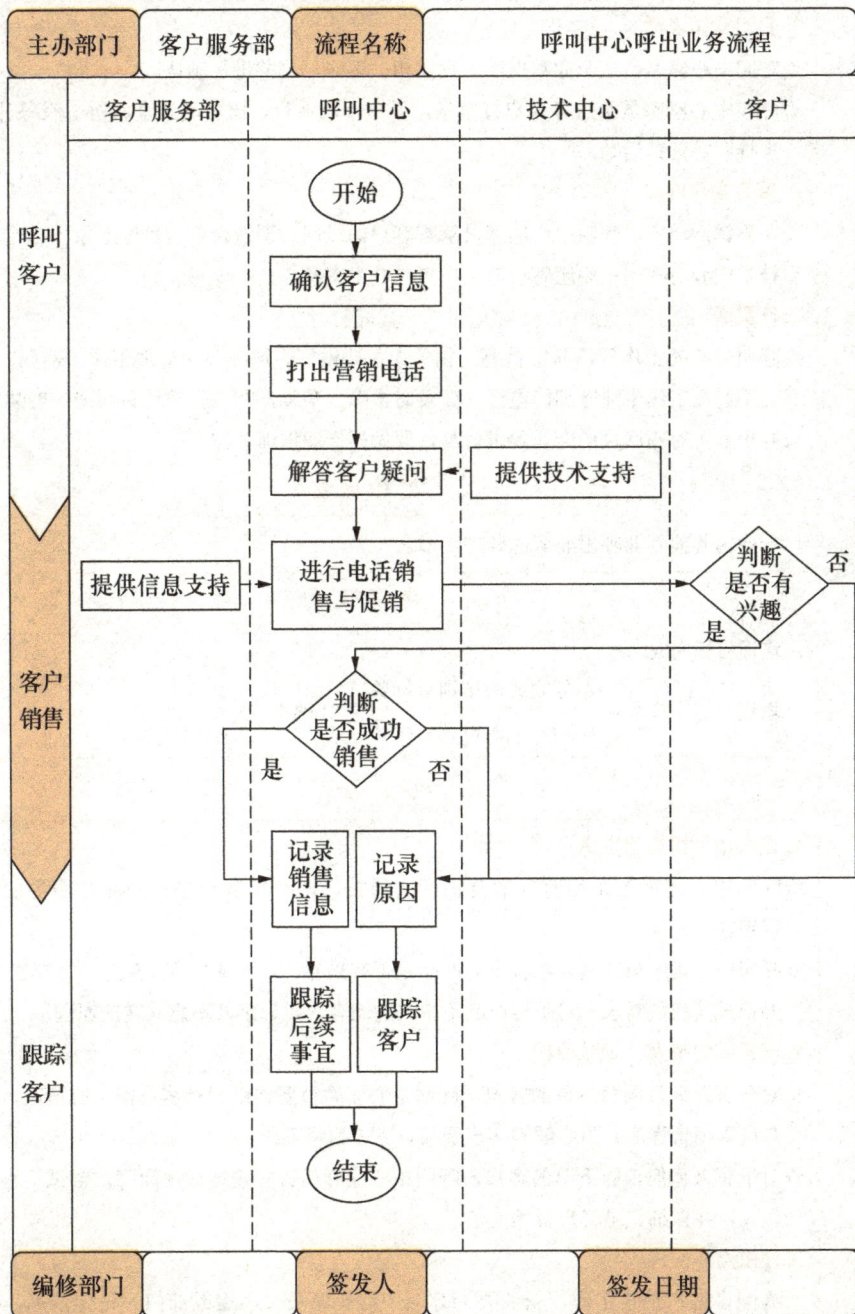

编修部门		签发人		签发日期

7.2.3.2　呼叫中心呼出业务的执行程序、工作标准、考核指标、执行规范

任务名称	执行程序、工作标准与考核指标
呼叫客户	**执 行 程 序** **1. 打出营销电话** ☆呼叫中心座席员从企业数据库中查找相关客户信息并进行确认。 ☆呼叫中心座席员给目标客户打电话，开展市场调查、服务满意度回访、服务升级、优惠推荐等营销活动。 **2. 解答客户疑问** ☆在营销活动中，呼叫中心座席员解答客户的疑问，<u>塑造企业的良好形象</u>。 ☆技术中心对呼叫中心座席员的工作提供技术支持。 **工作重点** ☆呼叫中心的工作现场非常重要，相关人员要做好现场细节的管理工作。例如，未经允许不能在工作中泄露部门电话，要及时报障、消障，在工作现场必须统一着装等。 ☆呼出业务对座席员的专业要求较高，要做好专业培训工作。 **工 作 标 准** 行业内其他企业呼出业务的管理细节。 **考 核 指 标** 培训目标完成率： $$培训目标完成率 = \frac{实际完成的培训目标数}{计划完成的培训目标数} \times 100\%$$
客户销售	**执 行 程 序** **1. 进行电话销售与促销** ☆呼叫中心座席员采用有效的营销和沟通技巧向目标客户进行产品和服务的推荐及促销。 ☆呼叫中心座席员准确判断客户对产品是否有兴趣，对于对产品有兴趣的客户进行销售，并记录其相关需求；对于对产品不感兴趣的客户，记录其不感兴趣的原因。 **2. 记录销售信息／记录原因** ☆对于有兴趣且同意下单的客户，呼叫中心座席员要详细记录客户需求等信息，指导客户进入销售程序，耐心解答客户疑问，完成销售工作。 ☆对于有兴趣但未能下单的客户，呼叫中心座席员应礼貌地询问原因，尝试请客户提出建议，并详细记录客户反馈的信息。 **工作重点** 为配合客户销售工作，企业要为呼叫中心座席员（小组或部门）设定清晰、明确的KPI指标。

任务名称	执行程序、工作标准与考核指标
客户销售	**工 作 标 准** 电话销售与促销有明显效果，许多客户能够顺利下单购买。 **考 核 指 标** ☆电话销售额完成率： $$电话销售额完成率 = \frac{实际完成的电话销售额}{计划完成的电话销售额} \times 100\%$$ ☆销售记录完整、准确、清晰、明了。
跟踪客户	**执 行 程 序** **跟踪后续事宜／跟踪客户** ☆对于进入销售环节的客户，呼叫中心座席员要留心跟踪后续销售事宜及售后事宜，若出现问题应及时为客户提供帮助。 ☆对于未能推销成功、未进入销售环节的客户，呼叫中心座席员也应保持对客户的跟踪，留意客户的需求变化，将其作为潜在客户继续观察，另选时机进行产品推荐。 **工作重点** 电话销售很难一次成功，对于潜在客户，呼叫中心座席员要做好长期跟踪、服务的准备。 **工 作 标 准** 通过跟踪客户进一步精准了解客户的需求，争取实现产品的成功销售。
	执 行 规 范
	"呼叫中心呼出业务管理制度"。

第 7 章 呼叫中心运营与客户互动实施过程

7.2.4 呼叫中心投诉应答业务的流程设计与工作执行

7.2.4.1 呼叫中心投诉应答业务流程设计

主办部门	客户服务部	流程名称	呼叫中心投诉应答业务流程

	呼叫中心	相关部门	客户

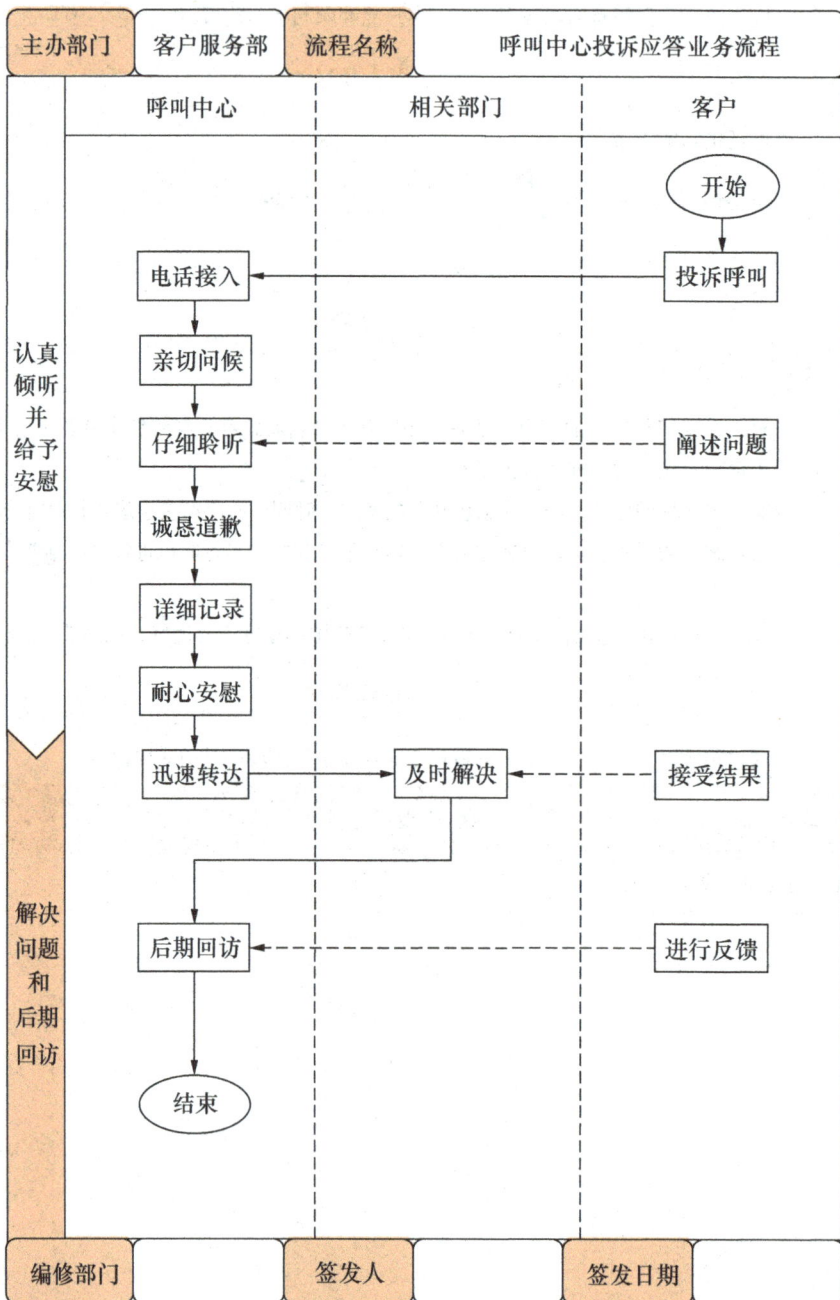

编修部门		签发人		签发日期	

7.2.4.2　呼叫中心投诉应答业务的执行程序、工作标准、考核指标、执行规范

任务名称	执行程序、工作标准与考核指标
认真倾听并给予安慰	**执行程序** **1. 仔细聆听** 　呼叫中心投诉处理专员接到客户投诉后，应亲切问候并耐心倾听客户投诉的内容，详细了解客户抱怨的事项和原因，注意避免与客户发生争执。 **2. 诚恳道歉** ☆对于因企业产品或服务质量问题给客户造成的财产损失或精神损失，呼叫中心投诉处理专员要先向客户表示诚恳的歉意。 **3. 详细记录** ☆呼叫中心投诉处理专员详细记录客户投诉或抱怨的内容、时间及客户的基本资料。 ☆呼叫中心投诉处理专员尽量安慰客户，缓和气氛，并做出立即处理的承诺。 **工作重点** ☆在倾听客户陈述的过程中，呼叫中心投诉处理专员要注意以下问题：关注客户的基本需求，鼓励客户说出自己的期望；始终以客户为中心；进行巧妙的提问，帮助客户理清思路并准确描述问题。 ☆在接听电话之前，呼叫中心投诉处理专员要调整好心态。 **工作标准** ☆参照标准：同行业其他企业的呼叫中心投诉处理流程与规范。 ☆目标标准：迅速、及时地受理投诉，为之后问题的解决打下基础。 **考核指标** 　呼叫中心投诉处理专员应仔细聆听客户投诉，整理谈话内容并录音。
解决问题和后期回访	**执行程序** **1. 迅速转达** 　呼叫中心投诉处理专员应将客户投诉的内容迅速、准确、完整地转达给相关部门。 **2. 及时解决** ☆相关部门接到投诉后应立即处理，明确具体的解决方法和期限。 ☆呼叫中心配合相关部门与客户及时沟通，解决问题。 **3. 后期回访** 　呼叫中心按时对客户进行回访，询问客户满意度，以增加客户对企业的好感。 **工作重点** ☆当客户意见与企业制度发生矛盾时，要避免与客户争论，并及时将问题转给相关专业人员。 ☆有些客户会提出许多问题，呼叫中心投诉处理专员要注意把握重点。

（第 7 章　呼叫中心运营与客户互动实施过程）

任务名称	执行程序、工作标准与考核指标
解决问题和后期回访	**工作标准** 呼叫中心投诉处理专员在投诉应答过程中应立场明确、态度良好，能够对客户进行引导，倾听、回答问题富有技巧性和建设性。 **考核指标** 客户满意度：请接受随机调研的客户对呼叫中心投诉应答工作进行评分，并以平均分为标准进行衡量。
执行规范	
"呼叫中心投诉应答管理细则""客户电话投诉处理报告""客户电话投诉处理培训方案"。	

7.2.5 呼叫中心质量监控业务的流程设计与工作执行

7.2.5.1 呼叫中心质量监控业务流程设计

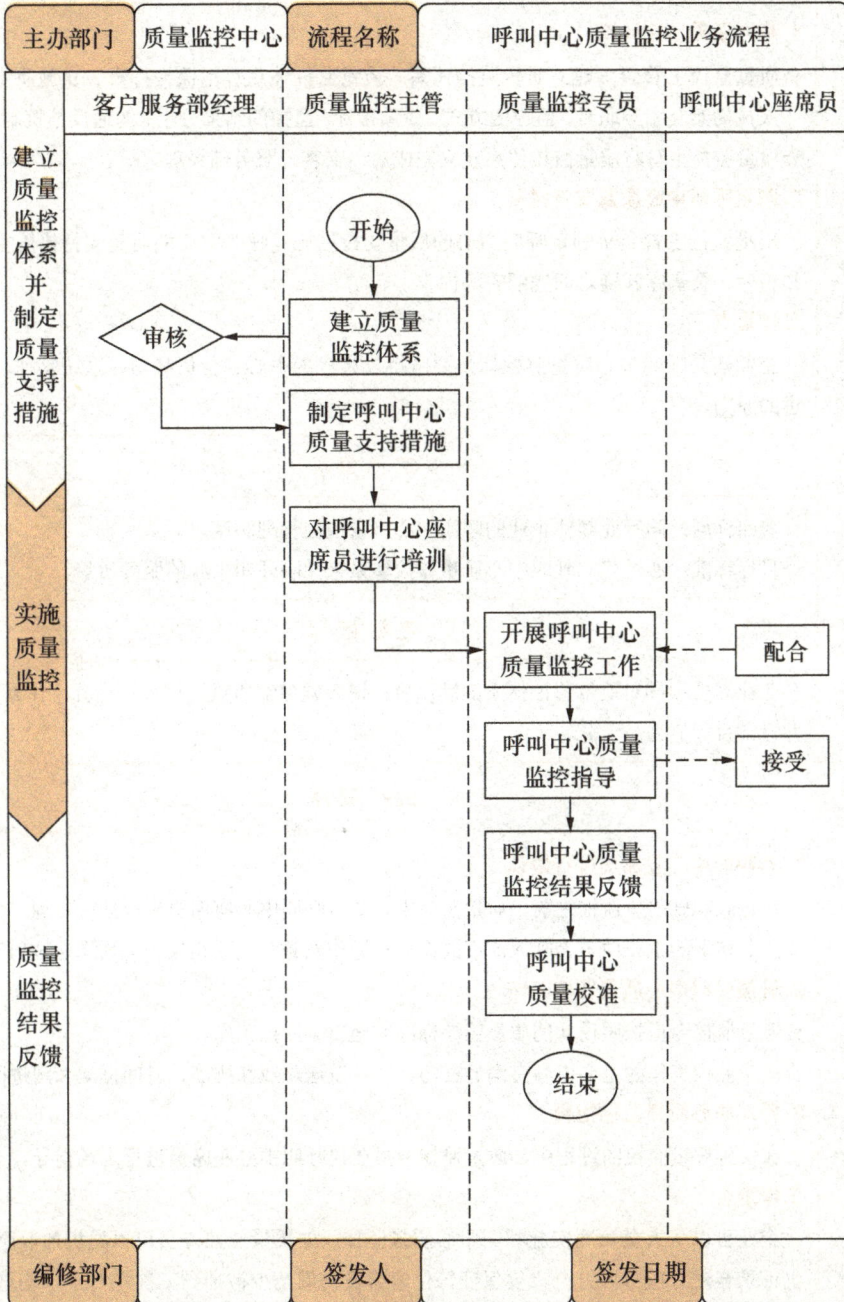

主办部门	质量监控中心	流程名称	呼叫中心质量监控业务流程

	客户服务部经理	质量监控主管	质量监控专员	呼叫中心座席员

建立质量监控体系并制定质量支持措施

开始

审核 ← 建立质量监控体系

制定呼叫中心质量支持措施

对呼叫中心座席员进行培训

实施质量监控

开展呼叫中心质量监控工作 ⤙ 配合

呼叫中心质量监控指导 → 接受

呼叫中心质量监控结果反馈

呼叫中心质量校准

质量监控结果反馈

结束

编修部门		签发人		签发日期	

7.2.5.2 呼叫中心质量监控业务的执行程序、工作标准、考核指标、执行规范

任务名称	执行程序、工作标准与考核指标
建立质量监控体系并制定质量支持措施	**执 行 程 序** **1. 建立质量监控体系** ☆质量监控主管负责建立质量监控体系。质量监控体系包括监控标准、实施质量监控的人员构架及相应职责、监控的方式、质量指标、监控的结果分析、沟通反馈机制等内容。 ☆质量监控主管将质量监控体系建立完成后，交客户服务部经理审核。 **2. 制定呼叫中心质量支持措施** 　质量监控主管负责制定呼叫中心的质量支持措施。呼叫中心的质量支持措施主要包括知识库、录音库和疑难问题解答等内容。 **工作重点** 　企业建立呼叫中心质量监控体系要坚持以客户为中心、全员参与、系统管理、持续改进的原则。 **工 作 标 准** ☆参照标准：同行业其他企业的呼叫中心质量监控管理制度。 ☆目标标准：通过建立呼叫中心质量监控体系来控制呼叫中心的服务质量。 **考 核 指 标** 　企业高层领导对质量监控体系的满意度：请各领导给质量监控体系打分，计算平均分，并设定目标值为＿＿＿分。
实施质量监控	**执 行 程 序** **1. 对呼叫中心座席员进行培训** ☆在正式实施质量监控之前，质量监控主管要对呼叫中心座席员进行业务培训。 ☆业务培训的主要内容为呼入流程的图解与操作要领、电话礼仪、电话沟通技巧等。 **2. 开展呼叫中心质量监控工作** ☆质量监控专员按照设计的质量监控标准实施质量监控工作。 ☆质量监控工作的主要内容有沟通技巧、文件发送路线和排序、时间框架和跟进回访等。 **3. 呼叫中心质量监控指导** 　在实施质量监控的过程中，质量监控专员要对呼叫中心座席员进行现场指导。 **工作重点** 　企业可以从人员角度实施呼叫中心质量监控，即质量监控专员可以随机抽取座席员的电话录音进行监听并打分，要保证每位座席员每周至少被抽到三次，对于一些重要时段的电话，质量监控专员要重点关注。

任务名称	执行程序、工作标准与考核指标
实施质量监控	**工 作 标 准** 通过实施质量监控，保证呼叫中心客户服务质量始终保持较高水平。 **考 核 指 标** 培训目标完成率： $$培训目标完成率 = \frac{实际完成的培训目标数}{计划完成的培训目标数} \times 100\%$$
质量监控结果反馈	**执 行 程 序** **1. 呼叫中心质量监控结果反馈** ☆质量监控专员应定期向呼叫中心人员反馈其质量监控的结果。 ☆质量监控结果包括监控过程中所发现的座席人员的优点和缺点，以及针对缺点的改进建议等。 **2. 呼叫中心质量校准** 　　质量监控专员要定期进行质量校准，通常是一个季度进行一次，但当业务发生重大变化时，应重新进行质量校准，并对质量监控标准和客户服务质量标准进行适当的调整。 **工作重点** 　　结果反馈要及时，要具有可操作性，改进建议要切实可行。 **工 作 标 准** 通过结果反馈和质量校准，进一步加强呼叫中心座席员的服务意识。 **考 核 指 标** 质量目标任务完成率： $$质量目标任务完成率 = \frac{实际完成的任务目标数}{计划完成的任务目标数} \times 100\%$$
执 行 规 范	
"呼叫中心质量监控管理办法"。	

第 7 章　呼叫中心运营与客户互动实施过程

第 8 章　大客户开发与关系维护过程

8.1　大客户开发管理

8.1.1　大客户开发管理的流程设计

8.1.1.1　流程设计的目的

大客户又被称为重点客户、关键客户、主要客户，其对企业的发展有重要作用。在实践中，设计大客户开发管理流程的目的如下。

（1）最大化地满足大客户的需求，建立长期稳定的大客户关系。

（2）规范大客户管理与其他相关业务流程的接口和信息流内容，保证部门间的紧密合作。

8.1.1.2　流程结构设计

大客户开发管理流程可细分为两个流程，即大客户服务管理流程、大客户开发工作流程，具体结构设计如图 8-1 所示。

图 8-1　大客户开发管理流程结构设计

8.1.2 大客户服务管理的流程设计与工作执行

8.1.2.1 大客户服务管理流程设计

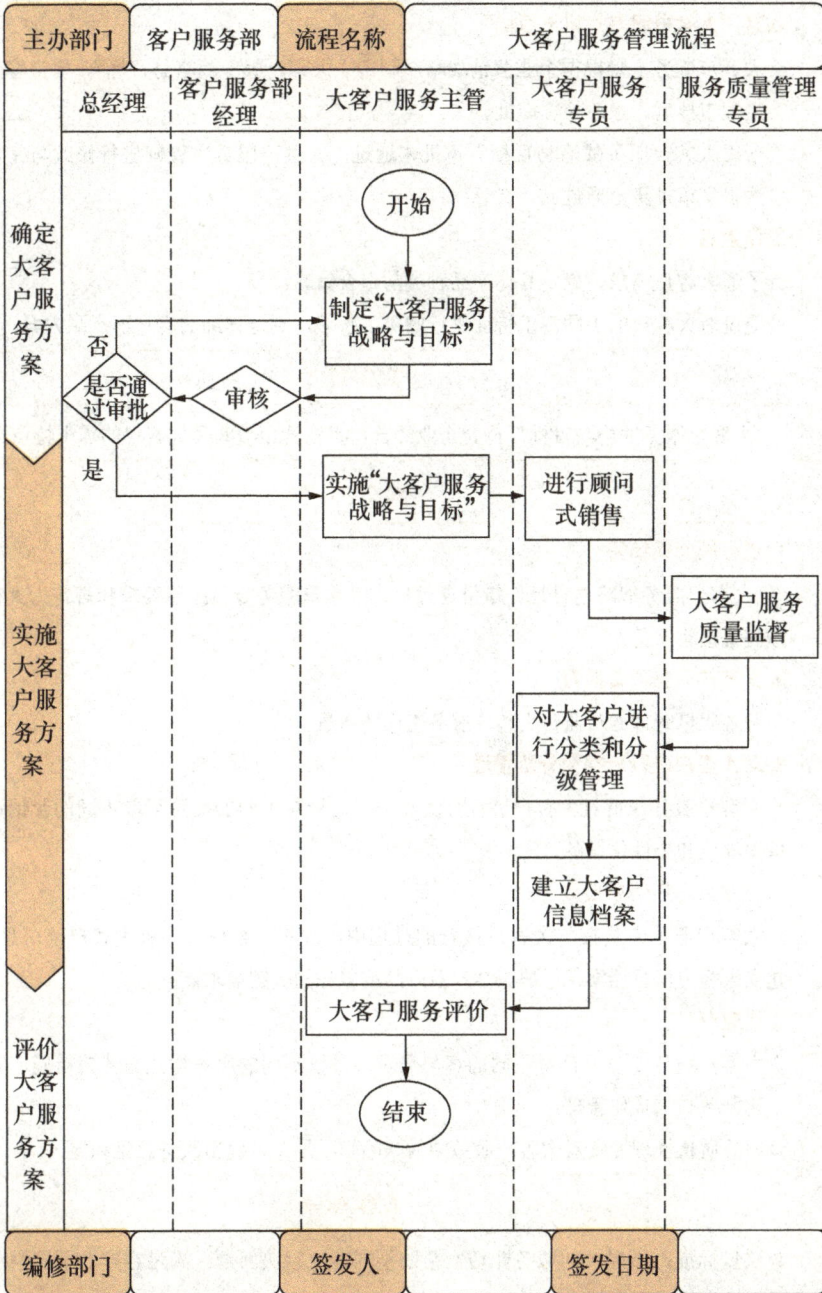

主办部门	客户服务部	流程名称	大客户服务管理流程

	总经理	客户服务部经理	大客户服务主管	大客户服务专员	服务质量管理专员

确定大客户服务方案

开始

制定"大客户服务战略与目标"

否　是否通过审批　审核

是

实施"大客户服务战略与目标"　进行顾问式销售

大客户服务质量监督

实施大客户服务方案

对大客户进行分类和分级管理

建立大客户信息档案

评价大客户服务方案

大客户服务评价

结束

编修部门		签发人		签发日期	

8.1.2.2　大客户服务管理的执行程序、工作标准、考核指标、执行规范

任务名称	执行程序、工作标准与考核指标
确定大客户服务方案	**执 行 程 序** **制定"大客户服务战略与目标"** ☆大客户服务主管根据企业营销战略，制定"大客户服务战略与目标"，提交客户服务部经理审核后，报总经理审批。 ☆若"大客户服务战略与目标"审批未通过，大客户服务主管则进行修改与完善，并再次提交审批直至通过。 **工作重点** ☆了解大客户需求，确定具体产品种类与组合策略。 ☆通过对大客户的不同需求特征进行归类、整理，制定详细的客户群产品方案。 **工 作 标 准** "大客户服务战略与目标"符合企业经营特点、营销战略及大客户的需求特点。
实施大客户服务方案	**执 行 程 序** **1. 进行顾问式销售** 　"大客户服务战略与目标"审批通过后，大客户服务专员按照要求和规定为大客户提供顾问式销售服务。 **2. 大客户服务质量监督** 　服务质量管理专员监督大客户服务工作的质量。 **3. 对大客户进行分类和分级管理** 　大客户服务专员对大客户进行分类和分级，针对不同的类别采取不同的营销策略，提供差异化和个性化服务。 **4. 建立大客户信息档案** 　大客户服务专员在与大客户接触的过程中，收集、整理、分析大客户的信息和资料，建立大客户信息档案，了解大客户对产品或服务的关键需求点。 **工作重点** ☆大客户服务专员要针对不同的客户需求，采取不同的服务模式与营销措施，实施个性化服务与差异化管理。 ☆服务质量管理专员对大客户服务中的缺陷和不足，可提出改进意见和建议。 **工 作 标 准** ☆质量标准：所提供的服务能切实帮助不同客户解决问题，满足客户的不同需求；客户较满意，投诉率低。 ☆内容标准：大客户管理专员对大客户总体情况的分析内容应包括大客户的规模、资金实力、信用等级、合作记录等。

（续）

任务名称	执行程序、工作标准与考核指标
评价大客户服务方案	**执行程序** **大客户服务评价** 　　大客户服务主管收集大客户反馈的服务满意度评价信息，结合大客户消费额度，对大客户服务方案的实施效果进行评价。 **工作重点** 　　即时发现大客户需求，做好后期客户关系维护工作，提升大客户的忠诚度和满意度。 **工作标准** ☆质量标准：进一步完善大客户服务，建立长久、稳定的客户关系网络。 ☆依据标准：大客户服务主管依据大客户服务满意评价指标和大客户消费额度，对大客户服务进行评价。 **考核指标** ☆大客户信息档案整理有序，便于检索。 ☆大客户信息收集完整，记录翔实，无重大纰漏。
	执行规范
	"企业营销战略策划书""大客户信息资料卡""大客户服务质量标准""大客户服务战略与目标"。

8.1.3　大客户开发工作的流程设计与工作执行

8.1.3.1　大客户开发工作流程设计

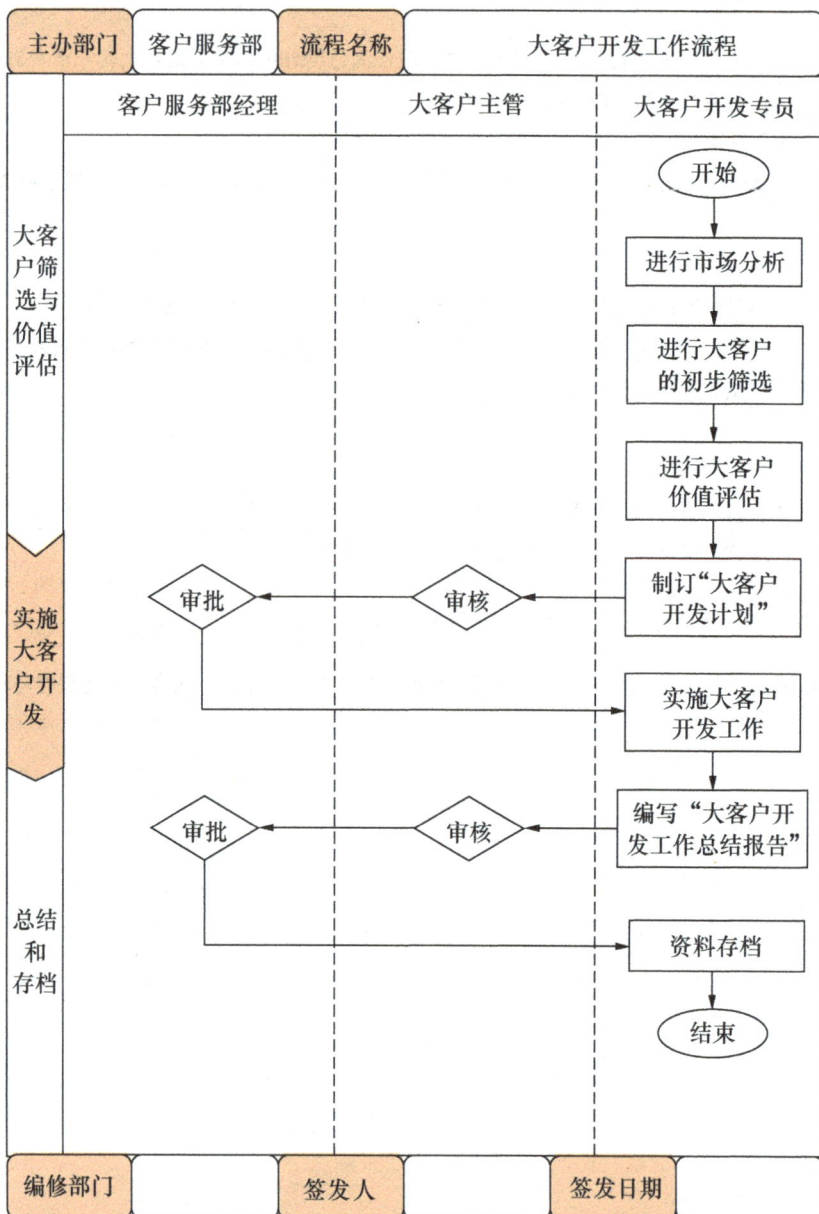

主办部门	客户服务部	流程名称	大客户开发工作流程

	客户服务部经理	大客户主管	大客户开发专员
大客户筛选与价值评估			开始 → 进行市场分析 → 进行大客户的初步筛选 → 进行大客户价值评估
实施大客户开发	审批 ←	审核 ←	制订"大客户开发计划"
			实施大客户开发工作
	审批 ←	审核 ←	编写"大客户开发工作总结报告"
总结和存档			资料存档 → 结束

编修部门		签发人		签发日期	

8.1.3.2 大客户开发工作的执行程序、工作标准、考核指标、执行规范

任务名称	执行程序、工作标准与考核指标
大客户筛选与价值评估	**执 行 程 序** **1. 进行市场分析** 　　大客户开发专员调查市场，了解行业市场竞争状况、供求关系等重要信息，进行市场分析。 **2. 进行大客户的初步筛选** 　　大客户开发专员根据本企业的销售业务收集大客户的信息和资料，对大客户进行分类，初步筛选符合条件的大客户。 **3. 进行大客户价值评估** 　　大客户开发专员对初步筛选出来的大客户进行价值评估，并进行大客户分类和分级。 **工作重点** 　　通过资料的整理选出符合条件的大客户，并列出初步筛选的大客户名单。 **工 作 标 准** ☆内容标准：市场分析的内容主要是指国内同种产品的市场现状（包括品牌差异、促销手段、广告投入、产品档次、终端消费者需求、市场竞争者、市场机会等）。 ☆审核标准：大客户开发专员进行大客户定义时，应参照采购量位居本企业销量的前十位、销售及利润的贡献比重大、与企业配合状况良好和优先采购本企业的产品四个标准。 **考 核 指 标** 　　对大客户的筛选符合企业的实际需要。
实施大客户开发	**执 行 程 序** **1. 制订"大客户开发计划"** 　　大客户开发专员根据大客户价值评估的实际情况，有针对性地制订"大客户开发计划"，提交大客户主管审核后，报客户服务部经理审批。 **2. 实施大客户开发工作** 　　"大客户开发计划"审批通过后，大客户开发专员根据批示意见实施开发工作。 **工作重点** 　　在开发过程中，大客户开发专员根据大客户的不同级别，对其采用不同的开发策略。 **工 作 标 准** 　　"大客户开发计划"的编制符合企业要求，各项计划内容完整。
总结和存档	**执 行 程 序** **1. 编写"大客户开发工作总结报告"** 　　大客户开发专员总结"大客户开发计划"的执行结果，编写"大客户开发工作总结报告"，提交大客户主管审核后，报客户服务部经理审批。

任务名称	执行程序、工作标准与考核指标
总结和存档	**2. 资料存档** 　　"大客户开发工作总结报告"审批通过后，大客户开发专员整理开发过程中的重要信息和资料，存档保存。 **工作重点** 　　大客户开发专员对大客户开发工作进行的总结要有实质性内容。
	工 作 标 准
	"大客户开发工作总结报告"内容全面、详细。
	执 行 规 范
	"市场分析报告""大客户价值评估报告""大客户开发工作总结报告""大客户开发计划"。

8.2 大客户回访与关系维护管理

8.2.1 大客户回访与关系维护管理的流程设计

8.2.1.1 流程设计的目的

大客户回访与关系维护管理是大客户管理中的重要环节，是企业保持市场地位和利润水平的关键。在实践中，设计大客户回访与关系维护管理流程的目的如下。

（1）为企业提供清晰的大客户回访与关系维护工作的思路，帮助相关部门明确工作方向。

（2）帮助企业明确在大客户回访与关系维护工作中，各部门、各岗位之间的权责关系，提高工作效率。

（3）加强企业对大客户回访与关系维护工作的理解与重视，确保大客户二次开发工作顺利进行，为企业创造更多价值。

8.2.1.2 流程结构设计

大客户回访与关系维护管理流程可细分为三个流程，即大客户回访管理流程、大客户关系维护流程与大客户满意度调查流程，具体结构设计如图 8-2 所示。

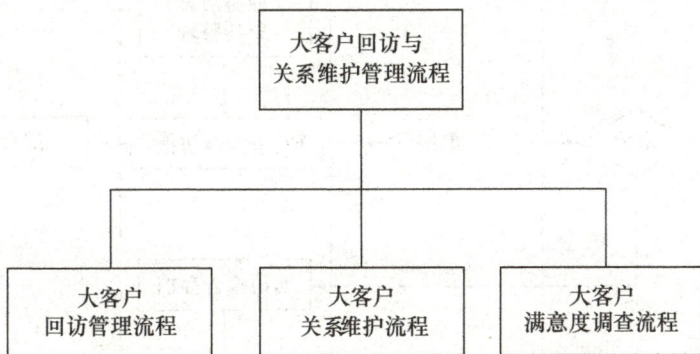

图 8-2 大客户回访与关系维护管理流程结构设计

8.2.2　大客户回访管理的流程设计与工作执行

8.2.2.1　大客户回访管理流程设计

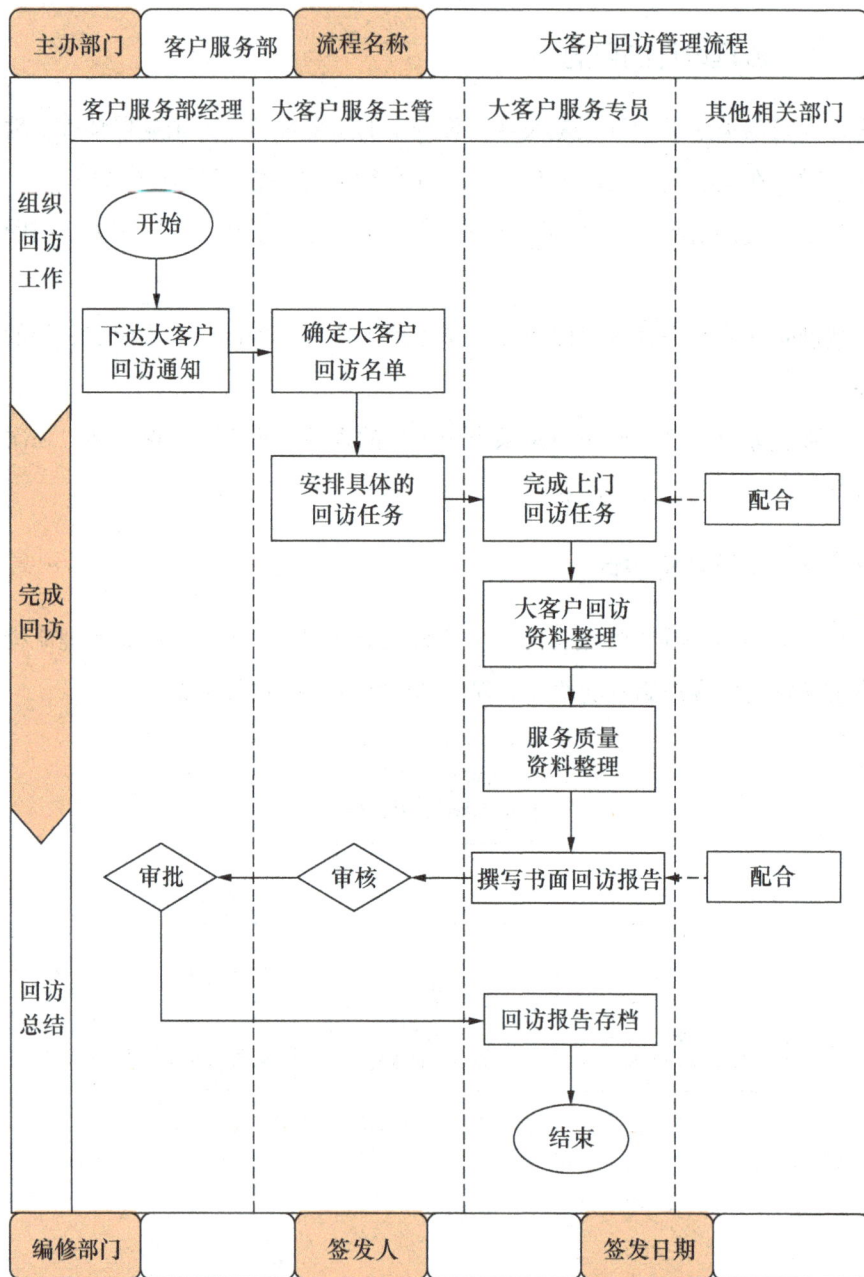

主办部门	客户服务部	流程名称	大客户回访管理流程

	客户服务部经理	大客户服务主管	大客户服务专员	其他相关部门
组织回访工作	开始 → 下达大客户回访通知	确定大客户回访名单		
完成回访		安排具体的回访任务	完成上门回访任务	配合
			大客户回访资料整理	
			服务质量资料整理	
	审批	审核	撰写书面回访报告	配合
回访总结			回访报告存档 → 结束	

编修部门		签发人		签发日期	

8.2.2.2 大客户回访管理的执行程序、工作标准、考核指标、执行规范

任务名称	执行程序、工作标准与考核指标
组织回访工作	**执 行 程 序** **1. 下达大客户回访通知** ☆为了提高大客户的忠诚度，以及规范企业对大客户的服务管理，客户服务部定期组织大客户回访工作。 ☆客户服务部经理下达大客户回访通知，安排部门相关人员开展回访工作。 **2. 确定大客户回访名单** ☆大客户服务主管依据大客户对企业销售的重要性和大客户实力等相关标准，确定大客户回访名单。 ☆大客户服务主管将大客户回访名单在部门内部公布，若有需要也会通知其他相关部门。 **3. 安排具体的回访任务** 　大客户服务主管安排大客户服务专员进行回访工作，交代具体细节，让大客户服务专员提前做好相关工作准备。 **工作重点** ☆大客户的回访名单一般按照客户的重要性而确定，主要从客户的经济实力、继续合作的可能性及继续合作的经济价值等角度进行评估。 ☆回访客户前应了解客户所在企业的有关规定，一般来说要先与客户取得联系，对回访的相关事宜达成一致意见。 **工 作 标 准** ☆指标标准：大客户回访名单确定工作应在____个工作日之内完成。 ☆质量标准：大客户回访通知及时、传达到位，回访任务安排合理、清晰、可执行。
完成回访	**执 行 程 序** **完成上门回访任务** ☆在相关部门的配合下，大客户服务专员按照大客户回访名单，定期、定量地完成上门回访任务，并做好回访记录。 ☆回访结束后，回访人员在规定时间内整理回访记录。 **工作重点** 　大客户服务专员在进行大客户回访时，除了要调查大客户对企业的满意度及其使用产品的情况之外，还要了解大客户的消费需求有无新变化，大客户对企业有无新期待和新要求，要带着销售的目的进行回访工作。 **工 作 标 准** 　通过大客户回访工作的开展，能有效提高大客户对企业的满意度，并能够调查到客户的相关资料，从而为企业后续工作的开展提供依据。

第 8 章　大客户开发与关系维护过程

（续）

任务名称	执行程序、工作标准与考核指标
完成回访	**考 核 指 标** 应在____个工作日之内完成上门回访任务。
回访总结	**执 行 程 序** **1. 撰写书面回访报告** ☆回访工作结束后，大客户服务专员根据回访工作实际情况撰写详细、完整的书面回访报告，并将报告上交大客户服务主管审核、客户服务部经理审批。 **2. 回访报告存档** 　回访报告审批通过后，大客户服务专员按照企业有关规定将回访报告存档。 **工作重点** 　回访报告存档十分重要，企业应制定专门的存档规范，对资料妥善保管，以方便查阅。 **工 作 标 准** 　回访报告内容详细，参考价值高；报告存档过程符合企业相关规定。 **考 核 指 标** ☆大客户回访报告提交时间：应在____个工作日之内撰写完成并提交。 ☆大客户回访报告的质量：大客户回访报告逻辑清晰，内容完整、用词准确。
执 行 规 范	
"大客户回访工作总结报告""大客户回访管理制度""资料存档管理制度"。	

8.2.3 大客户关系维护的流程设计与工作执行

8.2.3.1 大客户关系维护流程设计

主办部门	客户服务部	流程名称	大客户关系维护流程

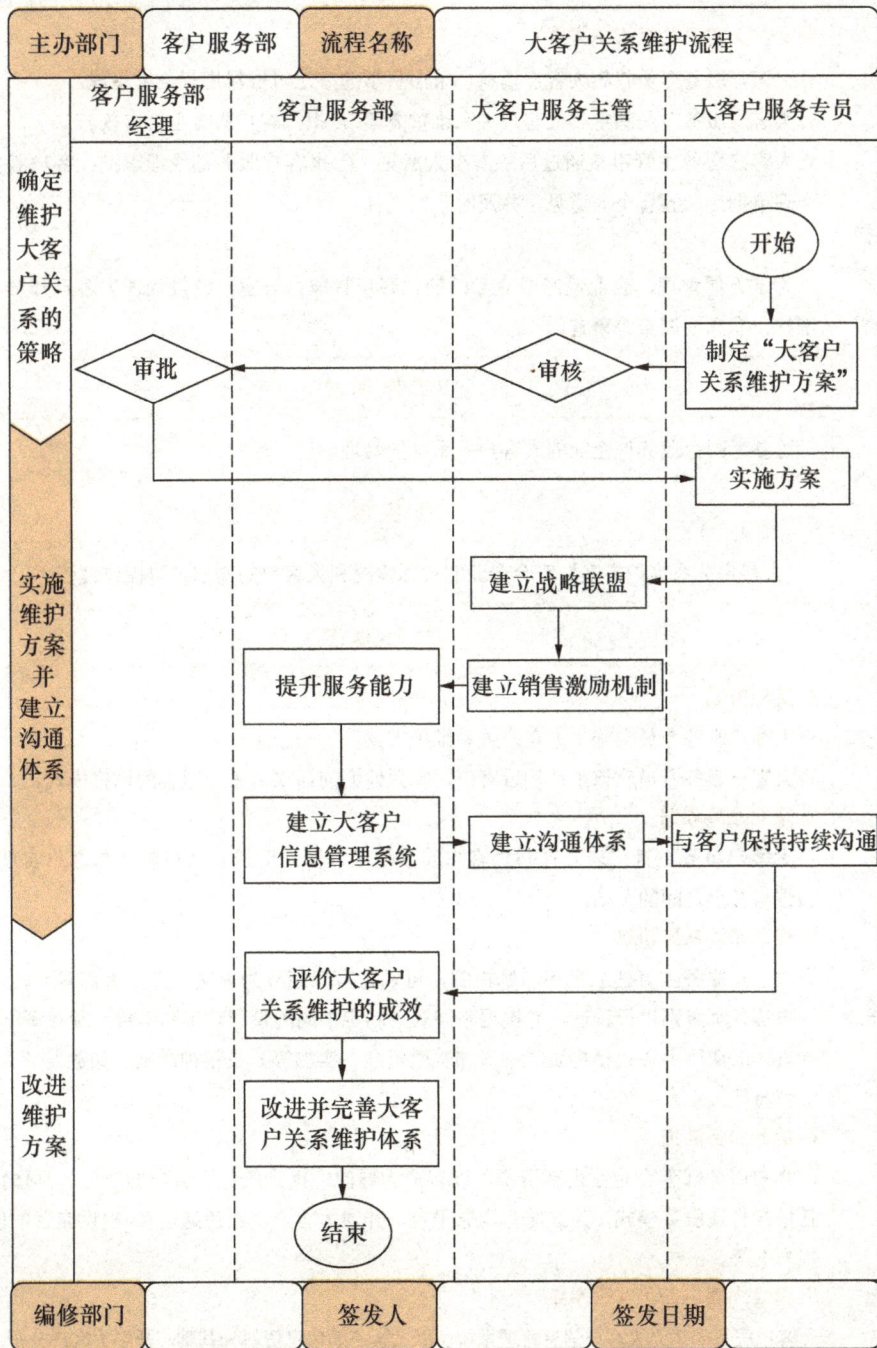

编修部门		签发人		签发日期

8.2.3.2 大客户关系维护的执行程序、工作标准、考核指标、执行规范

任务名称	执行程序、工作标准与考核指标
确定维护大客户关系的策略	**执 行 程 序** **制定"大客户关系维护方案"** ☆大客户服务专员收集大客户资料，采用科学的方法对资料进行分析整理。 ☆大客户服务专员制定"大客户关系维护方案"，报大客户服务主管审核。 ☆大客户服务主管审核通过后签署个人意见，上报客户服务部经理审批；客户服务部经理审批后，签署个人意见，并及时下发文件。 **工作重点** 为了方便管理，企业最好成立专门的大客户管理办公室，统筹管理大客户开发、关系维护、满意度调查等事宜。 **工 作 标 准** 可参考同行业其他企业的大客户关系维护管理制度。 **考 核 指 标** "大客户关系维护方案"符合企业的实际情况和大客户的需求，可操作性强。
实施维护方案并建立沟通体系	**执 行 程 序** **1. 实施方案** ☆大客户服务专员实施"大客户关系维护方案"。 ☆大客户服务专员应该主动接近客户，掌握他们的需求，采用适宜的销售模式。 **2. 建立战略联盟** 大客户服务主管代表企业与大客户建立战略联盟，形成长久机制，与客户实现共赢，加强与客户之间的互动。 **3. 建立销售激励机制** ☆大客户服务主管建立销售激励机制，可以将客户划分为关键客户、重点客户、一般客户等几个级别进行管理，并根据不同级别制定不同的管理政策和销售激励政策。 ☆具体的激励手段包括物质激励（如奖励资金、实物等）及精神激励（如颁发荣誉证书、牌匾等）。 **4. 提升服务能力** 客户服务部整合企业内部资源，以客户为导向，提升服务大客户的能力，具体措施包括量身打造服务模式、建立服务沟通平台、开通大客户"绿色通道"、提供完善的服务解决方案等。 **5. 建立大客户信息管理系统** ☆客户服务部建立大客户信息管理系统，以大客户的信息资料为基础，开展大客户分析工作。

任务名称	执行程序、工作标准与考核指标
实施维护方案并建立沟通体系	☆分析内容主要包括大客户发展分析、大客户价值分析、大客户行为分析、代理商贡献分析、大客户满意度分析、"一对一"大客户分析等。 **6. 建立沟通体系** ☆大客户服务主管时刻关注大客户满意度，组织建立全方位的沟通体系。 ☆大客户服务主管和大客户服务专员要定期主动上门征求意见。 ☆大客户服务主管应建立强大的流失客户预警体系，以便及时挽留有流失趋向的大客户。 ☆根据企业实际情况，大客户服务主管要定期组织企业高层领导与大客户高层之间的座谈会，努力与大客户建立互利双赢的关系。 **工作重点** 大客户信息属于企业的重要机密，企业要加强大客户信息档案的保密工作，最好制定相应的规范制度，制定专人负责对大客户信息的录入、整理工作。未经许可，不得查阅、复制大客户资料。 **工 作 标 准** 企业应严格执行"大客户关系维护方案"，与大客户建立互动机制，提高服务能力，建立大客户信息管理系统和沟通体系，不断提升大客户的满意度和忠诚度。 **考 核 指 标** ☆严格执行"大客户关系维护方案"，不得遗漏相关事项。 ☆大客户信息准确、有效，没有重大错误与偏差。
改进维护方案	**执 行 程 序** **1. 评价大客户关系维护的成效** 客户服务部对"大客户关系维护方案"的执行效果进行评价，以客户评价和客户满意度为标准进行业绩评定。 **2. 改进并完善大客户关系维护体系** 客户服务部根据评价结果对大客户关系维护体系做出相应的改进与完善。 **工作重点** 客户服务部对大客户关系维护的成效评价要严谨，要严格按照规范的工作流程、操作步骤、评价标准进行。 **工 作 标 准** ☆参照标准：同行业其他企业的大客户关系维护体系改善措施。

第8章 大客户开发与关系维护过程

（续）

任务名称	执行程序、工作标准与考核指标
改进维护方案	☆目标标准：及时评估、总结方案执行效果，奖惩相关人员，进一步提升企业的大客户管理水平和相关人员的工作积极性。
	考核指标
	大客户关系维护整改工作及时、有成效。

执行规范
"大客户关系维护方案""大客户信息保密细则"。

8.2.4 大客户满意度调查的流程设计与工作执行

8.2.4.1 大客户满意度调查流程设计

主办部门	客户服务部	流程名称	大客户满意度调查流程		

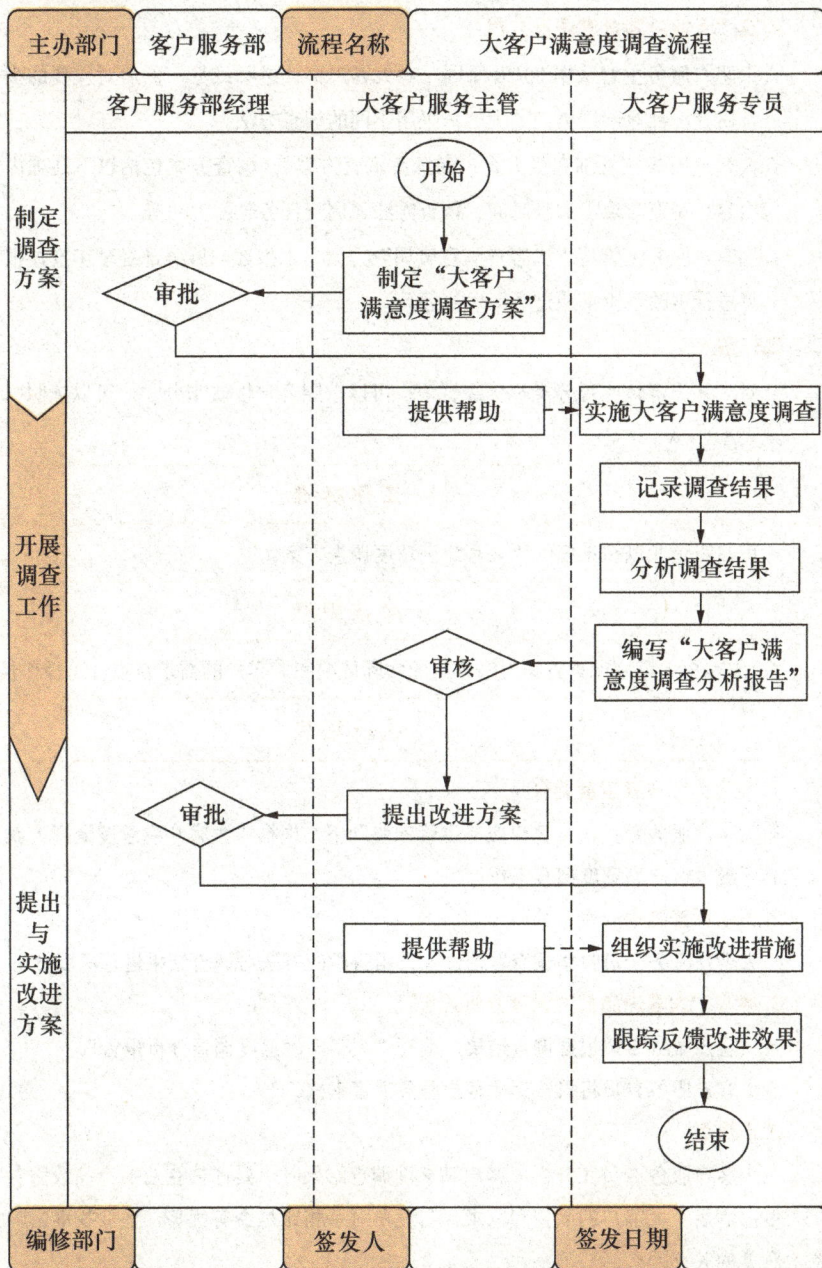

编修部门		签发人		签发日期	

8.2.4.2　大客户满意度调查的执行程序、工作标准、考核指标、执行规范

任务名称	执行程序、工作标准与考核指标
制定调查方案	**执 行 程 序** **制定"大客户满意度调查方案"** ☆大客户服务主管依据80/20原则，对大客户群体进行细分，然后对重要的少数群体进行研究，针对不同类型的大客户采用不同的调查方法。 ☆大客户服务主管制定"大客户满意度调查方案"。调查方案包括以下几项内容：调查内容、调查对象、调查时间、调查方法、调查任务分配说明等。 ☆大客户服务主管将"大客户满意度调查方案"上报客户服务部经理审批，根据审批意见进行修改，审批通过后下发执行。 **工作重点** 对大客户群体实行分类和分级管理：可以按照客户性质来分类，可以按照"1、2、3"或"A、AA、AAA"来分级。 **工 作 标 准** 可参照企业以往年度的"大客户满意度调查方案"。 **考 核 指 标** "大客户满意度调查方案"符合企业实际情况和大客户的需求特点，可操作性强。
开展调查工作	**执 行 程 序** **1. 实施大客户满意度调查** 大客户服务专员在大客户服务主管的协助下，根据"大客户满意度调查方案"有关内容开展大客户满意度调查工作。 **2. 分析调查结果** 大客户服务专员收集调查数据，并采用科学的方法对调查结果进行深度分析。 **3. 编写"大客户满意度调查分析报告"** ☆大客户服务专员根据调查结果，编写"大客户满意度调查分析报告"。 ☆大客户服务专员将报告交大客户服务主管审核。 **工作重点** 大客户服务专员在分析大客户满意度调查结果时，要评估企业的产品或服务在多大程度上满足了大客户的欲望和需求，与竞争对手相比是否有优势，还要找准影响大客户满意度的关键因素。 **工 作 标 准** 通过大客户满意度调查确定影响大客户满意度的关键因素，进一步提升企业的服务水平。

（续）

任务名称	执行程序、工作标准与考核指标
开展调查工作	**考核指标** ☆调查结果分析工具的科学性：选择合适的分析工具，从而较准确地分析调查结果。 ☆"大客户满意度调查分析报告"的质量：调查数据分析得当，调查分析结果对改善大客户管理有一定意义。
提出与实施改进方案	**执行程序** **1. 提出改进方案** ☆大客户服务主管根据"大客户满意度调查分析报告"的有关内容，提出"大客户满意度管理改进方案"。 ☆大客户服务主管将方案报客户服务部经理审批，客户服务部经理审批通过后方可执行。 **2. 组织实施改进措施** 　大客户服务主管将审批通过后的方案下发大客户服务专员，并协助其根据方案相关内容开展工作。 **3. 跟踪反馈改进效果** ☆大客户服务专员在执行改进方案的过程中要留心记录，组织人员跟进，及时反馈发现的问题。 ☆大客户服务专员不断完善方案，并落实到具体的工作中。 **工作重点** 　改进方案要切实可行。 **工作标准** 　大客户服务专员在相关部门的帮助下，执行相关改进措施，提升客户满意度。
执行规范	
"大客户满意度调查方案""大客户满意度调查分析报告""大客户满意度管理改进方案"。	

第 8 章　大客户开发与关系维护过程

/ 267 /

第9章 智能客户服务选择与顾问式客户服务实施过程

9.1 智能客户服务系统管理

9.1.1 智能客户服务系统管理的流程设计

9.1.1.1 流程设计的目的

随着 AI 技术的发展，客户服务工作发生了巨变，智能客户服务系统越来越普及，使得客户服务工作效率大幅提升。智能客户服务机器人每秒钟可以同时处理客户的数千个问题，这是传统客户服务工作无法完成的。在此背景下，设计智能客户服务系统管理流程的目的如下。

（1）进一步优化客户的服务体验。在传统的客户服务中，客户完成体验通常需要 5~10 分钟，效率不高，但智能客户服务系统将其转化为 Web 交互、WAP 交互等形式，从而使客户体验得到很大提升。

（2）帮助企业统计和了解客户的各种精细需求，促进企业产品和服务的精细化管理。

（3）提升客户服务效率，降低企业人力资源成本。

9.1.1.2 流程结构设计

智能客户服务系统管理流程可细分为两个流程，即智能客户服务系统需求定位流程、智能客户服务系统实施流程，具体结构设计如图 9-1 所示。

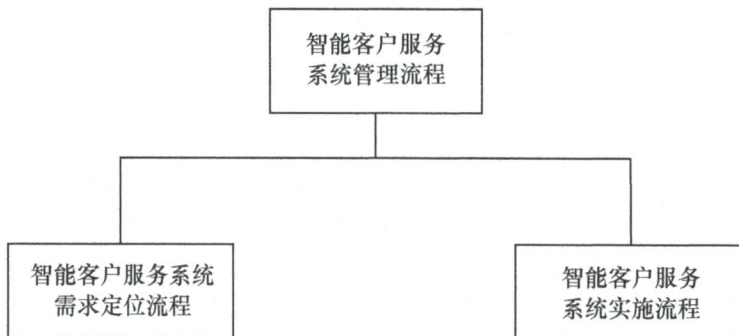

图 9-1 智能客户服务系统管理流程结构设计

9.1.2 智能客户服务系统需求定位的流程设计与工作执行

9.1.2.1 智能客户服务系统需求定位流程设计

主办部门	客户服务部	流程名称	智能客户服务系统需求定位流程

	总经理	技术部	客户服务部（选型团队）	其他相关部门

组建团队

开始 → 提出要求 → 组建选型团队

提供支持 — 组建选型团队 — 提供支持

智能客户服务概念的初步推广

明确目标

制定客户服务目标 ← 提供辅助

确定目标优先顺序 ← 提供辅助

明确不同部门的客户服务需求（提供辅助 ← → 提供辅助）

明确交互作用（提供辅助 ← → 提供辅助）

制作文档

制作"智能客户服务系统需求文档"

审批

结束

编修部门		签发人		签发日期	

9.1.2.2 智能客户服务系统需求定位的执行程序、工作标准、考核指标、执行规范

任务名称	执行程序、工作标准与考核指标
组建团队	**执行程序** **1. 提出要求** 　　通过对市场趋势、竞争对手客户服务水平、AI技术应用趋势等因素的综合观察与判断，总经理提出建立企业智能客户服务系统的要求。 **2. 组建选型团队** 　　客户服务部以本部门人员为主，并从技术部、市场营销部等相关部门中抽调代表组成一个选型团队，负责规划智能客户服务系统的相关规格、参数。 **3. 智能客户服务概念的初步推广** 　　选型团队收集、整理资料，在企业中对智能客户服务的相关概念进行初步的推广并开展相关培训。 **工作重点** 　　智能客户服务系统的建立是一项综合性、全局性、战略性的工作，企业领导必须认识其必要性。 **工作标准** 　　客户服务部组建精干的智能客户服务系统选型团队，在企业范围内对智能客户服务概念进行初步推广并开展相关培训，为后续工作打下基础。 **考核指标** 　　建立智能客户服务系统的现实性：企业有较高的品牌知名度，客户量较大。
明确目标	**执行程序** **1. 制定客户服务目标** ☆客户服务部从企业的愿景和战略出发，结合客户服务工作实际情况，制定明确、具体的客户服务目标。 ☆其他相关部门可以提出具体的建议。 **2. 确定目标优先顺序** 　　选型团队收集各部门、人员提出的具体目标，并进行分析，确定其优先顺序。 **工作重点** 　　应制定可量化的具体目标。 **工作标准** 　　综合企业客户服务部和其他相关部门的意见，明确客户服务目标及优先顺序，为客户服务系统的开发工作做好准备。

任务名称	执行程序、工作标准与考核指标
明确目标	**考核指标** 要严格按照要求制定目标，目标内容全面、可量化。
制作文档	**执 行 程 序** **1. 明确不同部门的客户服务需求** ☆选型团队要深入了解不同部门的不同需求及服务要求，并将其编成规范的文件。 ☆对某些专业问题的处理，选型团队可以请技术部给予支持。 **2. 明确交互作用** 对某些不同部门间的交互作用，选型团队要注意进行记录。 **3. 制作"智能客户服务系统需求文档"** 在明确不同部门客户服务需求的基础上，选型团队制作"智能客户服务系统需求文档"，并报总经理审批。 **工作重点** ☆文档编制规范，无重大纰漏。 ☆文档的内容通常包括前言、系统总体设计、数据库设计、模块功能需求、功能设计、非功能性需求等。 **工 作 标 准** 业内其他企业的"智能客户服务系统需求文档"。 **考 核 指 标** 选型团队能够对不同部门的客户服务需求进行概括、归纳，设计出符合规范的高水平"智能客户服务系统需求文档"。

执 行 规 范

"智能客户服务系统开发方案""智能客户服务系统需求文档"。

9.1.3 智能客户服务系统实施的流程设计与工作执行

9.1.3.1 智能客户服务系统实施流程设计

主办部门	客户服务部	流程名称	智能客户服务系统实施流程

	总经理	技术部	客户服务部	其他相关部门

选择合适的供应商

开始 → 初步筛选供应商 → 审批（总经理）；初步筛选供应商 ← 提供支持（其他相关部门）

审批 → 确定最终供应商

智能客户服务系统的开发

确定最终供应商 → 分段推进系统的全面开发；提供辅助（技术部）→ 分段推进系统的全面开发

分段推进系统的全面开发 → 协调资源并完成方案；提供辅助（技术部）→ 协调资源并完成方案

智能客户服务系统的使用与改进

协调资源并完成方案 → 系统的安装与调试 ← 提供技术支持（其他相关部门）

系统的安装与调试 → 进行内部培训 → 系统的使用与改进 → 结束

编修部门		签发人		签发日期

9.1.3.2　智能客户服务系统实施的执行程序、工作标准、考核指标、执行规范

任务名称	执行程序、工作标准与考核指标
选择合适的供应商	**执 行 程 序** **1. 初步筛选供应商** 　　在了解自身需求的情况下，客户服务部初步筛选智能客户服务系统供应商，并报总经理审批。 **2. 确定最终供应商** 　　客户服务部根据总经理的意见确定最合适的方案及供应商。 **工作重点** 　　企业要制定相关的规范，保证选择供应商的过程公开、透明。 **工 作 标 准** ☆筛选标准：可以从服务能力、专业性、过往案例等角度进行综合考虑。 ☆完成标准：分析供应商的具体方案，结合本企业的实际需求，确定最合适的供应商。 **考 核 指 标** 筛选工作流程及操作步骤要严格按照规定执行。
智能客户服务系统的开发	**执 行 程 序** **1. 分段推进系统的全面开发** ☆其他相关部门进行系统的全面开发，技术部、客户服务部进行协助。 ☆智能客户服务系统的开发可以分段推进，先做出一个低级版本，之后逐渐增加新的功能。 **2. 协调资源并完成方案** 　　其他相关部门协调各种资源，与供应商一起完成开发方案中的各类目标。 **工作重点** 　　可以使用分段推进的策略，对于新功能，可以针对某些用户群进行测试，以确定新功能是否必要和有效。通过测试后，再将其与其他应用系统集成。 **工 作 标 准** 智能客户服务系统供应商按照要求开发系统并通过各方面的测试。 **考 核 指 标** "智能客户服务系统开发方案"完成率： "智能客户服务系统开发方案"完成率 $= \dfrac{\text{实际完成的方案数}}{\text{计划完成的方案数}} \times 100\%$

任务名称	执行程序、工作标准与考核指标
智能客户服务系统的使用与改进	**执行程序** **1. 系统的安装与调试** 　技术部进行系统的安装与调试，其他相关部门要及时提供技术支持。 **2. 进行内部培训** 　客户服务部在供应商的配合下，围绕智能客户服务系统的使用进行内部培训，包括系统的使用方法及注意事项等。 **3. 系统的使用与改进** ☆客户服务部在工作中使用智能客户服务系统，同时详细记录使用过程。 ☆智能客户服务系统在使用过程中如果出现了问题，相关人员要注意与供应商协商，及时对系统进行修复和升级。 **工作重点** 　智能客户服务系统的改进是一个持续的过程，企业技术人员要注意学习并总结相关经验，及时将一些新现象、新问题纳入系统以实现系统的不断升级。 **工作标准** ☆参照标准：行业内其他企业智能客户服务系统的效率。 ☆目标标准：通过智能客户服务系统的使用和持续改进，有效提升客户服务水平，促进企业各项工作的开展。 **考核指标** 请接受随机调研的客户对企业智能客户服务系统进行评分并计算平均分。
执行规范	
"智能客户服务系统开发方案""智能客户服务系统使用效果监测报告"。	

客户服务全过程管理 流程设计与工作标准

9.2 顾问式客户服务管理

9.2.1 顾问式客户服务管理的流程设计

9.2.1.1 流程设计的目的

顾问式客户服务管理是指客户服务人员根据用户的个性特征、个性需求，为客户提供各种针对性服务，为客户带来独特的服务体验。在实践中，设计顾问式客户服务管理的目的如下。

（1）保证各项客户服务工作安排妥当，分工明确。

（2）提高企业内部客户信息的使用效率，为客户服务工作相关部门建设打下良好的基础。

（3）掌握详细而系统的客户资料信息，争取与高价值客户进行长远、深入的合作。

（4）有针对性地提升客户服务工作人员的专业水平，实现客户服务升级。

9.2.1.2 流程结构设计

顾问式客户服务管理流程可细化为三个流程，即客户信息数据库建设管理流程、网络客户数据库建设流程、顾问式客户服务流程，具体结构设计如图9-2所示。

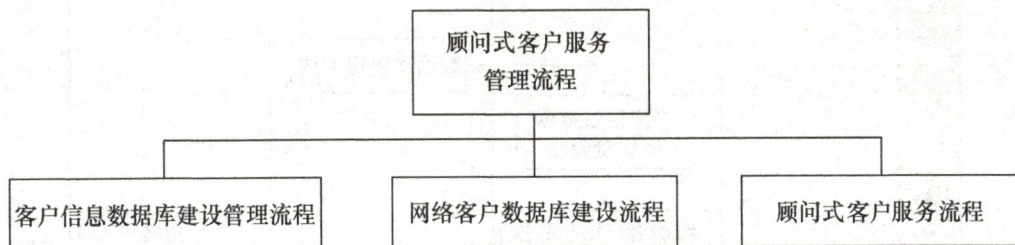

图 9-2 顾问式客户服务管理流程结构设计

9.2.2 客户信息数据库建设管理的流程设计与工作执行

9.2.2.1 客户信息数据库建设管理流程设计

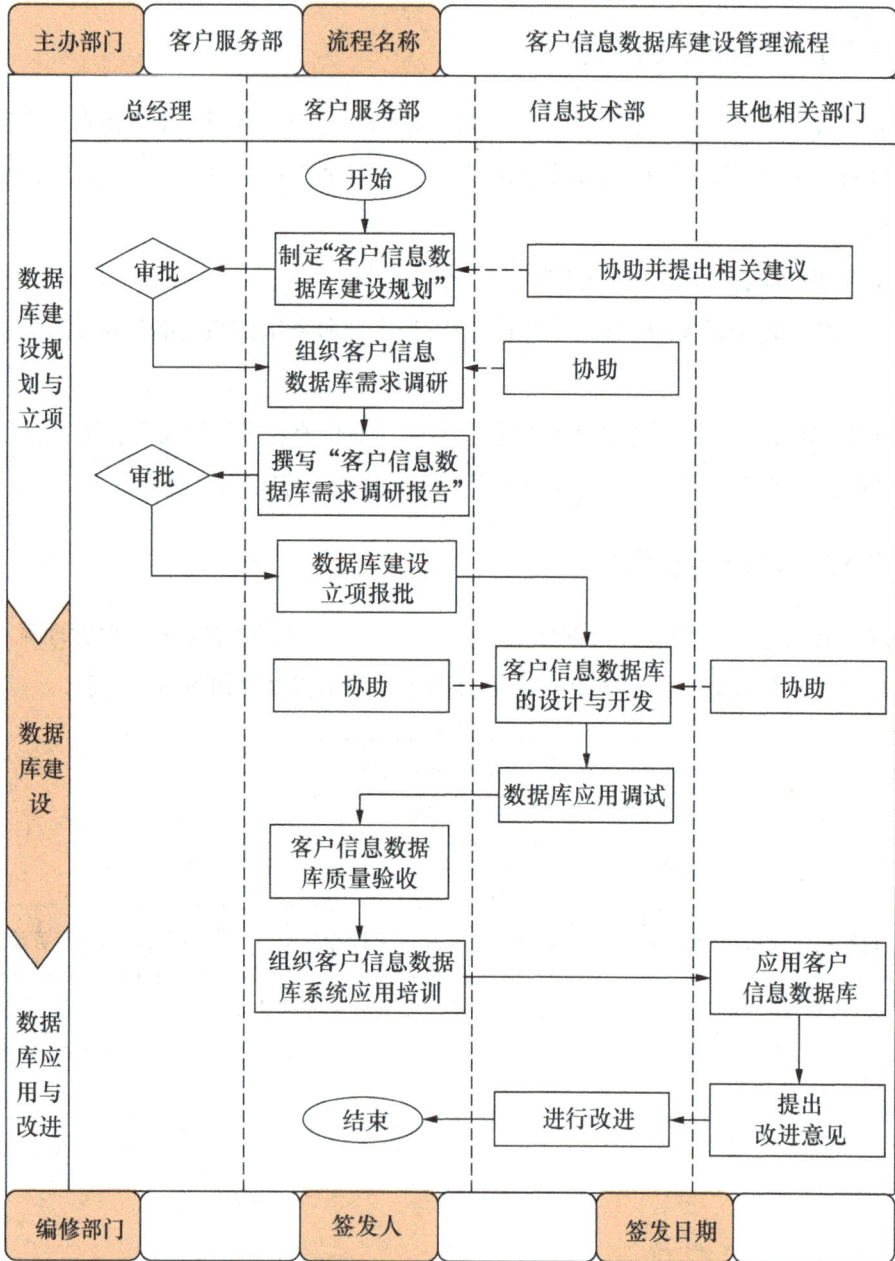

主办部门	客户服务部	流程名称	客户信息数据库建设管理流程

	总经理	客户服务部	信息技术部	其他相关部门

数据库建设规划与立项

开始

制定"客户信息数据库建设规划" ← 审批 ← 协助并提出相关建议

组织客户信息数据库需求调研 ← 协助

撰写"客户信息数据库需求调研报告" ← 审批

数据库建设立项报批

数据库建设

协助 → 客户信息数据库的设计与开发 ← 协助

数据库应用调试

客户信息数据库质量验收

组织客户信息数据库系统应用培训 → 应用客户信息数据库

数据库应用与改进

结束 ← 进行改进 ← 提出改进意见

编修部门		签发人		签发日期	

客户服务全过程管理 流程设计与工作标准

9.2.2.2 客户信息数据库建设管理的执行程序、工作标准、考核指标、执行规范

任务名称	执行程序、工作标准与考核指标
数据库建设规划与立项	**执 行 程 序** **1. 制定"客户信息数据库建设规划"** ☆客户服务部根据企业客户资料制定"客户信息数据库建设规划",并提交总经理审批。 ☆信息技术部和其他相关部门协助工作,并提出相关建议。 **2. 组织客户信息数据库需求调研** "客户信息数据库建设规划"审批通过后,客户服务部组织相关人员对客户信息数据库的使用部门或使用人员的需求进行调研,明确数据库的设计要求。 **3. 撰写"客户信息数据库需求调研报告"** 客户服务部根据数据库需求调研的结果,撰写"客户信息数据库需求调研报告",提交总经理审批。 **4. 数据库建设立项报批** "客户信息数据库需求调研报告"审批通过后,客户服务部准备数据库建设的立项报批工作。 **工作重点** 客户信息数据库建设规划工作应综合考虑涉及客户服务工作、使用客户数据的所有部门的需求。 **工 作 标 准** ☆内容标准:"客户信息数据库建设规划"应包括建立目标、功能需求、总成本预算设计等内容,建设规划应全面、详细、可行。 ☆效率指标:客户信息数据库需求调研应在建设规划完成后____小时内开始。 **考 核 指 标** 客户服务部应及时开展客户信息数据库建设规划和客户信息数据库需求调研工作。
数据库建设	**执 行 程 序** **1. 客户信息数据库的设计与开发** 客户信息数据库建设立项报批通过后,信息技术部设计开发人员根据"客户信息数据库需求调研报告"进行客户信息数据库的设计与开发。 **2. 数据库应用调试** 客户信息数据库的设计与开发工作完成后,信息技术部组织人员进行数据库的应用调试。 **3. 客户信息数据库质量验收** 客户信息数据库的设计、开发、应用调试完成后,客户服务部对客户信息数据库质量进行验收。

第9章 智能客户服务选择与顾问式客户服务实施过程

/ 277 /

任务名称	执行程序、工作标准与考核指标
数据库建设	**工作重点** 信息技术部设计开发客户信息数据库时应确定统一标准，确保各需求部门可用。 **工 作 标 准** ☆质量标准：客户信息数据库系统建设安全、稳定、可靠，合格率达到____%。 ☆效率标准：在____天内完成客户信息数据库的建设和调试工作。 **考 核 指 标** 客户信息数据库验收合格率： $$客户信息数据库验收合格率 = \frac{合格的客户信息数据库数}{客户信息数据库验收总数} \times 100\%$$
数据库应用与改进	**执 行 程 序** **1. 组织客户信息数据库系统应用培训** 客户信息数据库质量验收完成后，客户服务部组织开展客户信息数据库系统应用培训。 **2. 提出改进意见** 其他相关部门使用客户信息数据库，并根据使用过程中的体验和感受提出意见和建议。 **3. 进行改进** 信息技术部收集其他部门提出的改进意见，结合问题的实际情况进行研究和分析，并提出解决办法，从而改进和完善客户信息数据库。 **工作重点** ☆信息技术部帮助客户服务部对客户信息数据库使用人员进行全面的数据库系统应用培训。 ☆客户信息数据库使用人员根据使用体验提出意见，信息技术部应重视并对数据库进行改进。 **工 作 标 准** ☆考核标准：客户信息数据库使用人员培训考核合格率超过____%。 ☆效率标准：信息技术部在接收使用意见和建议后的____天内完成客户信息数据库改进工作。 **考 核 指 标** "客户信息数据库应用培训总结报告"提交及时。

执 行 规 范
"客户信息数据库建设规划""客户信息数据库需求调研报告""客户信息数据库应用培训总结报告"。

9.2.3　网络客户数据库建设的流程设计与工作执行

9.2.3.1　网络客户数据库建设流程设计

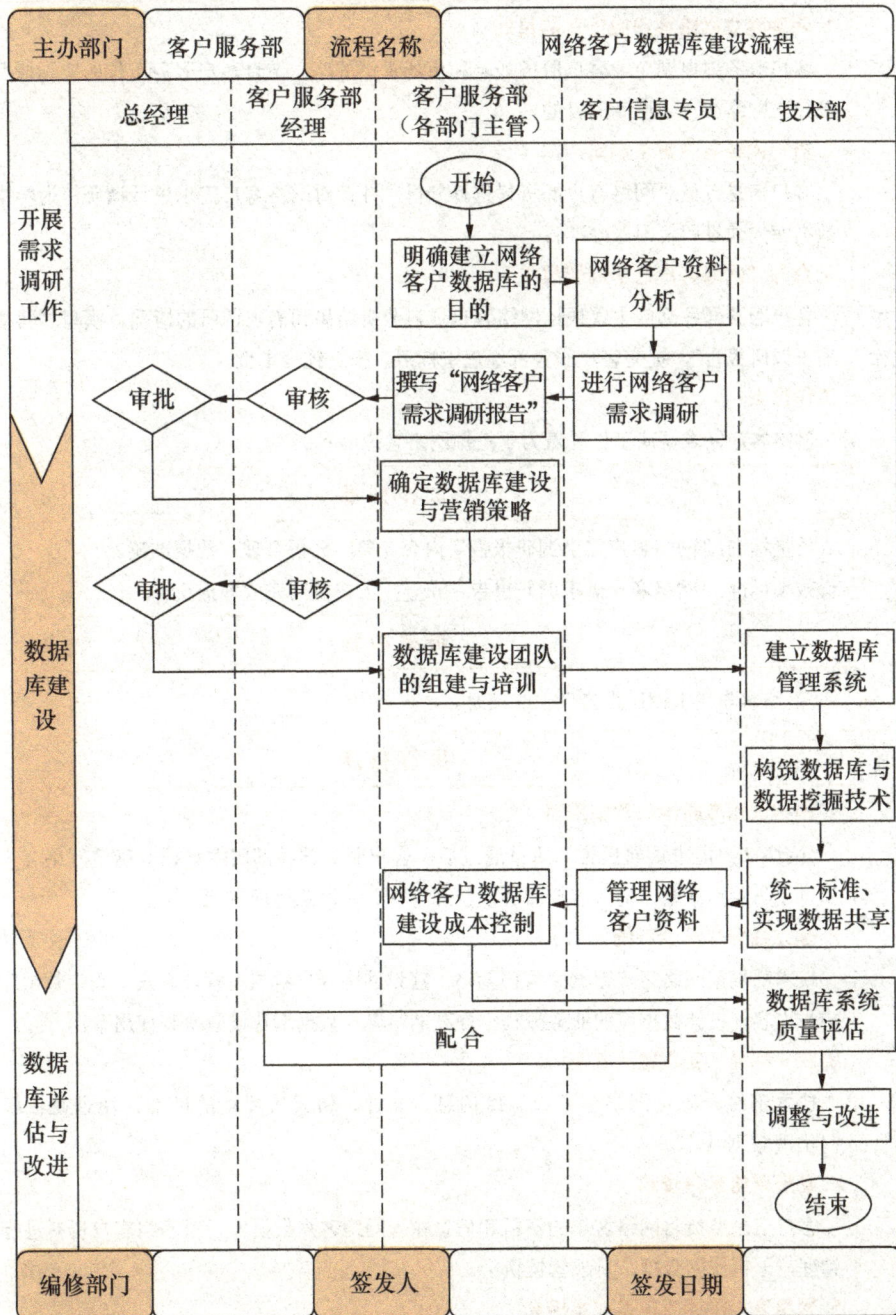

主办部门	客户服务部	流程名称	网络客户数据库建设流程		
	总经理	客户服务部经理	客户服务部（各部门主管）	客户信息专员	技术部

开展需求调研工作

开始

明确建立网络客户数据库的目的 → 网络客户资料分析

审批 ← 审核 ← 撰写"网络客户需求调研报告" ← 进行网络客户需求调研

确定数据库建设与营销策略

数据库建设

审批 ← 审核 ← 数据库建设团队的组建与培训 → 建立数据库管理系统

构筑数据库与数据挖掘技术

网络客户数据库建设成本控制 ← 管理网络客户资料 ← 统一标准、实现数据共享

数据库评估与改进

数据库系统质量评估

配合

调整与改进

结束

编修部门		签发人		签发日期	

任务名称	执行程序、工作标准与考核指标
开展需求调研工作	**执行程序** **1. 明确建立网络客户数据库的目的** 　　客户服务部根据企业客户服务战略和市场营销战略，结合客户服务工作的实际情况，明确建立网络客户数据库的目的。 **2. 进行网络客户需求调研** 　　客户信息专员对网络客户的资料进行分析，并针对网络客户需求进行调研，为网络客户数据库的建设和使用做好准备。 **3. 撰写"网络客户需求调研报告"** 　　客户服务部各部门主管根据网络客户资料分析结果和需求调研的情况，撰写"网络客户需求调研报告"，提交客户服务部经理审核后，报总经理审批。 **工作重点** 　　网络客户需求调研工作要着力于挖掘网络客户信息。 **工作标准** ☆质量标准："网络客户需求调研报告"内容完整，分析合理，数据准确。 ☆效率标准："网络客户需求调研报告"在＿＿＿天内撰写完成并提交。 **考核指标** "网络客户需求调研报告"上交及时。
数据库建设	**执行程序** **1. 确定数据库建设与营销策略** 　　"网络客户需求调研报告"审批通过后，客户服务部各部门主管据此确定网络客户数据库建设与营销策略，提交客户服务部经理审核后，报总经理审批。 **2. 建立数据库管理系统** 　　技术部根据网络客户数据库营销策略，建设网络客户数据库管理系统，确定数据库的结构与内容，设计数据库的业务流程，提高网络客户数据库建设效率和使用率。 **3. 统一标准、实现数据共享** 　　技术部统一确定网络客户数据库信息、文件、格式等要素的标准，使企业各相关部门实现数据共享。 **4. 管理网络客户资料** 　　客户信息专员将网络客户的资料和信息输入网络客户数据库，对网络客户资料进行分类管理，分析挖掘数据，发现营销机会。 **5. 网络客户数据库建设成本控制** 　　客户服务部在网络客户数据库建设的过程中把握建设成本，将建档、运用、储存等成本控制在合理的范围内。

客户服务全过程管理 流程设计与工作标准

任务名称	执行程序、工作标准与考核指标
数据库建设	**工作重点** ☆网络客户数据库管理系统的建立应以网络客户为中心，并随时进行维修和更新。 ☆客户服务部控制建设成本，如有超支的情况，要先进行论证再申请预算补充。 **工 作 标 准** ☆质量标准：网络客户数据库建设安全，无重要数据泄露。 ☆效率标准：网络客户数据库管理系统的建设应在____天内完成。
数据库评估与改进	**执 行 程 序** **1. 数据库系统质量评估** ☆网络客户数据库建成后，技术部对网络客户数据库系统进行质量评估。 ☆客户服务部配合技术部的网络客户数据库系统质量评估工作，给予意见和建议。 **2. 调整与改进** 技术部根据客户服务部提出的意见和建议，对网络客户数据库进行相应的调整与改进。 **工作重点** 技术部对网络客户数据库系统的安全性和质量进行评估，其他相关部门对网络客户数据库系统的适用性和实用性进行评价。 **工 作 标 准** ☆质量标准：网络客户数据库系统评价客观、合理。 ☆效率标准：技术部接收使用意见和建议后应在____天内进行网络客户数据库的调整和改进。
	执 行 规 范
	"网络客户需求调研报告""网络客户数据库建设与营销策略"。

9.2.4　顾问式客户服务的流程设计与工作执行

9.2.4.1　顾问式客户服务流程设计

主办部门	客户服务部	流程名称	顾问式客户服务流程		
	客户服务部经理	服务质量主管	客户服务专员	客户	

计划实施顾问式客户服务

开始

企业客户服务策略 → 明确顾问式客户服务的任务目标

审批 ← 制订"顾问式客户服务计划"

编写"顾问式客户服务执行方案" → 实施顾问式客户服务

提供顾问式客户服务

掌握行业知识、洞察行业趋势 ⟶ 提供专业咨询服务 ⟵ 问询

提供关键性支持

给予指导意见 → 提供以客户为主导的解决方案

构建合作关系 ← 达成合作

工作总结与改进

审核 ← 顾问式客户服务工作总结

改进并完善服务工作

结束

编修部门		签发人		签发日期	

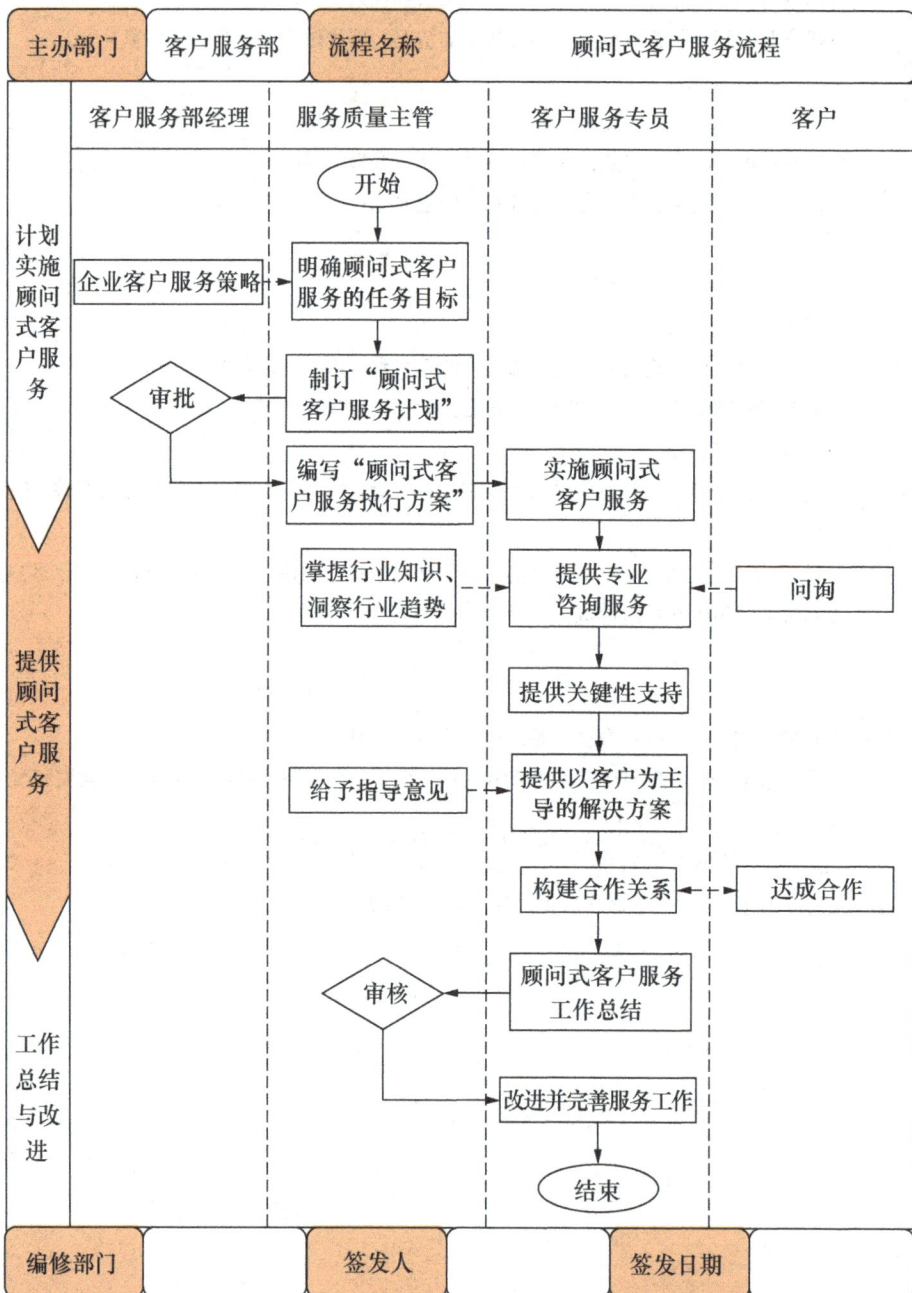

客户服务全过程管理 流程设计与工作标准

9.2.4.2 顾问式客户服务的执行程序、工作标准、考核指标、执行规范

任务名称	执行程序、工作标准与考核指标
计划实施顾问式客户服务	**执行程序** **1. 明确顾问式客户服务的任务目标** 　　服务质量主管根据"企业客户服务战略规划"内容，明确顾问式客户服务的工作方向和目标任务。 **2. 制订"顾问式客户服务计划"** 　　服务质量主管根据企业产品或服务的特点，以行业市场的服务现状为基准制订"顾问式客户服务计划"，提交客户服务部经理审批。 **3. 编写"顾问式客户服务执行方案"** 　　"顾问式客户服务计划"审批通过后，服务质量主管结合企业客户服务管理情况编写"顾问式客户服务执行方案"，下发给客户服务专员。 **工作重点** 　　"顾问式客户服务计划"应涵盖客户服务全过程（售前、售中、售后）。 **工作标准** ☆质量标准："顾问式客户服务计划"符合企业实际情况。 ☆效率标准：执行方案应在服务计划审批后____天内撰写完成。
提供顾问式客户服务	**执行程序** **1. 提供专业咨询服务** ☆服务质量主管不断学习并掌握行业知识，洞察行业趋势，向客户服务专员传授经验，从而提高其服务水平。 ☆客户向服务专员进行咨询，客户服务专员应为其提供专业的咨询服务。 **2. 提供关键性支持** 　　针对客户咨询问题中的重点和难点，客户服务专员为客户提供必要的关键性解决措施。 **3. 提供以客户为主导的解决方案** 　　客户服务专员深入分析客户的问题，结合实际情况给出定制化的处理办法，提供以客户为主导的解决方案，服务质量主管应给予必要的指导意见。 **4. 构建合作关系** 　　客户服务专员为客户提供顾问式客户服务，获得客户的好感和信任，努力与客户构建合作关系。 **工作重点** 　　客户服务专员应站在客户的角度，切实为客户解决问题。 **工作标准** ☆质量标准：客户服务专员应提供有依据的专业意见和建议。 ☆效率标准：客户服务专员应在____小时内回复客户咨询。

任务名称	执行程序、工作标准与考核指标
提供顾问式客户服务	**考 核 指 标** 客户咨询失误率： $$客户咨询失误率 = \frac{指导失误的客户咨询数}{客户咨询总数} \times 100\%$$
工作总结与改进	**执 行 程 序** **1. 顾问式客户服务工作总结** 　　客户服务专员回顾顾问式客户服务过程，根据实际效果评估工作中的成绩和失误编写"顾问式客户服务工作总结报告"，提交服务质量主管审核。 **2. 改进并完善服务工作** 　　"顾问式客户服务工作总结报告"审核通过后，客户服务专员根据批示意见改进和完善工作。 **工作重点** 　　客户服务专员编写的工作总结报告应客观、实事求是。
	工 作 标 准 ☆内容标准："顾问式客户服务工作总结报告"应包括职责、成果、失误、经验教训等各方面内容。 ☆效率标准：工作总结应在顾问式客户服务结束后＿＿＿天内提交。
	考 核 指 标 工作总结提交及时。

执 行 规 范

"顾问式客户服务计划""企业客户服务战略规划""顾问式客户服务执行方案""顾问式客户服务工作总结报告"。

客户服务全过程管理 流程设计与工作标准